Hans-Georg Harnisch
Jörg Kretzschmer
Thomas Wesseloh

AutoCAD-Grundkurs

Hans-Georg Harnisch
Jörg Kretzschmer
Thomas Wesseloh

AutoCAD – Grundkurs

Lehr- und Übungsbuch

Mit 169 Abbildungen, 130 Beispielen und
35 Aufgaben mit Lösungen.

Friedr. Vieweg & Sohn   Braunschweig / Wiesbaden

CIP-Titelaufnahme der Deutschen Bibliothek

Harnisch, Hans-Georg:
AutoCAD-Grundkurs: Lehr- und Übungsbuch / Hans-
Georg Harnisch; Jörg Kretzschmer; Thomas Wesseloh. –
Braunschweig; Wiesbaden: Vieweg, 1989
  (Viewegs Fachbücher der Technik)
  ISBN 978-3-528-04678-1   ISBN 978-3-322-90109-5 (eBook)
  DOI 10.1007/978-3-322-90109-5
NE: Kretzschmer, Jörg:; Wesseloh, Thomas:

Das in diesem Buch enthaltene Programm-Material ist mit keiner Verpflichtung oder Garantie irgend-
einer Art verbunden. Der Autor übernimmt infolgedessen keine Verantwortung und wird keine daraus
folgende oder sonstige Haftung übernehmen, die auf irgendeine Art aus der Benutzung dieses Programm-
Materials oder Teilen davon entsteht.

Der Verlag Vieweg ist ein Unternehmen der Verlagsgruppe Bertelsmann.

Umschlaggestaltung: Hanswerner Klein, Leverkusen

ISBN 978-3-528-04678-1

Vorwort

Dieses Buch ist ein erster Einstieg in den Umgang mit dem weitverbreiteten CAD-Softwarepaket AutoCAD. Es entstand aus Lehrgangsunterlagen für die Technikerausbildung mit der Zielsetzung, in einem zeitlich begrenzten Rahmen EDV- und CAD-Laien Grundkenntnisse des computerunterstützten Konstruierens zu vermitteln.

Die Lehrgangsunterlagen wurden an der Fachhochschule Braunschweig-Wolfenbüttel in Zusammenarbeit mit der MAN Nutzfahrzeuge GmbH entwickelt. Mit diesen Unterlagen werden im Ausbildungszentrum von MAN-Salzgitter erfolgreich technische Zeichner geschult.

Dem methodischen Hinführen und dem Aufbau der einzelnen Lerneinheiten wurde deshalb besondere Aufmerksamkeit geschenkt.

Sie gliedern sich jeweils in Informations-, Beispiel- und Aufgabenteil. Im Informationsteil werden die zu erlernenden Befehle und grundlegenden Vorgehensweisen vorgestellt und erläutert. Durch die Gegenüberstellung von Befehlsdialog und zugehöriger grafischer Darstellung für verschiedene Beispiele wird im Beispielteil das Anwenden der Befehle veranschaulicht. Die so erlernten Fähigkeiten werden anschließend im Aufgabenteil durch das Lösen von weiteren Aufgaben geübt und überprüft. So ist es dem Erstanwender sogar möglich, sich im Selbststudium einzuarbeiten. Hilfe für ihn sind:

- Darstellung des Bildschirminhalts auf grau gerasterten, abgerundeten Flächen
- Wiedergabe der Befehle in unterschiedlicher Schrifttype
- Anwendung der Befehle anhand zahlreicher Beispiele
- Aufgaben zur Selbstkontrolle am Kapitelende
- Referenzliste mit den im Buch verwendeten Befehlen

Für geübtere Einsteiger befindet sich im Anhang eine Reihe zusätzlicher Übungsaufgaben.

Wolfenbüttel, im März 1989

H.-G. Harnisch
J. Kretzschmer
T. Wesseloh

Inhaltsverzeichnis

1 Einleitung

Das vorliegende Buch soll Grundkenntnisse und Grundfertigkeiten in CAD (Computer Aided Design), d.h. im computerunterstützten Konstruieren vermitteln, und zwar am Beispiel des Arbeitens mit AutoCAD. Dieses CAD-System ist ein Produkt der Autodesk AG und hat im Personal-Computer-Bereich eine große Verbreitung gefunden.

Von seiner Grundkonzeption wendet sich dieses Lehrbuch vor allem an den CAD-Anfänger aus dem Bereich der Technik. Er wird in einzelnen Lernschritten systematisch vom Erstellen einfacher Einzelteilzeichnungen bis zum Anfertigen kompletter Werkstattzeichnungen geführt. Spezielle Kenntnisse in der Datenverarbeitung sind hierfür nicht erforderlich. Ein Lernschritt gliedert sich jeweils in

- Informationsteil,
- Beispielteil und
- Aufgabenteil.

Im Informationsteil werden die zu erlernenden Befehle und grundlegenden Vorgehensweisen vorgestellt und erläutert. Durch die Gegenüberstellung von graphischer Darstellung und zugehörigem Befehlsdialog für eine Vielzahl charakteristischer Beispiele wird im Beispielteil die Anwendung der Befehle veranschaulicht. Die so erlernten Fähigkeiten kann der Leser im Aufgabenteil durch das Bearbeiten weiterer Aufgaben üben und durch Vergleich mit den Lösungen aus dem Anhang A kontrollieren.

Aufgrund des Aufbaus in Form eines Lernprogramms ist dieses Lehrbuch sowohl zum Selbststudium als auch zur unterrichts- bzw. vorlesungsbegleitenden Lektüre geeignet. Ferner kann es wegen der vielen praxisbezogenen Beispiele und Aufgaben als Lehrgangsunterlage für die CAD-Ausbildung von Technikern benutzt werden.

Das Arbeiten mit AutoCAD kann an einem interaktiven grafischen Arbeitsplatz ausgeführt werden, der folgende Hardware-Komponenten besitzt:

- Personal-Computer mit Prozessor 8086/80286/80386
- Arbeitsspeicher mit mindestens 640 KB-RAM
- mathematischer Coprozessor 8087/80287/80387
- hochauflösende Grafikkarte EGA/VGA/CGA/Hercules
- zwei asynchrone (serielle) Schnittstellen
- eine parallele Schnittstelle
- Festplatte ab 10 MB
- Diskettenlaufwerk ab 360 KB
- alphanumerischer Bildschirm monochrom/farbig
- grafischer Bildschirm monochrom/farbig
- Tastatur
- Digitalisiertablett mit Digitalisierstift/Fadenkreuzlupe oder Maus

- grafikfähiger Drucker
- Plotter

Ferner müssen an Software vorhanden sein:

- Betriebssystem PC-DOS/MS-DOS ab Version 2.0 oder UNIX
- AutoCAD ab Version 2.5

Ein grafischer Arbeitsplatz in der oben beschriebenen Form mit einem alphanumerischen Bildschirm für die Ausgabe von Texten und Systemmeldungen und einem grafischen Bildschirm für die Ausgabe von Zeichnungen wird als Zwei-Bildschirm-Arbeitsplatz bezeichnet. Die folgende Abbildung, die wie alle anderen graphischen Darstellungen in diesem Buch mit AutoCAD erstellt worden ist, zeigt einen solchen Zwei-Bildschirm-Arbeitsplatz.

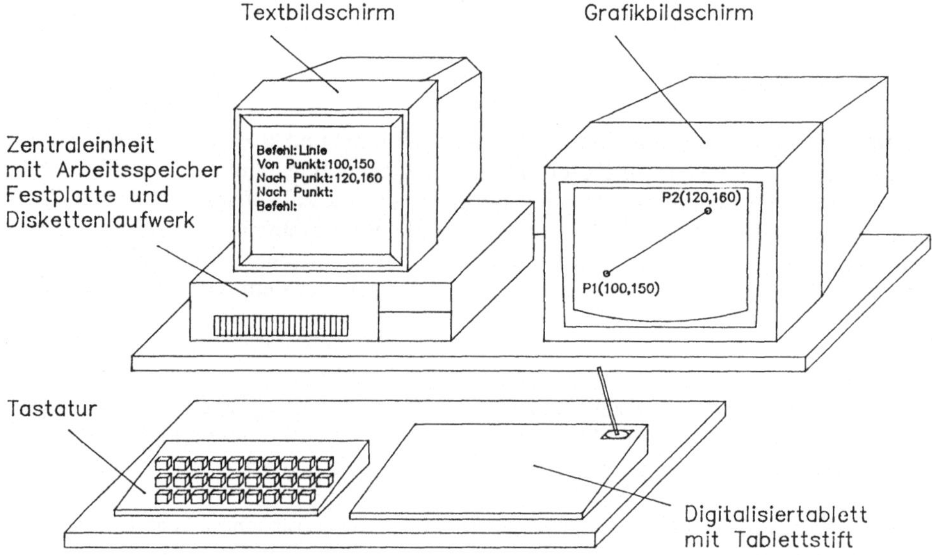

Die Eingabe bzw. Auswahl der AutoCAD-Befehle und die Eingabe von Werten kann hier interaktiv im Dialog über

- die Tastatur oder
- das Bildschirmmenü oder
- das Tablettmenü

erfolgen. Der Dialog und die zu erstellenden Zeichnungen werden - wie bereits erwähnt - getrennt auf dem Textbildschirm bzw. dem Grafikbildschirm dargestellt.

Das System AutoCAD ermöglicht auch das Arbeiten mit einem sogenannten Ein-Bildschirm-Arbeitsplatz. Hier wird für die Ausgabe des Dialogs und der Grafik derselbe grafische Bildschirm benutzt.

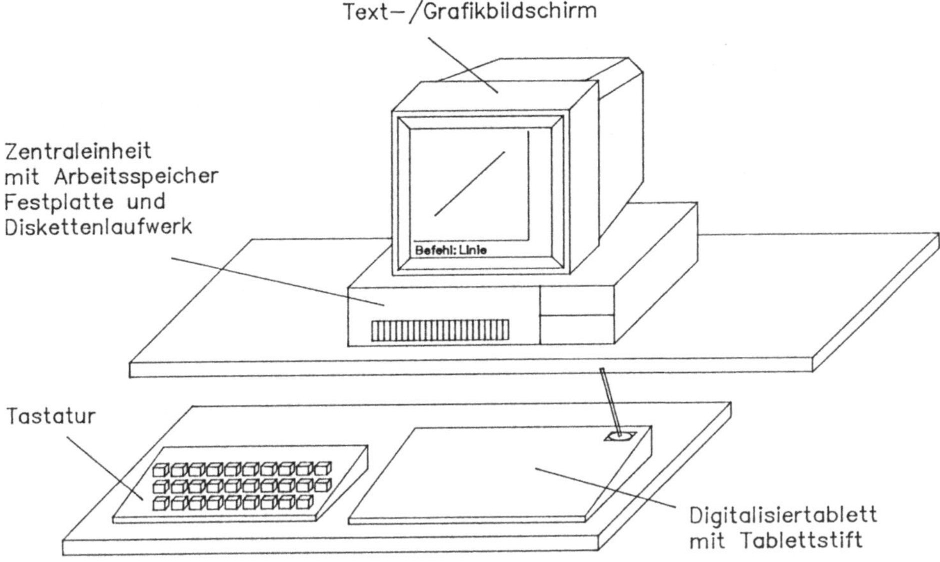

Das Arbeiten mit zwei Bildschirmen und getrennter Darstellung von Text und Zeichnung ist übersichtlicher und bietet mehr Komfort als das Arbeiten mit einem Bildschirm. Da ansonsten keine prinzipiellen Unterschiede bestehen, beziehen sich die Ausführungen und Darstellungen in diesem Buch auf einen Ein- Bildschirm-Arbeitsplatz, um Lesern, die nur über eine solche Konfiguration verfügen, das Nachvollziehen der Beispiele und das Bearbeiten der Aufgaben ohne Einschränkung zu ermöglichen. Der Bildschirm eines Ein-Bildschirm-Arbeitsplatzes hat in der Regel folgenden Aufbau:

Das Arbeiten mit AutoCAD kann sowohl mit Digitalisiertablett als auch ohne durchgeführt werden. In beiden Fällen steht die gleiche Befehlsmenge zur Verfügung. Ein
wesentlicher Unterschied besteht in der Eingabe von Befehlen und Werten. Beim Arbeiten ohne Tablett ist dies sehr viel umständlicher, da nur folgende Möglichkeiten
über die Tastatur gegeben sind:

- Eingabe von Befehlen und Werten durch direktes Eintippen über die Tastatur
- Bewegen des Fadenkreuzes durch Benutzen der Cursor-Tasten
- Auswahl von Befehlen aus dem Bildschirmmenü durch Drücken der Einfüge-
  Taste und der Cursor-Tasten
- Abschließen (Beenden, Absenden) einer Eingabe durch Drücken der
  RETURN- oder ENTER-Taste.

Ist ein Digitalisiertablett mit einem Digitalisierstift oder eine Maus vorhanden, so ver-
einfacht sich die Eingabe wesentlich. Es stehen folgende Eingabemöglichkeiten zusätzlich zu den bisherigen zur Verfügung:

- Bewegen des Fadenkreuzes durch Hin- und Herfahren des Digitalisierstifts
  oder der Maus
- Auswahl von Befehlen durch direktes "Anpicken" des entsprechenden Feldes
  im Tablettmenü oder Bildschirmmenü.

Bei Vorhandensein eines Tabletts oder einer Maus kann ab der Version 9.0 ferner in
AutoCAD mit Pull-Down-Menüs und Dialogkästen gearbeitet werden. Durch Bewegen des Fadenkreuzes in die Statuszeile wird das folgende Pull-Down-Menü aktiviert:

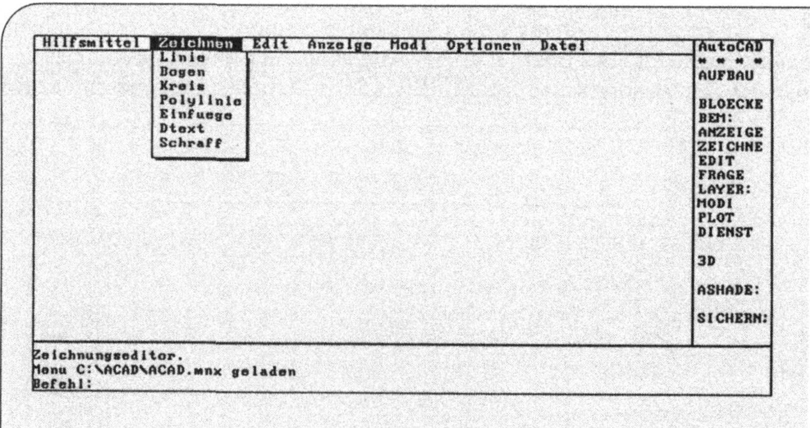

Bei einigen Menüpunkten erscheinen sogenannte Dialogkästen auf dem Bildschirm, in denen Parameter für die jeweiligen Menüpunkte festgelegt werden können. Es soll hier aber nicht näher darauf eingegangen werden, da wegen des Einführungscharakters des Buches nur Befehle besprochen werden, die ab Version 2.5 verfügbar sind. Aus diesem Grund können die Beispiele und Aufgaben dieses Buches mit AutoCAD ab Version 2.5 bearbeitet werden.

Für das weitere wird vorausgesetzt, daß das AutoCAD-System auf der Festplatte C: in einem Unterverzeichnis korrekt installiert und konfiguriert ist und daß beim Einschalten des Rechners und dem damit verbundenen Initialisieren des Betriebssystems ein entsprechender Pfad auf dieses Unterverzeichnis gesetzt wird; damit ist es möglich, AutoCAD von jedem anderen Unterverzeichnis der Festplatte C: aufzurufen.

Es ist zweckmäßig, wenn das Durcharbeiten der Beispiele und Aufgaben dieses Buches und das Abspeichern der erstellten Zeichnungen in einem speziellen Unterverzeichnis von C: erfolgen. Aus diesem Grund sollte der Leser (Benutzer) zunächst ein neues Unterverzeichnis anlegen, z.B. mit dem MS-DOS-Befehl:

      C:\ > MD CADKurs < RETURN >

Hiermit wird das Unterverzeichnis CADKurs angelegt, in dem mit AutoCAD gearbeitet werden soll.

Hinweis: Benutzereingaben

Im weiteren werden Benutzereingaben durch Fettdruck gekennzeichnet und mit dem Symbol **< RETURN >** für das Drücken der RETURN-Taste abgeschlossen.

Sollen zwei Tasten gleichzeitig gedrückt werden, so wird dies durch **Taste1 + Taste2** dargestellt, z.B.:

Ctrl + C	für den Abbruch eines laufenden Befehls,
Ctrl + H	für das Löschen des vorausgegangenen Zeichens, analog zum Drücken der Rück-(Backspace-)Taste
Ctrl + X	für das Löschen aller Zeichen in der Befehlszeile.

2 Einstieg in das Arbeiten mit AutoCAD

2.1 Anstarten und Beenden des Arbeitens mit AutoCAD

In diesem Abschnitt soll das Anstarten und Beenden des Arbeitens mit AutoCAD besprochen und geübt werden, dabei beziehen sich die folgenden und alle späteren Ausführungen auf die im vorausgegangenen Abschnitt getroffenen Vereinbarungen in bezug auf die Organisation der Festplatte.

Hinweis: Organisation der Festplatte

- AutoCAD ist in einem eigenen Unterverzeichnis installiert und konfiguriert.
- Beim Booten (Anstarten) des Rechners wird ein Pfad auf dieses Unterverzeichnis gesetzt.
- Der Benutzer (Leser) arbeitet im Unterverzeichnis CADKurs, in diesem sollten sich auch die Beispielzeichnungen von AutoCAD befinden.
- Betriebssystem MS-DOS

Falls erforderlich wird zunächst in das Unterverzeichnis CADKurs mit der Eingabe:

```
C:\> CD CADKurs  <RETURN>
```

gewechselt. Der Aufruf von AutoCAD erfolgt mit:

```
C:\CADKURS> ACAD  <RETURN>
```

Hinweis: Groß- und Kleinschreibung

Beim Arbeiten unter MS-DOS wird nicht zwischen Groß- und Kleinschreibung unterschieden. Wegen der besseren Übersicht werden Befehle mit Großbuchstaben und wahlfreie Eingaben, wie z.B. Datei- oder Verzeichnisnamen, mit Groß- und Kleinschreibung dargestellt.

Beim Arbeiten unter UNIX wird zwischen Groß- und Kleinschreibung unterschieden, es ist deshalb zu empfehlen, daß sämtliche Eingaben in Kleinbuchstaben erfolgen. Desweiteren dürfen unter UNIX keine Laufwerk- oder Verzeichnisangaben gemacht werden.

Durch die Eingabe von ACAD wird AutoCAD geladen, und es erscheint auf dem
Bildschirm das Hauptmenü:

```
        A U T O C A D
Copyright (C) 1982 - 88 Autodesk AG
Release 9.01 (1/18/88) IBM
Advanced Drafting Extensions 3
Seriennummer:  91-923116
WIEDERVERKAUF NICHT ZUGELASSEN

Hauptmenue

0. Ende AutoCAD
1. NEUE Zeichnung erstellen
2. EXISTIERENDE Zeichnung aendern
3. Zeichnung plotten
4. Zeichnung auf Drucker plotten

5. AutoCAD konfigurieren
6. Datei-Dienstprogramm
7. Symbole/Zeichensatz kompilieren
8. Alte Zeichnung konvertieren

Funktion waehlen:
```

Es werden neun Auswahlmöglichkeiten (Funktionen) angeboten. Die Auswahl
erfolgt durch die Eingabe der entsprechenden Ziffer und Drücken der RETURN-
Taste, z.B. wird das Arbeiten mit AutoCAD durch folgende Eingaben beendet:

```
Funktion waehlen: 0 < RETURN >
```

Die einzelnen Auswahlmöglichkeiten des Hauptmenüs sollen zunächst kurz beschrie-
ben werden.

Auswahl 0: Ende AutoCAD

AutoCAD wird beendet. Die Kontrolle geht an das Betriebssystem zurück.

Auswahl 1: NEUE Zeichnung erstellen

Diese Auswahl wird aufgerufen, um eine neue Zeichnung zu erstellen. AutoCAD
fragt hierbei zunächst nach dem Zeichnungsnamen. Nach Eingabe des Namens
drücken Sie die RETURN-Taste. Sollten Sie einen bereits existierenden Zeichnungsnamen gewählt haben, so erfolgt ein entsprechender Hinweis von
AutoCAD. Sind alle Eingaben korrekt ausgeführt worden, wird der Zeichnungseditor von AutoCAD geladen und Sie können in dem noch leeren Zeichnungsbe-
reich mit dem Erstellen der Zeichnung beginnen.

Soll z.B. eine neue Zeichnung unter dem Namen Teil_2 erstellt werden, so kann man
dies durch folgende Eingaben erreichen:

```
Funktion waehlen: 1 < RETURN >
Den ZeichnungsNAMEN eingeben: Teil_2 < RETURN >
```

Hinweis: Zeichnungsnamen

Ein Zeichnungsname kann maximal acht Zeichen lang sein, dabei sind zugelassen: Buchstaben, Ziffern, Dollarzeichen ($), Bindestrich (-) und Unterstreichungsstrich (_). Die zugehörige Zeichnung wird unter dem Dateinamen:

Zeichnungsname.DWG

abgespeichert. Das Suffix DWG für Drawing weist darauf hin, daß die Datei Zeichnungsdaten enthält, allgemein wird durch das Suffix (Ergänzung, Extension) des Dateinamens der Typ der Datei angegeben.

Zulässige Zeichnungsnamen sind z.B.:   Platte, $-Teil-9 oder 1_Bohr
Unzulässig wären z.B.:   ?abc oder Teil.PAS

Auswahl 2: EXISTIERENDE Zeichnungen aendern

Wenn Sie eine existierende Zeichnung ändern, ergänzen oder auf dem Bildschirm sich zeigen lassen wollen, wählen Sie diese Funktion. AutoCAD fragt hier wieder nach dem Namen der Zeichnung, die Eingabe des Zeichnungsnamens erfolgt wie bei Auswahl 1. Existiert keine Zeichnung dieses Namens, so wird ein entsprechender Hinweis ausgegeben und das Arbeiten mit dem Hauptmenü fortgesetzt. Im Falle der Existenz wird die Zeichnung auf dem Bildschirm angezeigt und kann anschließend geändert und ergänzt werden.

Mit der Eingabe:

```
Funktion waehlen: 2 <RETURN>
Den ZeichnungsNAMEN eingeben: Welle <RETURN>
```

wird die Zeichnung Welle zum Ändern und Ergänzen auf den Bildschirm gebracht.

Hinweis: Sicherungsdateien

Nach dem Beenden des Änderns einer bereits existierenden Zeichnung und dem Abspeichern der geänderten Zeichnung existieren zwei Dateien mit dem gleichen Zeichnungsnamen, und zwar:

- die aktuelle Datei: Zeichnungsname.DWG und
- die Sicherungsdatei: Zeichnungsname.BAK .

Auswahl 3: Zeichnung plotten

Diese Funktion wird gewählt, wenn eine Zeichnung über den Plotter ausgegeben werden soll. Nach der Dialogeingabe des Zeichnungsnamens, die wie bei den voraufgegangenen Menüpunkten abläuft, verzweigt AutoCAD in die Plotter-Routine, und es erfolgt die Zeichnungsausgabe über den Plotter. Eine entsprechende Ausgabe der aktuellen Zeichnung kann während des Arbeitens mit dem Zeichnungseditor durch den Befehl PLOT aktiviert werden.

Auswahl 4: Zeichnung auf Drucker plotten

Mit dieser Funktion erfolgt die Ausgabe einer Zeichnung über einen grafikfähigen Drucker, z.B. einen Laserdrucker. Nachdem der jeweilige Zeichnungsname im Dialog eingegeben wurde, erfolgt über die Printer-Plot-Routine die Ausgabe der Zeichnung. Eine entsprechende Ausgabe der aktuellen Zeichnung während des Editierens ist ebenfalls möglich, und zwar mit dem Befehl PRPLOT.

Auswahl 5: AutoCAD konfigurieren

Hiermit erfolgt die Anpassung von AutoCAD an die vorhandene Konfiguration Ihres grafischen Arbeitsplatzes, z.B. durch die Bestimmung der Treiber für Bildschirm, Plotter und Eingabegeräte und durch das Festlegen bestimmter Parameter. Beim erstmaligen Start von AutoCAD wird dieser Menüpunkt automatisch aufgerufen. Ansonsten werden Sie die Auswahl 5 treffen, wenn sich die Rechnerkonfiguration geändert hat oder wenn Sie Parametervorgaben ändern wollen.

Auswahl 6: Datei-Dienstprogramm

Mit dieser Funktion wird das Untermenü für das Datei- Dienstprogramm aufgerufen. Mit diesem können Dateiverzeichnisse aufgelistet und Dateien gelöscht, umbenannt und kopiert werden. Das Datei-Dienstprogramm kann mit dem Befehl DATEIEN aus dem Zeichnungseditor aufgerufen werden. Ausführlich wird das Arbeiten mit dem Datei-Dienstprogramm im Abschnitt 2.2. besprochen.

Auswahl 7: Symbole/Zeichensatz kompilieren

Diese Funktion wird angewählt, wenn Symbole oder Zeichensätze geändert werden sollen, dabei wird eine Symbol-Beschreibungsdatei mit dem Suffix SHP in eine interne Formatdatei mit dem Suffix SXX umgewandelt.

Auswahl 8: Alte Zeichnung konvertieren

Mit dieser Funktion kann die interne Datei-Organisation von Zeichnungen, die mit einer älteren AutoCAD-Version erstellt worden sind, an neue Versionen angepaßt werden, d.h. hiermit wird die Aufwärtskompatibilität von AutoCAD sichergestellt.

2.2 Das Arbeiten mit Dateien

In diesem Abschnitt sollen im einzelnen folgende Punkte besprochen werden:

- Abspeichern einer Zeichnung in einer Datei und
- Arbeiten mit dem Datei-Dienstprogramm.

Für das Abspeichern einer Zeichnung, die sich im Zeichnungseditor zur Bearbeitung befindet, stehen drei Befehle zur Verfügung:

- ENDE   für Verlassen des Zeichnungseditors und Abspeichern der Zeichnung mit Änderungen,
- QUIT   für Verlassen des Zeichnungseditors und Abspeichern der Zeichnung ohne Änderungen,
- SICHERN   für Abspeichern der Zeichnung mit Änderungen.

Der Befehl ENDE wird aufgerufen durch:

> Befehl: **ENDE < RETURN >**

und bewirkt, daß die neue oder geänderte Zeichnung mit allen ausgeführten Änderungen unter dem aktuellen Zeichnungsnamen abgespeichert und daß anschließend zum Hauptmenü von AutoCAD zurückgekehrt wird.

Der Befehl QUIT hat eine ähnliche Wirkung wie der Befehl ENDE, mit der Ausnahme, daß alle eventuellen Änderungen einer Zeichnung ignoriert werden, d.h., die Zeichnungsdatei hat den gleichen Inhalt wie vor dem Aufruf des Zeichnungseditors. Aus diesem Grund erfolgt eine zusätzliche Abfrage, ob tatsächlich alle Zeichnungsänderungen ignoriert werden sollen:

> Befehl: **QUIT < RETURN >**
> Wollen Sie wirklich alle Aenderungen in der Zeichnung verlieren? **J < RETURN >**

Mit dem Befehl SICHERN kann ohne Verlassen des Zeichnungseditors eine aktuelle Zeichnung mit allen Änderungen zur Sicherung abgespeichert werden. Wird z.B. die Zeichnung Welle bearbeitet, so könnte der aktuelle Stand der Zeichnungsdatei abgespeichert werden durch:

> Befehl: **SICHERN < RETURN >**
> Dateiname < Welle >: **< RETURN >**

oder durch

> Befehl: **SICHERN < RETURN >**
> Dateiname < Welle >: **WelleNeu < RETURN >**

Im ersten Fall wird der vorgegebene Name der aktuellen Zeichnung nur bestätigt. Die Zeichnung wird unter dem gleichen Namen abgespeichert. Im zweiten Fall wird die Zeichnung unter dem eingegebenen neuen Namen abgespeichert.

Hinweis: Sicherungsdateien

Um eventuelle Datenverluste z.B. beim Auftreten technischer Störungen so gering wie möglich zu halten, sollten Sie regelmäßig von Ihren Zeichnungen Sicherungsdateien anlegen. Beim Arbeiten mit den Befehlen ENDE und SICHERN (Fall 1) wird automatisch die jeweils letzte Version der Zeichnung in einer BAK-Datei gesichert. In der Regel existieren für eine Zeichnung die beiden Dateien:

- Zeichnungsname.DWG für die aktuelle Version und
- Zeichnungsname.BAK für die unmittelbar vorausgegangene Version

Hinweis: Bestätigen von Vorgaben

Vorgaben, z.B. von Namen oder Werten, werden von AutoCAD durch Einklammern mit "<" und ">" gekennzeichnet. Sollen sie direkt übernommen werden, kann dies durch Drücken der RETURN-Taste erfolgen, d.h. durch

    Hinweistext <Vorgaben>: **<RETURN>**

werden die Vorgaben bestätigt.

Beispiel 2-1: Kopieren einer Zeichnung

Das Kopieren einer bestehenden Zeichnung kann mit den bisher besprochenen Befehlen - wenn auch etwas umständlich - wie folgt realisiert werden:

- Aufrufen der bestehenden Zeichnung, z.B. Columbia, zum Ändern
- Abspeichern unter dem neuen Namen, z.B. Shuttle
- Verlassen des Zeichnungseditors

Die zugehörige Befehlsfolge lautet:

    Funktion waehlen: **2 <RETURN>**
    Den ZeichnungsNAMEN eingeben: **Columbia <RETURN>**
    Befehl: **SICHERN <RETURN>**
    Dateiname <Columbia>: **Shuttle <RETURN>**
    Befehl: **QUIT <RETURN>**
    Wollen Sie wirklich alle Aenderungen in der Zeichnung verlieren? **J <RETURN>**

Das obige Kopieren einer Zeichnung läßt sich sehr viel einfacher mit Hilfe des Datei-Dienstprogramms durchführen. Der Aufruf des Datei-Dienstprogramms kann erfolgen durch:
- Wahl der Funktion 6 des Hauptmenüs oder
- Eingabe des Befehls DATEIEN innerhalb des Zeichnungseditors

d.h. durch die Eingaben:

    Funktion waehlen: **6 <RETURN>**

bzw.

    Befehl: **DATEIEN <RETURN>**

Nach dem Laden des Datei-Dienstprogramms erscheint auf dem Bildschirm das
Datei-Dienstmenü:

```
                    A U T O C A D
        Copyright (C) 1982 - 88 Autodesk AG
        Release 9.01 (1/18/88) IBM
        Advanced Drafting Extensions 3
        Seriennummer:  91-923116
        WIEDERVERKAUF NICHT ZUGELASSEN

        Datei-Dienstmenue

        0.  Ende Datei-Dienstmenue
        1.  Zeichnungsdateien auflisten
        2.  Benutzerdateien auflisten
        3.  Dateien loeschen
        4.  Dateien umbenennen
        5.  Dateien kopieren

        Funktion waehlen (0 bis 5) < 0 >:
```

Die Auswahl erfolgt durch die Eingabe der entsprechenden Ziffer und Drücken der
RETURN-Taste, z.B. könnte das Kopieren der Zeichnung Columbia in die Zeichnung Shuttle folgendermaßen durchgeführt werden:

```
Funktion waehlen (0 bis 5) < 0 >: 5 < RETURN >
Namen der Ausgangsdatei eingeben:Columbia.DWG < RETURN >
Namen der Zieldatei eingeben: Shuttle.DWG < RETURN >
Kopiert wurden 31901 Bytes.
RETURN druecken um weiterzufahren: < RETURN >
```

Hinweis: Eingabe des Dateinamens

Bei der Eingabe des Dateinamens ist der vollständige Name mit zugehörigem
Suffix anzugeben, z.B. für Zeichnungen: Zeichnungsname.DWG .

Die sechs Auswahlmöglichkeiten des Datei-Dienstmenüs sollen nun kurz beschrie-
ben werden.

Auswahl 0: Ende Datei-Dienstmenue

Das Arbeiten mit dem Datei-Dienstprogramm wird beendet, und es erfolgt die
Ausgabe des Hauptmenüs von AutoCAD bzw. die Rückkehr in den Zeichnungseditor.

Auswahl 1: Zeichnungsdateien auflisten

Wenn Sie sich auf dem Bildschirm eine vollständige Namensliste aller Zeich-
nungsdateien, d.h. aller Dateien mit dem Suffix DWG ansehen wollen, wählen
Sie diese Funktion. AutoCAD verlangt zunächst die Eingabe des Laufwerks oder
Verzeichnisses, für das die Liste erstellt werden soll. Wird nur die RETURN-
Taste gedrückt, erfolgt diese Listenausgabe für das aktuelle Verzeichnis.

Beispiel 2-2: Ausgabe aller Zeichnungsdateien

Auf dem Bildschirm ist eine Liste der Namen aller Zeichnungsdateien auszugeben.

```
Funktion waehlen (0 bis 5) <0>: 1 <RETURN>
Laufwerk oder Inhaltsverzeichnis eingeben: <RETURN>

ACAD.DWG        BORDER.DWG      CHROMA.DWG      COLUMBIA.DWG COUNTER.DWG
CURVES.DWG      FILE.DWG        GEO.DWG         HIGHWAY.DWG  PARTS.DWG
NOZZLE.DWG      OFFICE.DWG      PUMP.DWG        ROBOT.DWG    SPIRAL.DWG
STPAULS.DWG
16 Dateien
RETURN druecken um weiterzufahren: <RETURN>
```

Auswahl 2: Benutzerdateien auflisten

Diese Funktion hat eine ähnliche Wirkung wie bei Auswahl 1 mit dem Unterschied, daß nicht nur die Namen der Zeichnungsdateien, sondern auch die Namen der übrigen Dateien, z.B. der BAK-Dateien ausgegeben werden. Durch die Eingabe einer sogenannten Datei-Suchspezifikation können Sie die Ausgabe auf bestimmte Dateien beschränken. Beim Festlegen der Datei-Suchspezifikation ist die Verwendung der Jokerzeichen "?" und "*" zulässig.

Beispiel 2-3: Ausgabe von Benutzerdateien

Es soll eine Liste aller Benutzerdateien ausgegeben werden, deren zweites Zeichen im Namen der Buchstabe "O" ist.

```
Funktion waehlen (0 bis 5) <0>: 2 <RETURN>
Datei-Suchspezifikation eingeben: ?o*.* <RETURN>

BORDER.DWG      COLUMBIA.DWG COUNTER.DWG NOZZLE.DWG   ROBOT.DWG
CONVERT.LSP     COUNTER.LSP  COUNTER.MNU COMPLEX.SHP  MONOTXT.SHP
COMPLEX.SHX     GOTHICE.SHX  GOTHICG.SHX GOTHICI.SHX  MONOTXT.SHX
ROMANC.SHX      ROMAND.SHX   ROMANS.SHX  ROMANT.SHX   COUNTER.SLB
COUNTER.SLD     POINTS.SLD   COUNTER.TXT
23 Dateien
RETURN druecken um weiterzufahren: <RETURN>
```

Hinweis: Jokerzeichen

Die Jokerzeichen "?" und "*" können an beliebiger Stelle in einem Dateinamen verwendet werden, und zwar mit folgender Bedeutung:
- "?" steht für genau ein beliebiges Zeichen
- "*" steht für eine beliebige Folge von Zeichen mit jeweils zulässiger Länge

Z.B. bewirkt die Datei-Suchspezifikation
- "*.*"   die Ausgabe aller Benutzerdateien,
- "*.DWG"   die Ausgabe aller Zeichnungsdateien;
- "*.BAK"   die Ausgabe aller BAK-Sicherungsdateien.

Auswahl 3: Dateien loeschen

Mit dieser Funktion können beliebige Dateien gelöscht werden. Bei der Eingabe der Datei-Löschspezifikation können - wie bei Auswahl 2 - Jokerzeichen verwendet werden.

Beispiel 2-4: Löschen einer Datei

Die Zeichnungsdatei Shuttle.DWG soll gelöscht werden.

```
Funktion waehlen (0 bis 5) <0>: 3 <RETURN>
Datei-Loeschspezifikation eingeben: SHUTTLE.dwg <RETURN>
1 Dateien geloescht
RETURN druecken um weiterzufahren: <RETURN>
```

Wollen Sie, um Speicherplatz auf der Festplatte zu gewinnen, alle BAK-Sicherungsdateien löschen, so kann das durch Eingabe von "*.BAK" für die Datei-Löschspezifikation erfolgen.

Auswahl 4: Dateien umbenennen

Diese Funktion ermöglicht das Umbenennen einer Datei. Der alte und der neue Name der Datei sind im Dialog einzugeben.

Beispiel 2-5: Umbenennung einer Datei

Die Zeichnungsdatei Columbia.DWG ist in Shuttle.DWG umzubenennen.

```
Funktion waehlen (0 bis 5) <0>: 4 <RETURN>
Aktuellen Dateinamen eingeben: Columbia.DWG <RETURN>
Neuen Dateinamen eingeben: Shuttle.DWG <RETURN>
```

Auswahl 5: Dateien kopieren

Mit dieser Funktion kann eine beliebige Datei in eine andere kopiert werden. Die Namen für die Ausgangs- und die Zieldatei sind im Dialog einzugeben.

Beispiel 2-6: Kopieren einer Datei

Die Zeichnungsdatei Shuttle.DWG soll in die Datei Columbia.DWG kopiert werden.

```
Funktion waehlen (0 bis 5) <0>: 5 <RETURN>
Namen der Ausgangsdatei eingeben: Shuttle.DWG <RETURN>
Namen der Zieldatei eingeben: Columbia.DWG <RETURN>
Kopiert wurden 31901 Bytes.
RETURN druecken um weiterzufahren: <RETURN>
```

2.3 Hilfen für den Benutzer

Beim Arbeiten mit dem Zeichnungseditor bietet AutoCAD dem Benutzer nach der
Eingabe des Befehls HILFE oder des Fragezeichens Hilfsinformationen über die verfügbaren AutoCAD-Befehle an, und zwar durch:

- das Auflisten aller AutoCAD-Befehle oder
- die Ausgabe von Informationen zu einem speziellen AutoCAD-Befehl.

Beispiel 2-7: Bildschirmausgabe aller AutoCAD-Befehle

Es sollen während des Arbeitens mit dem Zeichnungseditor alle AutoCAD-
Befehle aufgelistet werden.

```
Befehl: HILFE <RETURN>
Befehlsname (RETURN fuer Liste): <RETURN>


   AutoCAD Befehlsliste (+n = ADE-n Option, ' = transparenter Befehl)


ABRUNDEN +1   BEM/BEM 1 +1   'DDRMODI +3    FACETTE +1     ISOEBENE +2
ABSTAND       BEREINIG       DEHNEN +3      FANG           KOPIEREN
AENDERN       BFLOESCH       DREHEN +3      FARBE          KPMODUS
APUNKT +3     BFRUECK +3     DTEXT +3       FILMROLL       KREIS
ATTDEF +2     BLOCK          DXBIN +3       FLAECHE        LADEN
ATTEDIT +2    BOGEN          DXFIN          FUELLEN        LAYER
ATTEXT +2     BRUCH +1       DXFOUT         'GRAPHBLD      LIMITEN
ATTZEIG +2    DATEIEN        EINFUEGE       'HILFE/'?      LINIE
AUFLOES       DBLISTE        EINHEIT +1     HOPPLA         LINIENTP
'AUSSCHNT +2  DDATTE +3      ELLIPSE +3     ID             LISTE
BAND          'DDLMODI +3    ENDE           IGESIN +3      LOESCHEN
BASIS         'DDOMODI +3    ERHEBUNG +3    IGESOUT +3     LTFAKTOR
MACHDIA +2    PLINIE +3      RING +3        STATUS         VERDECKT +3
MEINFUEG +2   PLOT           RSCRIPT        STIL           VERSETZ +3
MENUE         POLYGON +3     SCHIEBEN       STRECKEN +3    WAHL
MESSEN +3     PRPLOT         SCHRAFF +1     STUTZEN +3     WBLOCK
'NEUZEICH     PUNKT          SCRIPT         SYMBOL         ZURUECK/Z
NOCHMAL       QTEXT          'SETVAR        TABLETT        ZEIGDIA
OEFFNUNG +2   QUIT           SHELL/SH +3    TEILEN +3      ZEIT
OFANG +2      RASTER         SICHERN        TEXT           ZLOESCH
ORTHO         REGEN          SKALA +1       'TEXTBLD       'ZOOM
'PAN          REGENAUTO      SKIZZE +1      UMBENENN       ZUGMODUS +2
PAUSE         REIHE          SOLID          URSPRUNG       3DFLAECH +3
PEDIT 3       'RESUME        SPIEGELN +2    VARIA +3       3DLINIE +3


Befehlswiederholung: Leertaste oder RETURN/Zeilenschaltung druecken.
Fuer weitere Hilfe RETURN-Taste druecken.
```

Hinweis: Transparenter Befehl

Die mit einem Apostroph gekennzeichneten Befehle werden als transparente
Befehle bezeichnet und können während der Ausführung eines AutoCAD-
Befehls durch die Eingabe:

  'Befehlsname

aufgerufen werden.

Beispiel 2-8: Ausgabe von Hilfsinformationen zum Befehl LINIE

Zu dem Befehl LINIE sollen während des Arbeitens mit dem Zeichnungseditor
Informationen ausgegeben werden.

```
Befehl: ? <RETURN>
Befehlsname (RETURN fuer Liste): LINIE <RETURN>

Der Befehl LINIE dient zum Zeichnen einer geraden Linie.

Format:    LINIE  Von Punkt:  (Punkt)
           Nach Punkt:  (Punkt)
           Nach Punkt:  (Punkt)
           Nach Punkt:  ...RETURN, um Linienfolge zu beenden

Um die letzte Linie zu loeschen, ohne aus dem Befehl LINIE zu gehen, muss
"Z" auf die Frage "Nach Punkt" eingegeben werden.

Sie koennen die vorherige Linie (oder Bogen) durch Eingabe von RETURN oder
Leertaste auf die Frage "Von Punkt" fortfuehren.  Wenn Sie eine Linien-
folge zu einem Polygon schliessen wollen, koennen Sie auf die Frage "Nach
Punkt" ein "S" zum Zeichnen des letzten Elements eingeben.  Damit wird das
Polygon (Vieleck) geschlossen.

Linien koennen waagerecht oder senkrecht ausgerichtet werden durch den
Befehl ORTHO.

Siehe auch:  Kapitel 4.1 des Benutzerhandbuchs.
```

Durch die Eingabe von:

```
'HILFE    bzw.    '?
```

kann die Ausgabe von Hilfsinformationen während einer Befehlsausführung als
transparenter Befehl aktiviert werden. Will man z.B. nach dem Aufruf des
Befehls LINIE Hilfsinformationen zu diesem erhalten, so könnte dies wie folgt
geschehen:

```
Befehl: LINIE <RETURN>
Von Punkt: 'HILFE <RETURN>
```

Nach der Ausgabe der gewünschten Informationen wird die Ausführung des un-
terbrochenen AutoCAD-Befehls fortgesetzt. Beim Arbeiten an einem Ein-Bildschirm-Arbeitsplatz muß der Benutzer durch Drücken der Taste FLIP SCREEN
(F1) vom Textmodus auf den Grafikmodus umschalten.

2.4 Festlegen der Zeichnungsgröße

Mit dem Befehl LIMITEN kann der Benutzer die für die zu erstellende Zeichnung erforderliche Größe festlegen und eine entsprechende Koordinatenüberprüfung für die
einzelnen Punkte der Zeichnung ein- oder ausschalten. Nach Eingabe des Befehls
stehen folgende drei Optionen zur Wahl:

Option EIN: Einschalten der Koordinatenüberprüfung

Hiermit wird die Überprüfung der eingegebenen Koordinaten eines Punktes eingeschaltet. Punkte, die außerhalb des festgelegten Zeichnungsbereiches liegen,
werden ignoriert, d.h., man kann nicht über den Zeichnungsrand zeichnen.

Option AUS: Ausschalten der Koordinatenüberprüfung

Diese Option wird gewählt, wenn keine Koordinatenüberprüfung erfolgen soll.
Die Werte für die Zeichnungsgröße gelten aber weiterhin und werden bei späterer Wahl der Option EIN bei der Überprüfung der Koordinaten herangezogen.

Option Linke untere Ecke: Ändern der Zeichnungsgröße

Durch die Dialogeingabe der Koordinaten für die linke untere und die rechte
obere Ecke wird die Zeichnungsgröße festgelegt.

Hinweis: Standard-Zeichnungsgröße

Für die deutsche Version von AutoCAD ist als Standard- Zeichnungsgröße
DIN A3 mit Rand voreingestellt, d.h., es gilt:

- linke untere Ecke im Punkt (0.00, 0.00) und
- rechte obere Ecke im Punkt (410.00, 287.00).

Beispiel 2-9: Festlegen der Zeichnungsgröße

Die Zeichnungsgröße soll auf DIN A4 mit Rand festgelegt werden, und anschließend soll die Koordinatenüberprüfung eingeschaltet werden.

```
Befehl: LIMITEN <RETURN>
Ein/Aus/<Linke untere Ecke> <0.00, 0.00>: <RETURN>
Rechte obere Ecke <410.00, 287.00>: 285,198 <RETURN>
Befehl: <RETURN>
LIMITEN
Ein/Aus/<Linke untere Ecke> <0.00, 0.00>: E <RETURN>
```

Hinweis: Wiederholung eines Befehls

Nach der Ausführung eines AutoCAD-Befehls kann dieser wiederholt werden,
indem man nach der Aufforderung "Befehl:" die RETURN- oder LEER-Taste
drückt.

Hinweis: Pseudocode

Allgemein versteht man unter einem Pseudocode eine Entwurfssprache, die u.a.
beim Programmentwurf eingesetzt wird und Formulierungen in der Umgangs-
sprache enthalten kann. In diesem Buch wird ein Pseudocode - insbesondere im
Lösungsanhang A - für übersichtliche und platzsparende Darstellungen von Be-
fehlsfolgen benutzt.

Aufgabe 2-1: Einstieg in AutoCAD

Führen Sie folgende - im sogenannten Pseudocode formulierten - Aktionen aus,
indem Sie die entsprechenden AutoCAD-Befehle eingeben.

- Aufruf der Zeichnung StPauls zur Bearbeitung
- Festlegen des DIN A3-Formats und Einschalten der Koordinatenüberprüfung
- Ausgabe von Hilfsinformationen zum Befehl SICHERN
- Abspeichern der aktuellen Zeichnung unter dem Namen "Kirche"
- Verlassen des Zeichnungseditors
- Auflisten aller Zeichnungsnamen
- Löschen der Datei für die Zeichnung "Kirche"
- Auflisten aller Zeichnungsnamen

3 Das Zeichnen gerader Linien

3.1 Der Befehl LINIE

Der Befehl LINIE stellt einen der wichtigsten Befehle beim Zeichnen mit AutoCAD dar. Nach der Eingabe des Befehls LINIE in der Form:

> Befehl: **LINIE < RETURN >**

erfolgt zunächst mit dem Hinweis:

> Von Punkt:

die Aufforderung zum Festlegen des Anfangspunktes. Dies kann realisiert werden durch:

- die Eingabe der Koordinaten des Anfangspunktes oder
- das Bewegen des Fadenkreuzes zum Anfangspunkt mit anschließender Bestätigung.

Danach wird der Benutzer mit dem Hinweis:

> Nach Punkt:

zur Eingabe des Endpunktes der Linie aufgefordert. Es bestehen hierfür vier Möglichkeiten:

- Eingabe der absoluten Koordinaten,
- Eingabe der relativen Koordinaten bezogen auf den Anfangspunkt,
- Eingabe als Polarkoordinaten bezogen auf den Anfangspunkt und
- Bewegen des Fadenkreuzes zum Endpunkt.

Mit dem Befehl LINIE läßt sich eine Folge von zusammenhängenden Linien zeichnen, denn nach jeder Eingabe eines Endpunktes wird dieser als Anfangpunkt einer neuen Linie genommen, und es erfolgt erneut die Aufforderung "Nach Punkt:" zur Eingabe des zugehörigen Endpunktes. Durch Drücken der RETURN-Taste wird der Befehl LINIE beendet. Bei solchen zusammengesetzten Linien wird jede der Teillinien von AutoCAD als einzelnes Element behandelt.

Zunächst sollen die verschiedenen Möglichkeiten für die Eingabe des Endpunktes näher erklärt und mit einfachen Beispielen veranschaulicht werden.

Option x,y: Eingabe absoluter Koordinaten

Diese wird realisiert durch:

> Nach Punkt: **x,y < RETURN >**

Dabei sind x und y die Koordinatenwerte des Endpunktes bezogen auf den durch den Befehl LIMITEN festgesetzten Ursprung.

Beispiel 3-1: Linie mit absoluten Koordinaten

Man zeichne eine Linie mit dem Anfangspunkt P1(100,100) und dem Endpunkt P2(145,115).

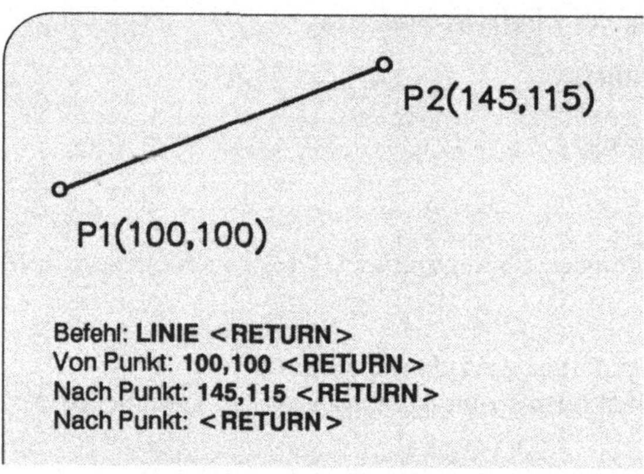

Option @ x,y: Eingabe relativer Koordinaten

Mit dem Zeichen "@" (Klammeraffe) werden bei der Eingabe:

Nach Punkt: @ x,y < RETURN >

die Endpunktskoordinaten der Linie relativ zu deren Anfangspunkt festgelegt.

Beispiel 3-2: Linie mit relativen Koordinaten

Es soll eine Linie mit dem Anfangspunkt P1 (100,100) gezeichnet werden, deren Endpunkt um 40 in positiver x-Richtung und um 10 in positiver y-Richtung zum Anfangspunkt verschoben ist.

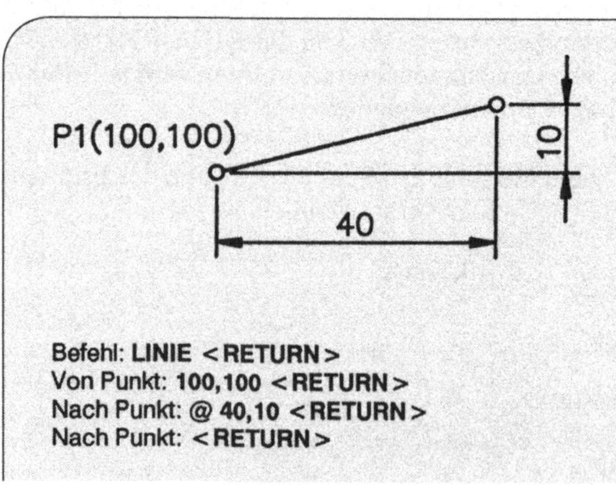

Option @ d < w: Eingabe relativer Polarkoordinaten

Hier erfolgt die Eingabe:

Nach Punkt: @ **d < w** **< RETURN >**

erneut relativ zum Anfangspunkt der Linie, und zwar ist:

- d der Abstand (Distanz) zwischen Anfangs- und Endpunkt und
- w der Winkel zwischen der positiven x-Achse und dem Verbindungsstrahl
  vom Anfangs- zum Endpunkt.

Hinweis: Winkeleingaben

Winkel werden im mathematisch positiven Sinn (Gegenuhrzeigersinn) als positiv
und - falls nicht anders vereinbart - im Gradmaß eingegeben.

Beispiel 3-3: Linie mit relativen Polarkoordinaten

Zu zeichnen ist eine Linie der Länge 40 unter einem Winkel von 15° vom
Anfangspunkt P1 (100,100).

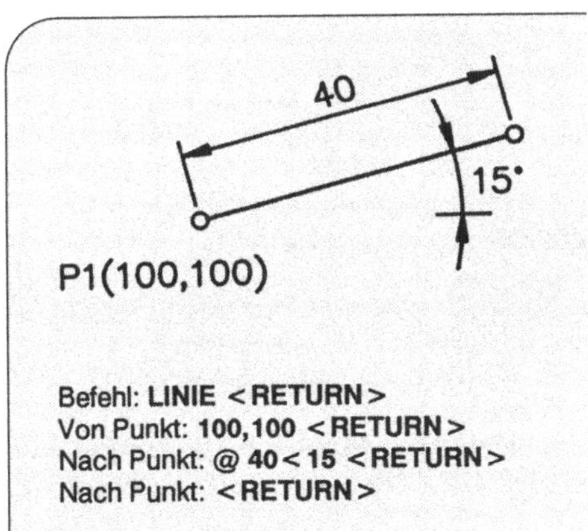

Option: Bewegen des Fadenkreuzes

Durch Hin- und Herfahren mit dem Digitalisierstift auf dem Tablett wird das Fadenkreuz zu dem gewünschten Punkt auf dem Bildschirm bewegt und durch leich-
tes Drücken des Stiftes auf das Tablett bestätigt. Das Fadenkreuz kann analog
mit Hilfe der Maus oder der Cursortasten bewegt werden.

Hinweis: Gummibandlinie

Beim Bewegen des Fadenkreuzes ist dieses durch eine gestrichelte Linie - der sogenannten Gummibandlinie - mit dem letzten gewählten Punkt verbunden.

Beispiel 3-4: Festlegen einer Linie mit Fadenkreuz

Man zeichne einen Linienzug durch Anfahren dreier Punkte P1, P2 und P3.

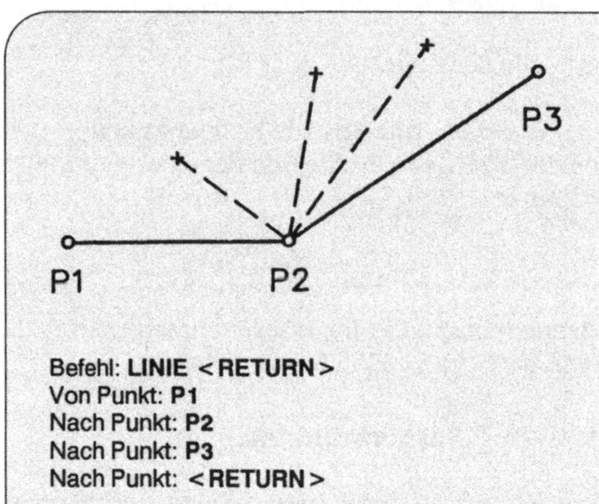

Durch die gestrichelten Linien sind Zwischenpositionen des Punktes P3 und die zugehörige Gummibandlinie angegeben.

Option S: Schließen eines Linienzuges

Mit der Eingabe:

    Nach Punkt: S <RETURN>

erfolgt das Schließen einer zusammengesetzten Linie, d.h. der Endpunkt der letzten Teillinie wird mit dem Anfangspunkt der ersten Teillinie automatisch verbunden.

Beispiel 3-5: Zeichnen eines geschlossenen Linienzuges

Es ist ein Rechteck mit den Seitenlängen 70 und 30 zu zeichnen.

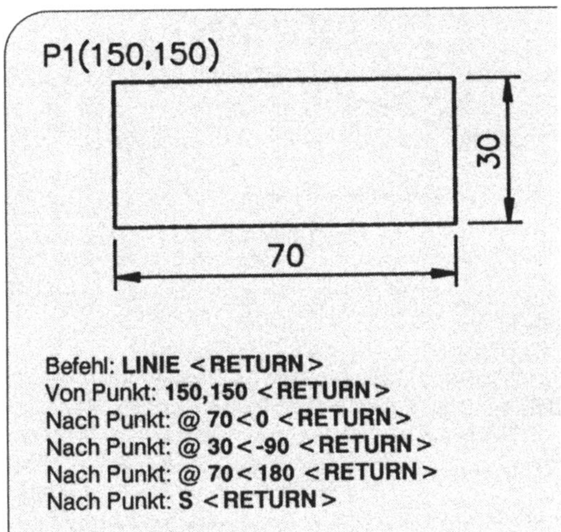

Option Z: Löschen der zuletzt gezeichneten Teillinie

Während des Zeichnens einer zusammengesetzten Linie kann durch die Eingabe:

Nach Punkt: **Z** <RETURN>

die zuletzt gezeichnete Teillinie gelöscht werden. Wählt man mehrfach nacheinander diese Option, so werden entsprechend viele Teillinien rückwärts gelöscht.

Beispiel: 3-6: Korrektur einer falschen Koordinateneingabe

Man zeichne eine Linie vom Punkt P1 (100,100) zum Punkt P3 (170,120), dabei
gebe man zunächst die Koordinaten für den Punkt P2 (170,100) ein.

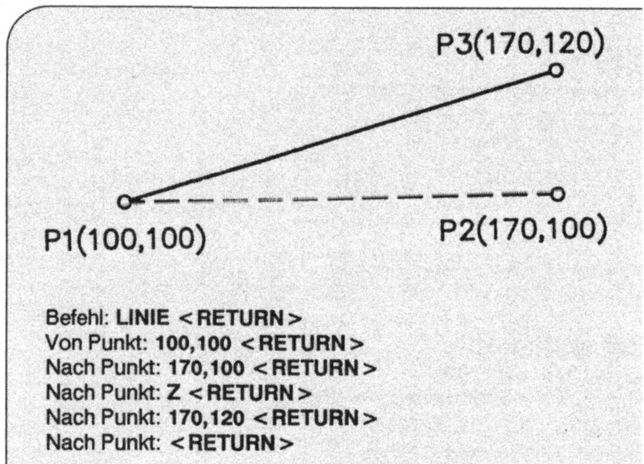

Die gestrichelte Linie stellt die zunächst falsch gezeichnete Linie dar.

Aufgabe 3-1: Haus vom Nikolaus

Zeichnen Sie das Haus vom Nikolaus im DIN A4 Hochformat, dabei soll gelten:
Länge P1P2 = 70 und Länge P2P3 = 61.

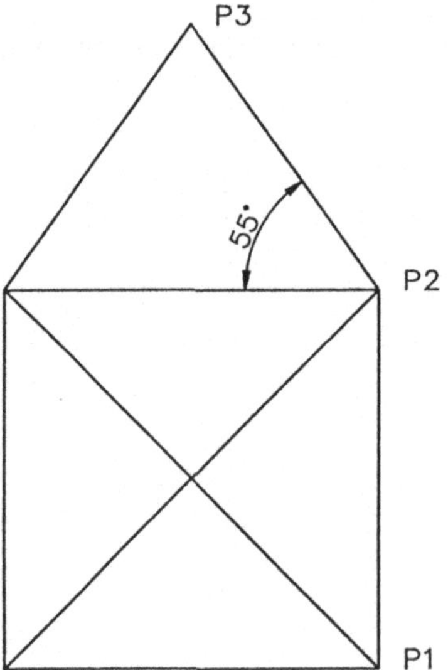

3.2 Löschen von Zeichnungselementen

Das im vorausgegangenen Abschnitt besprochene Löschen von Teillinien mit der Option Z kann nur durchgeführt werden, wenn der Befehl LINIE noch nicht beendet ist. Ist dies jedoch der Fall, kann man Teillinien mit dem Befehl LOESCHEN entfernen. Dieser Befehl ist für beliebige Teile einer Zeichnung (Zeichnungselemente oder Objekte) anwendbar und verlangt nach der Eingabe:

```
Befehl: LOESCHEN <RETURN>
Objekte waehlen:
```

die Auswahl des zu löschenden Objektes. Nach erfolgter Auswahl wird das gefundene Objekt zunächst gestrichelt angezeigt und nach erneutem Drücken der RETURN-Taste gelöscht. Für die Objektauswahl sind folgende Möglichkeiten gegeben:

- Zeigen auf ein Objekt
- Setzen eines Fensters
- Kreuzen eines Fensters
- Letztes Objekt

Im folgenden sollen diese Optionen näher erläutert werden.

Option: Zeigen auf ein Objekt

Die Pickbox wird zu einem Punkt bewegt, der von dem zu löschenden Zeichnungselement geschnitten wird.

Hinweis: Zeigen auf einen Schnittpunkt von Objekten

Wird auf einen Punkt gezeigt, der Schnittpunkt von mehreren Objekten ist, so kann AutoCAD keine eindeutige Auswahl eines Objektes treffen.

Beispiel 3-7: Löschen einer Rechteckseite durch Zeigen

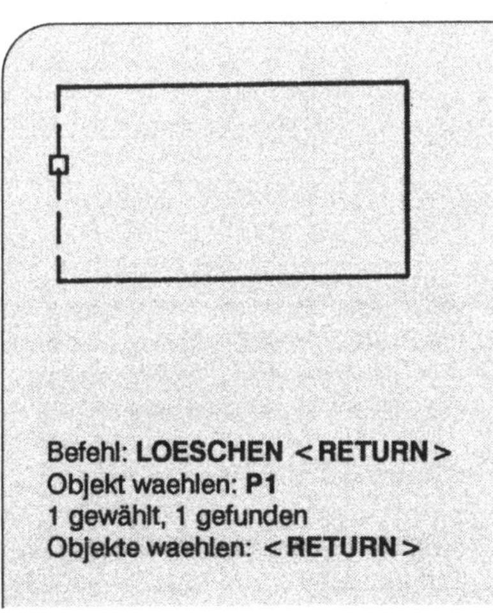

```
Befehl: LOESCHEN <RETURN>
Objekt waehlen: P1
1 gewählt, 1 gefunden
Objekte waehlen: <RETURN>
```

Hinweis: Anpicken eines Punktes

Das Anpicken (Anklicken) eines Punktes wird im weiteren nur durch Fettdruck ohne < RETURN > dargestellt, z.B. durch **P1**.

Option F: Setzen eines Fensters

Durch die Eingabe eines linken unteren und eines rechten oberen Eckpunktes wird ein Fenster (rechteckiger Ausschnitt) festgelegt. Alle Objekte, die vollständig innerhalb des Fensters liegen, werden zum Löschen markiert.

Beispiel 3-8: Löschen einer Rechteckseite mit Fenster

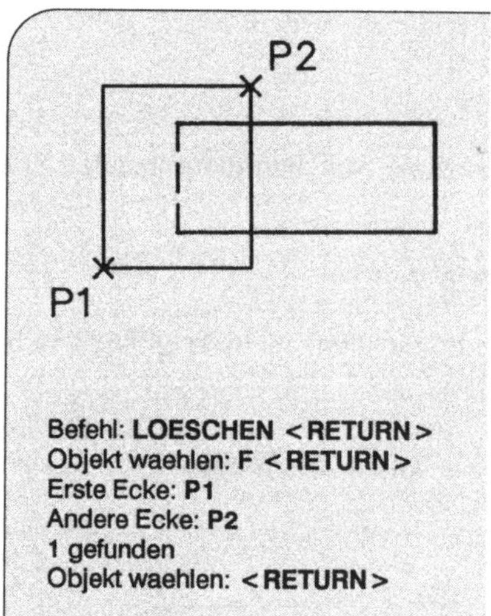

Option K: Kreuzen eines Fensters

Wie bei der Option F wird ein Fenster festgelegt, und alle vollständig innerhalb des Fensters liegenden Objekte gelöscht. Zusätzlich gelöscht werden auch alle Objekte, die teilweise innerhalb des Fensters liegen, d.h. dieses kreuzen.

Beispiel 3-9: Löschen von drei Rechteckseiten

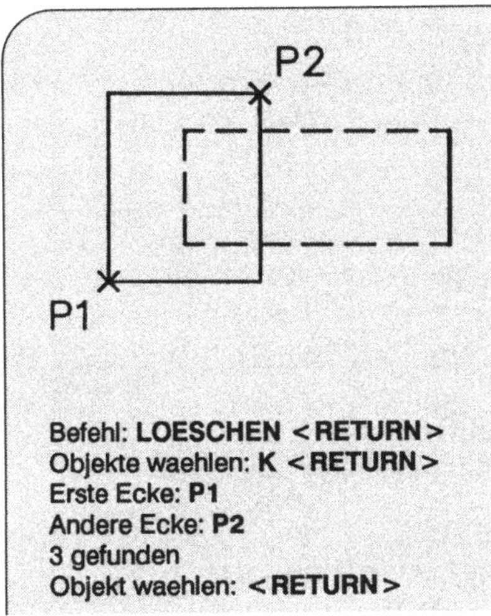

Option L: Letztes Objekt

Das zuletzt gezeichnete Objekt der auf dem Bildschirm sichtbaren Zeichnung wird zum Löschen markiert.

Beispiel 3-10: Löschen der zuletzt gezeichneten Rechteckseite

Unter der Annahme, daß die linke Rechteckseite zuletzt gezeichnet wurde, ergibt sich:

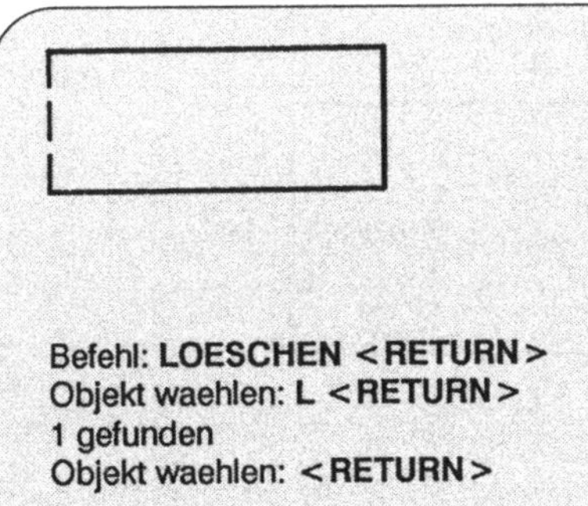

Mit dem Befehl HOPPLA können alle unmittelbar vorausgegangenen Löschungen
rückgängig gemacht, d.h., alle mit dem letzten Befehl LOESCHEN gelöschten
Objekte wieder in die Zeichnung eingefügt werden. Die Eingabe erfolgt mit:

> Befehl: **HOPPLA** **<RETURN>**

Durch mehrfachen Aufruf des Befehls HOPPLA ist aber ein schrittweises Rückgän-
gigmachen von Löschungen nicht möglich, da AutoCAD nur die Objekte der unmittelbar letzten Löschung zwischenspeichert.

Aufgabe 3-2: Zeichnen eines Rechtecks

Das untenstehende Rechteck mit den Seiten 1, 2, 5 und 6 ist auf zwei verschiede-
nen Wegen zu zeichnen, und zwar
a) mit einmaligem Aufruf des Befehls LINIE
-   Zeichnen der Linien 1, 2, 3 und 4 ohne Beenden von LINIE
-   Löschen der Linien 3 und 4
-   Zeichnen der Linie 5
-   Zeichnen der Linie 6 durch Schließen des Linienzuges
b) mit zweimaligem Aufruf des Befehls LINIE
-   Zeichnen der Linien 1, 2, 3 und 4 mit Beenden von LINIE
-   Löschen der Linien 3 und 4
-   Zeichnen der Linien 5 und 6

Warum ist hier die Option S für das Schließen eines Linienzuges nicht anwendbar?

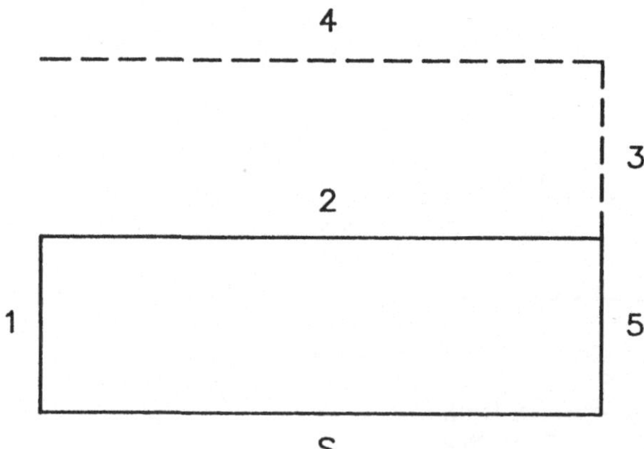

3.3 Zeichnen von Linien im Ortho-Modus

Im Ortho-Modus können nur orthogonale - d.h. senkrechte oder waagerechte -
Linien gezeichnet werden; dies ist vor allem dann von Vorteil, wenn die einzelnen Li-
nienpunkte durch das Verschieben des Fadenkreuzes festgelegt werden. Der Ortho-
Modus kann durch den Aufruf des Befehls ORTHO:

> Befehl: **ORTHO <RETURN>**
> Ein/Aus <aktueller Wert>:

und entsprechende Wahl eines der beiden Optionen EIN oder AUS ein- bzw. ausgeschaltet werden.

Beispiel 3-11: Zeichnen von Linien im Ortho-Modus

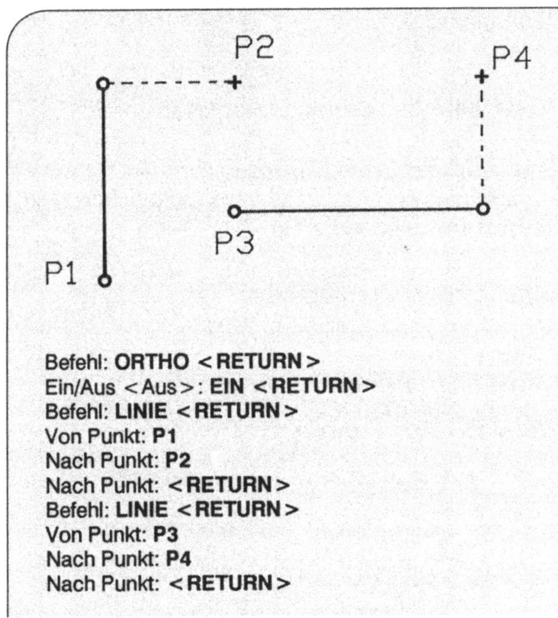

Hinweis: Besonderheit für das Arbeiten im Ortho-Modus

Liegen die beiden Eckpunkte einer Linie nicht auf einer orthogonalen Verbindungslinie, so werden intern der waagerechte und senkrechte Abstand der beiden
Punkte ermittelt und miteinander verglichen. Der größere Abstand legt die Richtung der zu zeichnenden Linie fest.

Bei Verwendung des Klammeraffen @ lassen sich trotz Ortho-Modus diagonale
Linien erzeugen.

Das Ein- bzw. Ausschalten des Ortho-Modus kann auch über die Funktionstaste
F8 erfolgen.

3.4 Ändern der Linienart

Die bisher erstellten Zeichnungen wurden mit durchgezogenen Linien erstellt.
AutoCAD bietet weitere Linienarten (Linientypen) an, um z.B. verdeckte Kanten
oder Mittellinien zeichnen zu können. Die Definition einer Linienart erfolgt durch
die Vorgabe einer entsprechenden Folge von Strichen und Punkten und wird in einer
Bibliotheks-Datei abgespeichert. Dem Benutzer werden nach der Eingabe des
Befehls LINIENTP in der Form:

```
Befehl: LINIENTP <RETURN>
?/Erzeugen/Laden/Setzen:
```

vier Optionen zur Auswahl angeboten, und zwar:

- Listenausgabe aller geladenen Linienarten,
- Erzeugen einer speziellen Linienart,
- Laden einer speziellen Linienart,
- Festlegen einer Linienart.

Option ?: Ausgabe einer Liste aller geladenen Linienarten

Nach der Eingabe des Fragezeichens hat die Dialogeingabe des Namens der
Datei zu erfolgen, in der die Linienwert-Definitionen abgespeichert sind. Der Dateiname wird ohne das Suffix LIN eingegeben.

Beispiel 3-12: Ausgabe aller Linienarten aus der Datei ACAD

```
Befehl: LINIENTP <RETURN>
?/Erzeugen/Laden/Setzen: ? <RETURN>
Zu listende Datei <acad> <RETURN>
Linientypen in der Datei C:\ACAD.lin definiert

Name                     Beschreibung
-----------              -----------

GESTRICHERLT             -- -- -- -- -- -- -- -- -- -- -- --
VERDECKT                 - - - - - - - - - - - - - - - - - -
MITTE                    ---- - ---- - ---- - ---- - ---- - ----
PHANTOM                  ----- - - ----- - - ----- - - ----- - - -----
PUNKT                    ................................................

STRICHPUNKT              -- . -- . -- . -- . -- . -- . -- . -- . -- . --
RAND                     -- -- . -- -- . -- -- . -- -- . -- -- . -- --
GETRENNT                 -- . . -- . . -- . -- . . -- . . -- . . --

?/Erzeugen/Laden/Setzen:
```

Option E: Erzeugen einer speziellen Linienart

Nach Wahl dieser Option kann der Benutzer eine spezielle Linienart selbst definieren und abspeichern. Im Rahmen dieses Buches soll hierauf nicht näher eingegangen werden.

Option L: Laden einer speziellen Linienart

Mit dieser Option können beliebige Linienarten, deren Definitionen in einer Linienart-Datei vorliegen müssen, geladen werden, d.h., sie stehen dann zum Zeichnen zur Verfügung. Das Laden einer Linienart erfordert die Dialogeingabe

- des Namens der zu ladenden Linienart und
- des Namens der zugehörigen Definitions-Datei ohne das Suffix LIN

Hinweis: AutoCAD-Standard-Linienarten

Die Datei ACAD.LIN enthält die Standard-Linienarten für das Arbeiten mit AutoCAD. Standard-Linienarten müssen nicht gesondert geladen werden, sondern werden automatisch bei Bedarf geladen, z.B. bei Wahl der folgenden Option S.

Option S: Setzen einer Linienart

Durch Wahl dieser Option kann eine Linienart gesetzt (festgelegt) werden. Alle anschließend zu zeichnenden Elemente werden mit dieser Linienart dargestellt. Der Name der neuen Linienart wird im Dialog eingegeben und vom System kontrolliert. Bei nicht vorhandener oder nicht geladener Linienart erfolgt eine entsprechende Meldung.

Beispiel 3-13: Festlegen der Linienart Strichpunkt

```
Befehl: LINIENTP <RETURN>
?/Erzeugen/Laden/Setzen: S <RETURN>
Neuer Elementlinientyp (oder ?) <AUSGEZOGEN>: STRICHPUNKT <RETURN>
?/Erzeugen/Laden/Setzen: <RETURN>
```

Aufgabe 3-3: Zeichnen zweier Bleche

Die beiden folgenden Bleche sind - ohne Bemaßung - auf ein DIN A4-Blatt zu zeichnen und unter dem Zeichnungsnamen Blech_1 abzuspeichern.

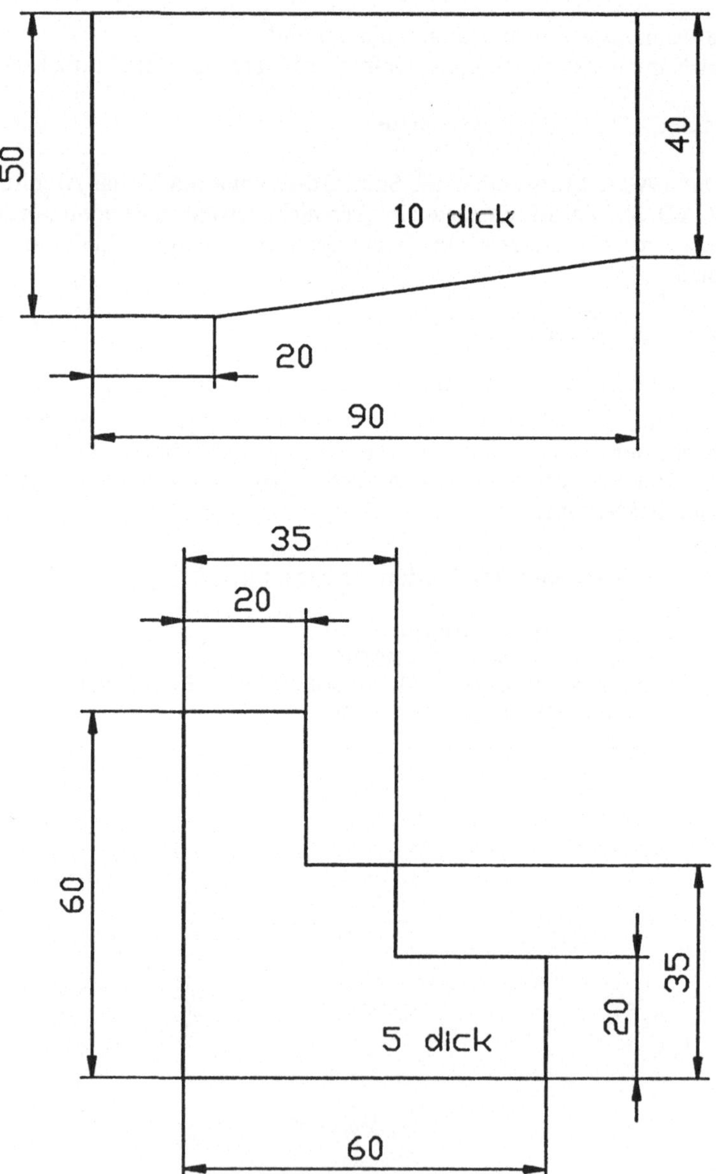

Aufgabe 3-4: Zeichnen zweier weiterer Bleche

Zeichnen Sie die beiden folgenden Bleche - ohne Bemaßung - auf ein DIN A4-
Blatt und speichern Sie diese Zeichnung unter dem Namen Blech_2 ab.

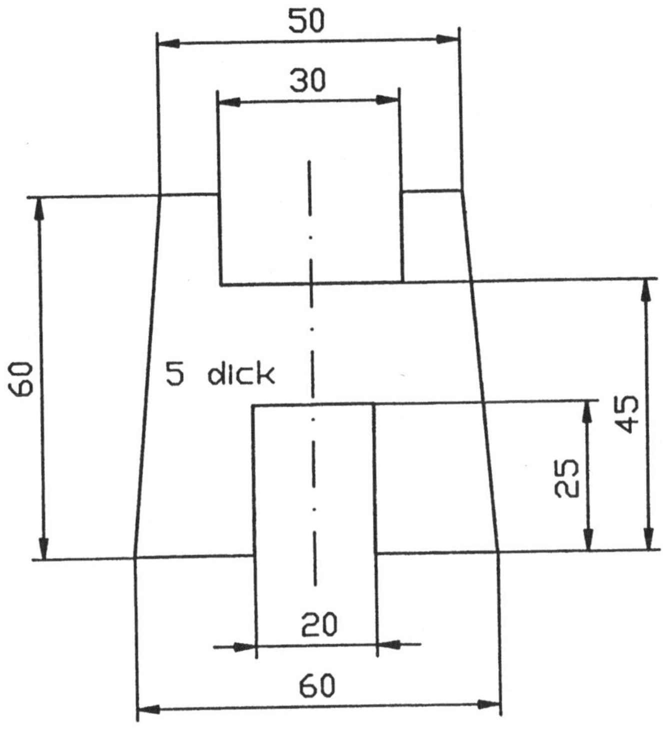

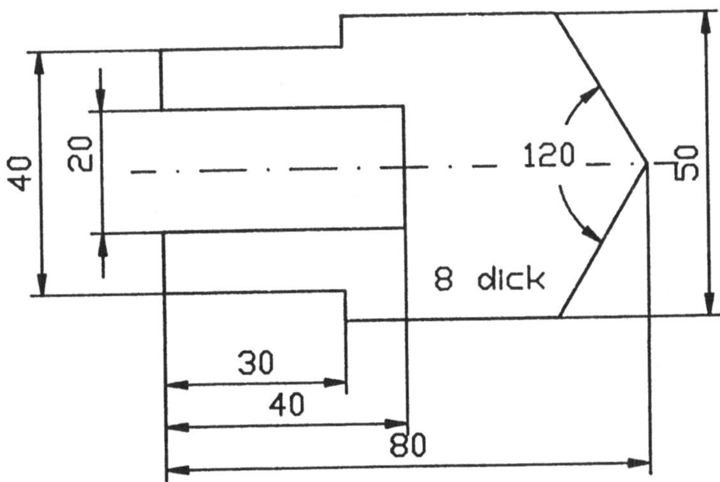

4 Hilfen beim Zeichnen

4.1 Das Arbeiten mit Rastern

Das Arbeiten mit Rastern ist eine wesentliche Hilfe beim Erstellen einer Zeichnung, und zwar kann man mit

- einem sichtbaren Punkteraster und
- einem unsichtbaren Fangraster arbeiten.

Ein Punkteraster ist ein Hilfsnetz von Punkten, das der eigentlichen Zeichnung überlagert wird. Es gehört nicht zu der Zeichnung und wird nicht über den Plotter ausgegeben. Durch ein Fangraster werden alle Punkte festgelegt, die durch Bewegen des Fadenkreuzes ausgewählt werden können. Der Rasterabstand kann für beide Arten von Rastern vom Benutzer wahlweise eingegeben werden.

Mit dem Befehl RASTER kann ein Punkteraster wie folgt definiert werden:

> Befehl: **RASTER** <**RETURN**>
> Rasterwert(X) oder Ein/Aus/Fang/ASpekt <Vorgabe>:

Für die fünf Optionen gilt im einzelnen:

Option Wert oder WertX: Festlegen des Rasterabstands

Durch die Eingabe eines Zahlenwertes wird ein entsprechendes Punkteraster mit diesem Rasterabstand festgelegt. Wird der Wert Null eingegeben, so entspricht das Punkteraster dem aktuellen Fangraster, d.h., das Fangraster wird sichtbar. Bei Eingabe eines "X" nach dem Zahlenwert wird der Rasterabstand des Punkterasters das Wert-fache des Rasterabstands des Fangrasters.

Beispiel 4-1: Rasterabstand festlegen

Es soll ein Raster mit dem Rasterabstand 5 gesetzt werden.

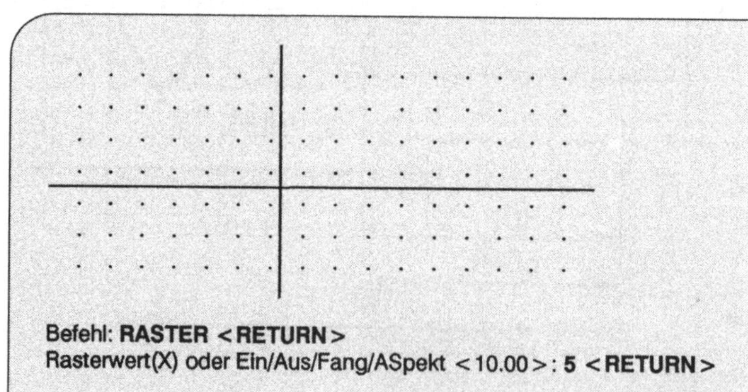

Hinweis: Stellung des Fadenkreuzes

Das Fadenkreuz kann zu jedem beliebigen Punkt des Zeichenbereiches - unabhängig vom Raster - bewegt werden.

Option E: Einschalten (Sichtbarmachen) des Punkterasters

Option A: Ausschalten (Unsichtbarmachen) des Punkterasters

Option F: Punkteraster dem Fangraster überlagern

Diese Option hat die gleiche Wirkung wie die Eingabe der Null für den Rasterwert; in beiden Fällen wird der Rasterabstand des Punkterasters gleich dem des Fangrasters gesetzt.

Option AS: Unterschiedliche Abstände in horizontaler u. vertikaler Richtung

Nach der Eingabe von AS oder Aspekt kann der Benutzer im Dialog verschiedene Werte für den horizontalen und den vertikalen Rasterabstand eingeben.

Beispiel 4-2: Punkteraster mit unterschiedlichen Abständen

Es soll ein Punkteraster mit dem Abstand 5 in der Horizontalen und dem Abstand 10 in der Vertikalen gesetzt werden.

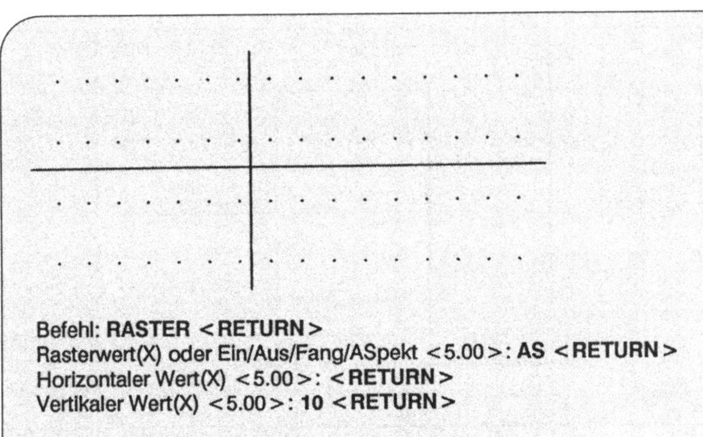

Hinweis: Ein- und Ausschalten des Punkterasters

Das Punkteraster kann auch durch Drücken der Funktionstaste F7 ein- bzw. ausgeschaltet werden.

Aufgabe 4-1: Zeichnen einer Grundplatte

Zeichnen Sie eine Grundplatte in zwei Ansichten (ohne Bemaßung) auf ein DIN A4-Blatt, indem Sie im Ortho-Modus und mit einem geeigneten Punkteraster arbeiten, z.B. mit dem Rasterabstand 5. Speichern Sie die Zeichnung unter dem Namen Grundplatte ab.

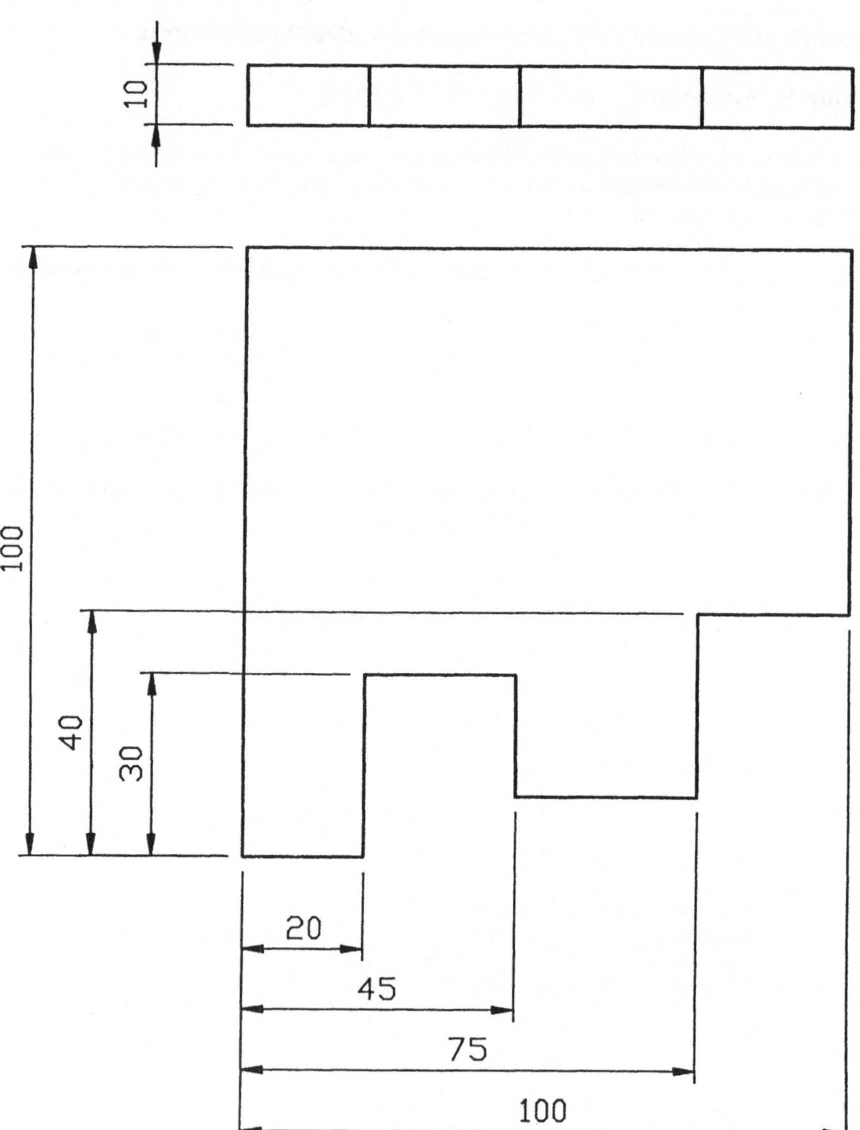

Durch den Befehl FANG kann ein Fangraster bestimmt werden, und zwar durch:

```
Befehl: FANG <RETURN>
Fangwert oder Ein/Aus/ASpekt/Drehen/Stil <Vorgabe>:
```

Es stehen sechs Optionen zur Verfügung.

Option Wert: Festlegen des Rasterabstands

In horizontaler und vertikaler Richtung wird aufgrund des eingegebenen Wertes der gleiche Rasterabstand festgelegt.

Option E: Einschalten des Fangrasters

Option A: Ausschalten des Fangrasters

Option AS: Festlegen unterschiedlicher Rasterabstände

Wie beim Punkteraster können auch beim Fangraster die Abstände in horizontaler und vertikaler Richtung verschieden festgelegt werden.

Beispiel 4-3: Fangraster mit unterschiedlichen Abständen

Es soll ein Fangraster mit dem horizontalen Rasterabstand 5 und dem vertikalen Rasterabstand 10 festgelegt und anschließend durch ein entsprechendes Punkteraster sichtbar gemacht werden.

```
Befehl: FANG <RETURN>
Fangwert oder Ein/Aus/ASpekt/Drehen/Stil <2.50>: AS <RETURN>
Horizontaler Wert <2.50>: 5 <RETURN>
Vertikaler Wert <2.50>: 10 <RETURN>
Befehl: RASTER <RETURN>
Rasterwert (X) oder Ein/Aus/Fang/ASpekt <5.00>: 0 <RETURN>
```

Hinweis: Stellung des Fadenkreuzes

Bei eingeschaltetem Fangraster kann das Fadenkreuz nur zu Rasterpunkten bewegt werden. Über die Tastatur lassen sich weiterhin auch Nichtrasterpunkte ansprechen.

Option D: Drehen des Fangrasters

Das Fangraster kann mit dieser Option gedreht werden. Der jeweilige Drehpunkt (Basispunkt) und Drehwinkel sind im Dialog einzugeben. Der Drehwinkel muß zwischen -90° und +90° liegen.

Beispiel 4-4: Drehen eines Fangrasters

Das unten angegebene Fangraster ist um einen Winkel von 20° passend zum gezeichneten Quadrat zu drehen.

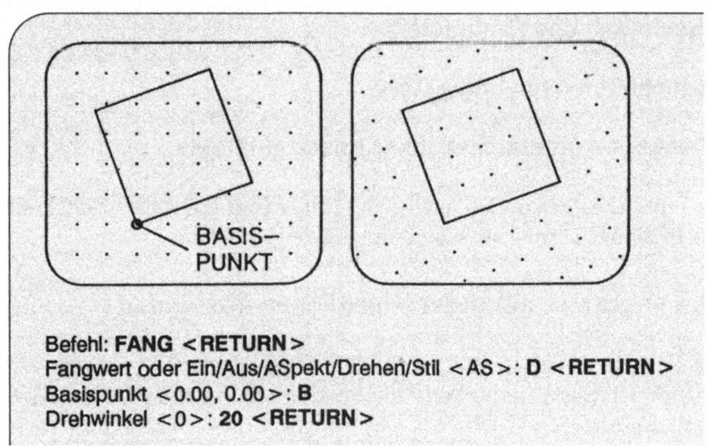

Option S: Festlegen des Fangstiles

Für die Wahl des Fangstiles gibt es zwei Möglichkeiten:

- ein rechtwinkliges Raster (Standardraster) oder
- ein isometrisches Raster zum isometrischen Zeichen.

Bei Wahl des isometrischen Rasters ist noch der vertikale Abstand der Rasterpunkte festzulegen.

Aufgabe 4-2: Zeichnen einer Grundplatte

Die Grundplatte aus Aufgabe 4-1 ist mit Hilfe eines geeigneten Punkte- und Fangrasters zu zeichnen. Arbeiten Sie dabei nicht im Ortho-Modus.

Aufgabe 4-3: Zeichnen eines Werkstückes

Die unten angegebenen Ansichten (ohne Bemaßung) eines Werkstückes sind zu
zeichnen und unter dem Namen "Sockel" abzuspeichern.

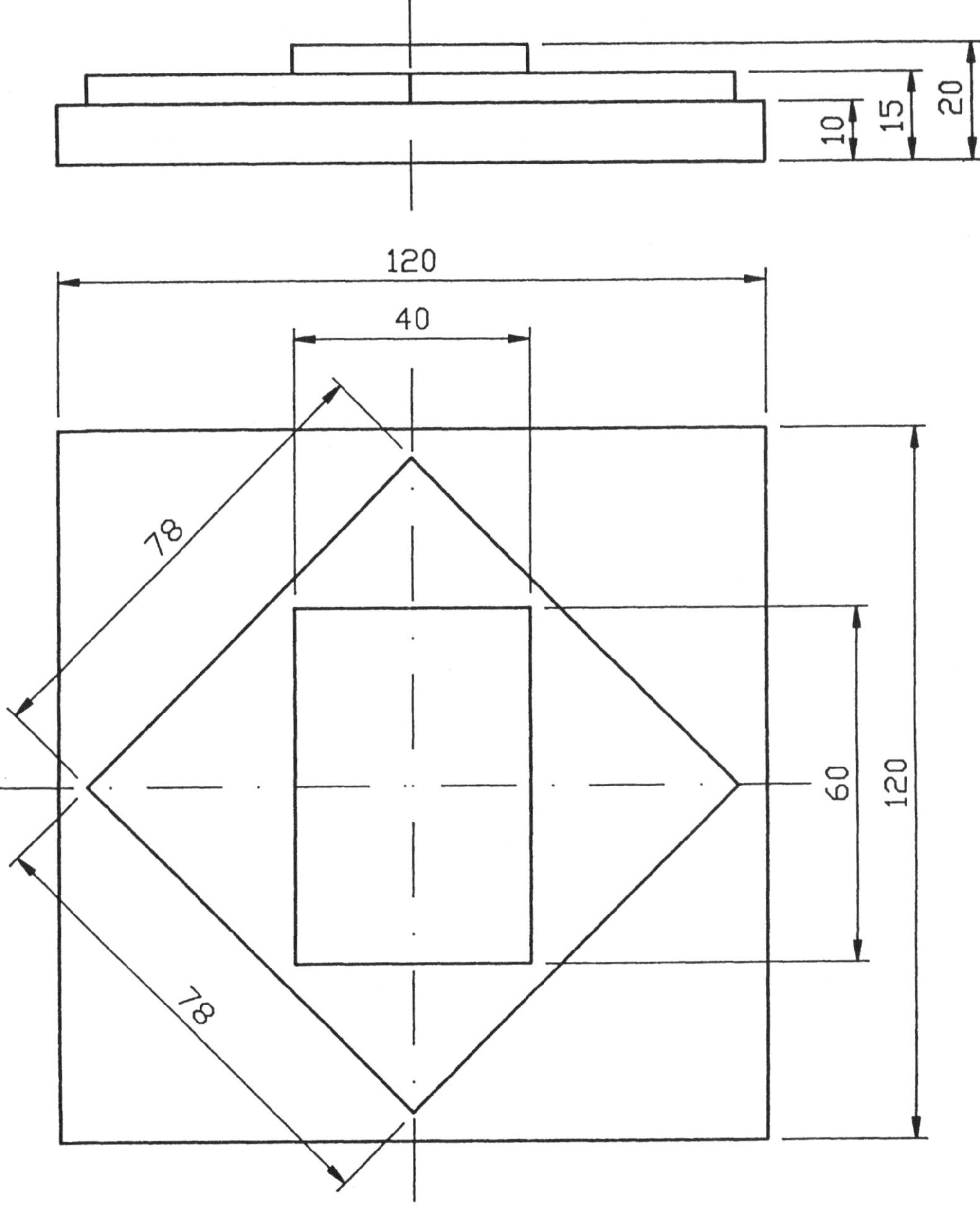

4.2 Das Arbeiten mit verschiedenen Objektfang-Modi

Mit Hilfe des sogenannten Objektfangs kann man in AutoCAD gezielt Punkte von
bereits existierenden Zeichnungsobjekten ansteuern und zur weiteren Verarbeitung
auswählen. Beim Arbeiten in einem Objektfang-Modus verfügt das Fadenkreuz über
ein zusätzliches quadratisches Fangfenster mit einer Kantenlänge zwischen 1 und 50,
wobei standardmäßig der Wert 5 gesetzt ist. Alle Punkte von auf dem Bildschirm
sichtbaren Zeichnungselementen innerhalb des Fangfensters werden daraufhin überprüft, ob sie die durch den jeweiligen Fang-Modus spezifizierten Bedingungen erfüllen oder nicht. Wird genau ein Punkt gefunden, so wird dieser als Konstruktionspunkt
markiert und das Fadenkreuz automatisch auf diesen Punkt gesetzt. Werden mehrere
Punkte gefunden, wird i.a. der am nächsten zum Fadenkreuz liegende Punkt gewählt.
Der Objektfang kann durch die Eingabe des Befehls OFANG aktiviert und im Dialog
modifiziert werden:

> Befehl: **OFANG** **< RETURN >**
> Objektfang-Modi:

Es stehen insgesamt zwölf verschiedene Objektfang-Modi zur Verfügung, die einzeln
oder miteinander kombiniert gewählt werden können.

Option END: Endpunkt einer Linie oder eines Bogens

Es wird der nächste Endpunkt einer beliebigen Linie oder eines Bogens eingefangen.

Beispiel 4-5: Fang eines Endpunktes

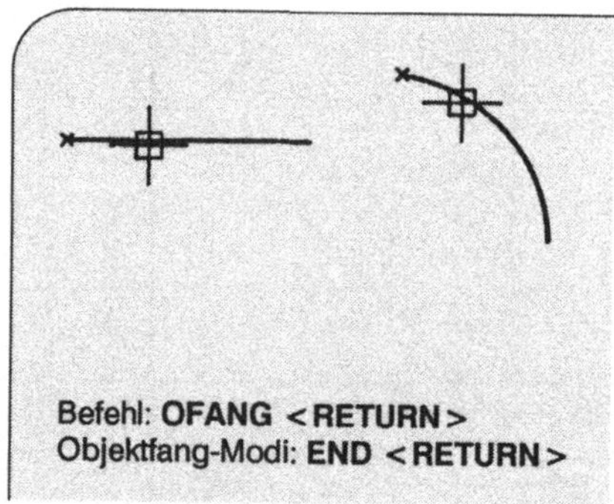

Hinweis: Eingeschalteter Objektfang-Modus

Ein eingeschalteter Objektfang-Modus bleibt solange aktiviert, d.h. wird bei allen
weiteren Punkten angewendet, bis er ausgeschaltet oder durch einen anderen
Modus ersetzt wird.

Option SCH: Schnittpunkt zweier Objekte

Es wird der Schnittpunkt zweier Objekte eingefangen.

Beispiel 4-6: Fang eines Schnittpunktes

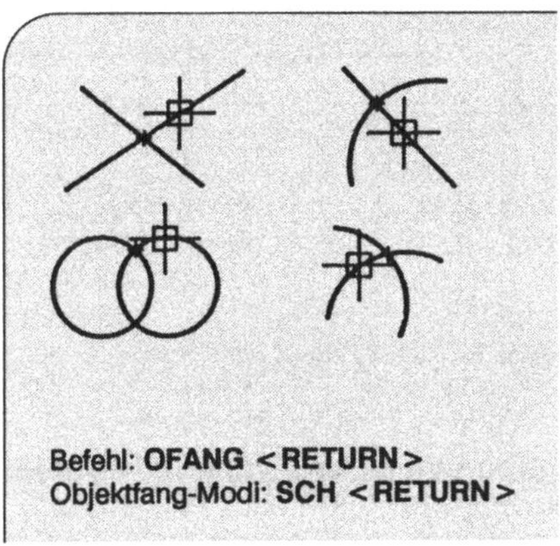

Option MIT: Mittelpunkt einer Linie oder eines Bogens

Es wird der Mittelpunkt einer beliebigen Linie oder eines Kreisbogens eingefangen.

Beispiel 4-7: Fang eines Mittelpunktes

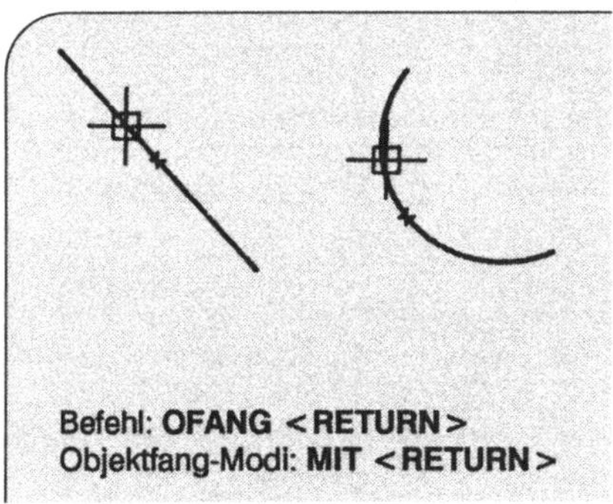

Option ZEN: Zentrum eines Kreises oder Bogens

Es wird das Zentrum eines Kreises oder eines Kreisbogens eingefangen.

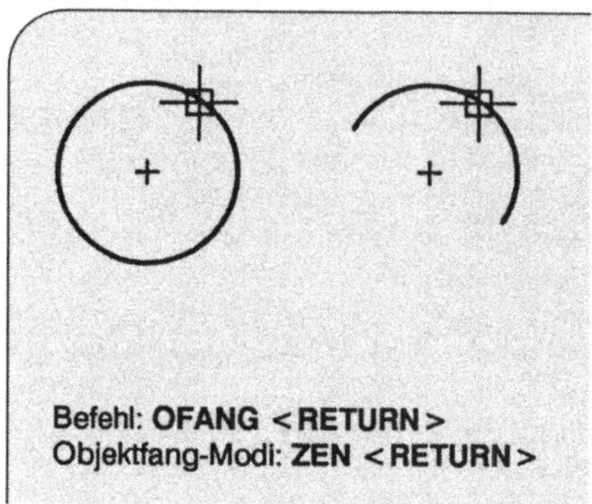

Option TAN: Tangentenberührungspunkt eines Kreises oder Bogens

Es wird der Punkt eines Kreises oder Kreisbogens eingefangen, so daß die Verbindungsgerade zwischen diesem Punkt und dem zuletzt festgelegten Punkt eine Tangente am Kreis oder Kreisbogen ist.

Beispiel: 4-8: Fang eines Tangentenpunktes

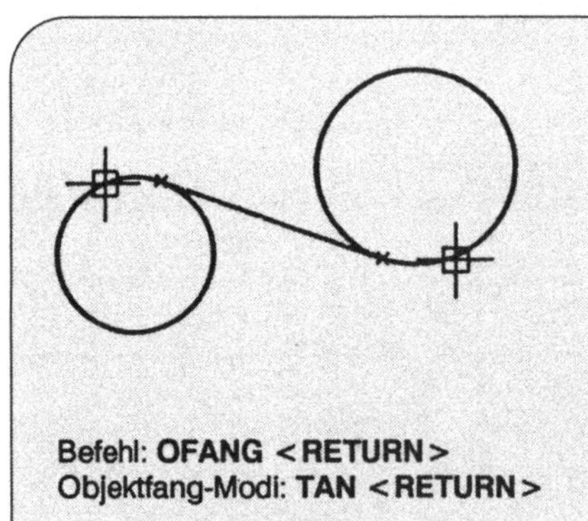

Option QUA: Quadrantenpunkt

Es wird der Punkt eines Kreises oder Kreisbogens eingefangen, der zu einem der Winkel 0°, 90°, 180° oder 270° gehört.

Beispiel 4-9: Fang eines Quadrantenpunktes

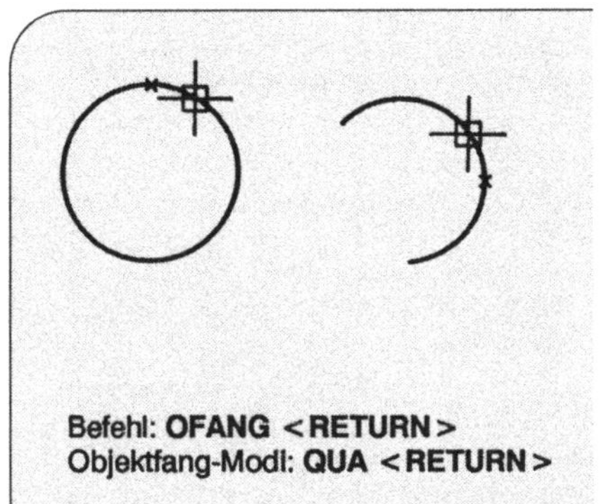

Option LOT: Lotfußpunkt einer Linie oder eines Kreises oder Bogens

Es wird der Punkt einer beliebigen Linie, eines Kreises oder eines Kreisbogens eingefangen, der der Fußpunkt des Lotes von dem zuletzt festgelegten Punkt auf die Linie, dem Kreis bzw. Kreisbogen ist.

Beispiel 4-10: Fang eines Lotfußpunktes

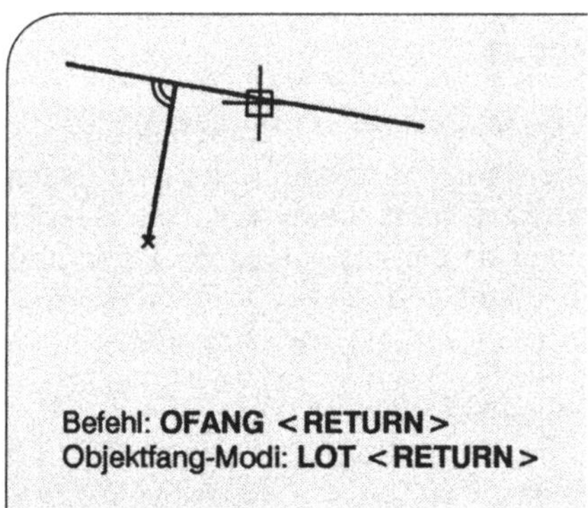

Option BAS: Basispunkt

Es wird der Basispunkts (Einfügepunkt) eines Symbols, Textes oder Blockes eingefangen.

Beispiel 4-11: Fang eines Einfügepunktes

Option NAE: Nächster Punkt

Es wird der Punkt einer beliebigen Linie, eines Kreises oder eines Kreisbogens eingefangen, der dem Fadenkreuz am nächsten liegt.

Option PUN: Einzelpunkt

Es wird der zum Fadenkreuz nächstliegende Einzelpunkt oder auch Markierungspunkt eingefangen.

Option QUI: Quick (Schnell)-Fang-Modus

Erfüllen mehrere Punkte innerhalb des Fangfensters die durch den Fang-Modus spezifizierte Bedingung, so wird i.a. der Punkt ausgewählt, der dem Fadenkreuz am nächsten ist. Diese Vorgehensweise erfordert relativ viel Zeit. Durch die Option QUIck kann man die Suche nach dem nächstgelegenen Punkt unterdrükken, indem der Fangvorgang mit dem ersten gefundenen Punkt abgebrochen wird.

Option KEI: Ausschalten des Objektfang-Modus

Hiermit wird der Objektfang ausgeschaltet. Dies kann auch durch eine Leereingabe, d.h. Drücken der RETURN-Taste realisiert werden.

Hinweis: Kombination von Objektfang-Modi

Es können mehrere Objektfang-Modi gleichzeitig gewählt werden, indem man die entsprechenden Optionen - durch Komma getrennt - zusammen eingibt.

Soll z.B. der nächste Endpunkt oder Mittelpunkt im Quick-Modus eingefangen werden, so kann dies durch die folgende Eingabe geschehen:

Befehl: **OFANG** < RETURN >
Objektfang-Modi: **END, MIT, QUI** < RETURN >

Hinweis: Objektfang bei einer Punkteingabe

Wird von AutoCAD eine Punkteingabe verlangt und durch "Von Punkt:" oder "Nach Punkt:" abgefragt, so kann man durch Eingabe einer Objektfang-Option den entsprechenden Fang-Modus wählen und den jeweiligen Punkt hierüber festlegen. Der Objektfang-Modus gilt nur für diese eine Punkteingabe.

Beispiel 4-12: Zeichnen von Linien

In einem Rechteck sind eine Diagonale und eine Halbdiagonale wie unten ersichtlich zu zeichnen.

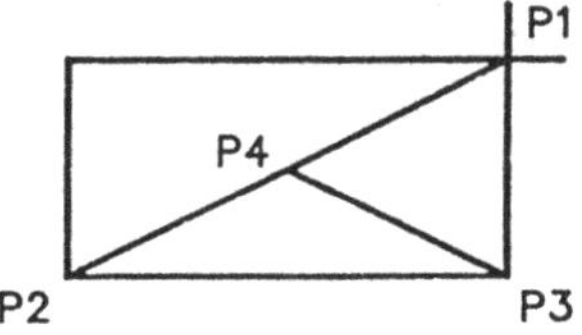

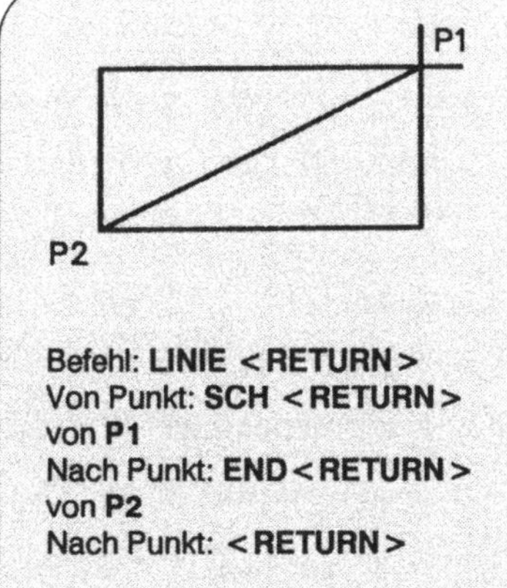

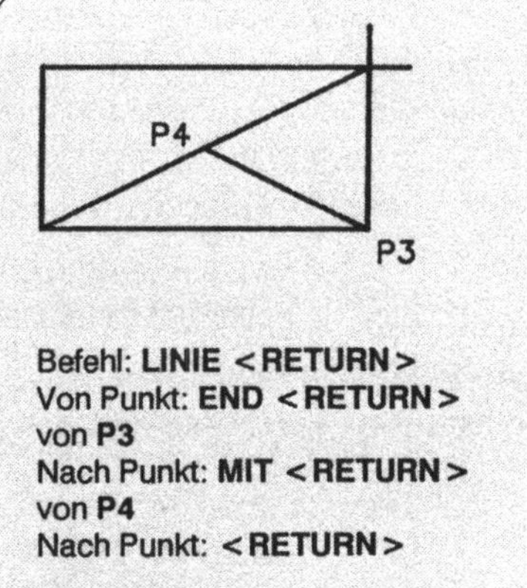

Aufgabe 4-4: Zeichnen eines Werkstücks

Ein Werkstück (ohne Bemaßung) ist in drei Ansichten auf ein DIN A4-Blatt zu zeichnen und unter dem Namen "Konsole" abzuspeichern. Beim Erstellen der Zeichnung gehen Sie wie folgt vor:

- Zeichnen der sichtbaren Kanten
- Zeichnen der verdeckten Kanten im Objektfang-Modus mit der Option SCH
- Zeichnen der Mittellinien im Objektfang-Modus mit der Option MIT

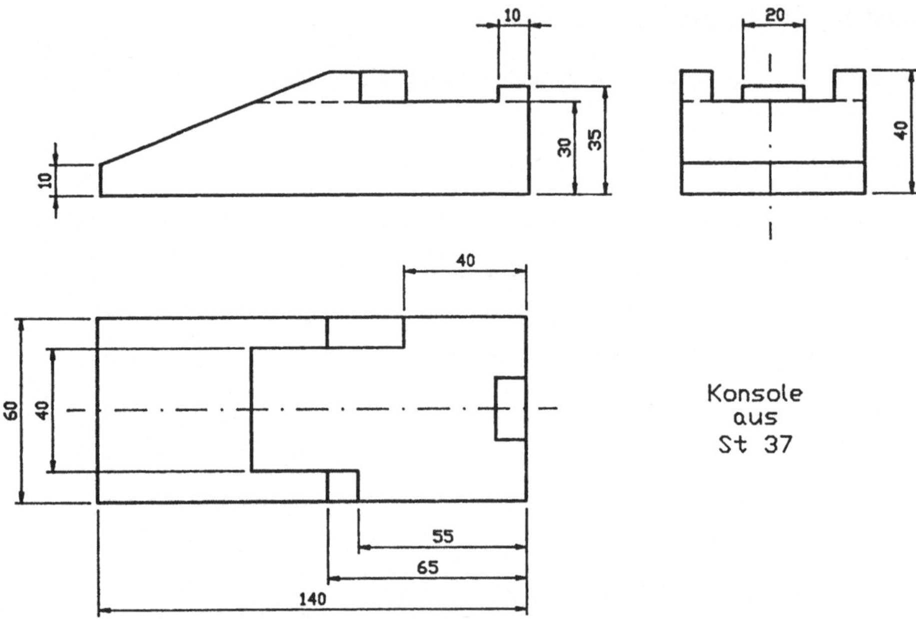

Hinweis: Ändern der Größe des Fangfensters

Mit dem Befehl OEFFNUNG kann die Größe des Fangfensters verändert werden. Die neue Kantenlänge ist im Dialog einzugeben.

```
Befehl: OEFFNUNG < RETURN >
Hoehe des Objektfangfensters (1-50 Pixel) < Vorgabe >:
```

Soll z.B. das Standard-Fangfenster auf die Größe 15 x 15 verändert werden, so hat man einzugeben:

```
Befehl: OEFFNUNG < RETURN >
Hoehe des Objektfangfensters (1-50 Pixel) < 5 >: 15 < RETURN >
```

5 Das Arbeiten mit Bildausschnitten

Beim Arbeiten mit Bildausschnitten bestehen folgende Möglichkeiten:

- Vergrößern von Bildausschnitten,
- Verkleinern von Bildausschnitten und
- Verschieben von Bildausschnitten.

Sie stellen eine große Hilfe bei der Zeichnungserstellung dar; so kann man sich z.B. einen Teil seiner Zeichnung vergrößert auf dem Bildschirm darstellen, um dort Details einzuzeichnen. Das Arbeiten mit Bildausschnitten bewirkt keine Änderung der Zeichnung, sondern nur unterschiedliche Bildschirmdarstellungen.

5.1 Der Befehl ZOOM

Mit dem Befehl ZOOM können Bildausschnitte vergrößert oder verkleinert werden. Nach der Eingabe:

> Befehl: **ZOOM** **< RETURN >**
> Alles/Mitte/Dynamisch/Grenzen/Links/Vorher/Fenster/ < Faktor(X) > :

stehen acht Optionen zur Verfügung.

Option Faktor oder FaktorX: Zoom-Faktor festlegen

Durch die Eingabe eines Zahlenwertes wird der Zoom-Faktor festgelegt, und zwar gilt:

- Vergrößerung für Faktor > 1 und
- Verkleinerung für Faktor < 1.

Wird der Faktor ohne "X" eingegeben, so bezieht sich der Faktor auf die Gesamtgröße der Zeichnung; bei der Eingabe des Faktors mit "X" wird der Faktor auf den aktuellen Bildausschnitt bezogen.

Beispiel 5-1: Festlegen des Zoom-Faktors

Die Zeichnung Columbia ist in den Zeichnungseditor zu laden und in Bildausschnitten unterschiedlich darzustellen. Man gehe dabei wie folgt vor:

- Verdoppeln der Abmessungen bezogen auf die Gesamtgröße der Zeichnung
  durch Eingabe des Faktors 2,
- Verdoppeln der Abmessungen bezogen auf den aktuellen Bildausschnitt
  durch Eingabe des Faktors 2X

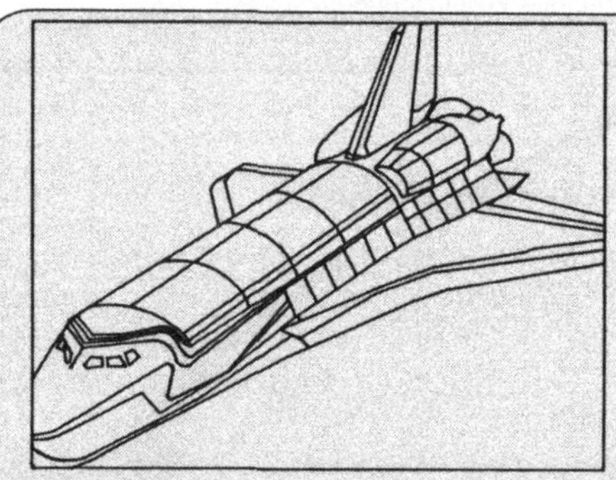

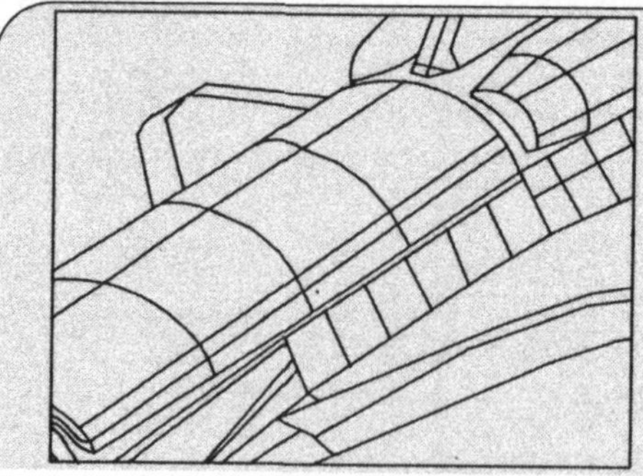

Die gleiche Wirkung hätte die Eingabe von 4 ohne X gehabt.

Option A: Alles zeigen

Es wird die gesamte Zeichnung auf dem Bildschirm angezeigt, und zwar einschließlich der Teile, die sich außerhalb der Zeichnungsgrenzen (Limiten) befinden.

Option G: Zeigen innerhalb der Zeichnungs-Grenzen

Es wird die Zeichnung innerhalb der geltenden Zeichnungsgrenzen gezeigt. Hiermit kann der größtmögliche Ausschnitt mit allen Objekten einer Zeichnung auf dem Bildschirm dargestellt werden.

Beispiel 5-2: Unterschiedliche Wirkung der Optionen A und G

Auf eine vorgegebene Zeichnung wird zunächst der ZOOM- Befehl mit der Option A und dann mit der Option G angewandt, um den Unterschied zwischen beiden Optionen zu verdeutlichen.

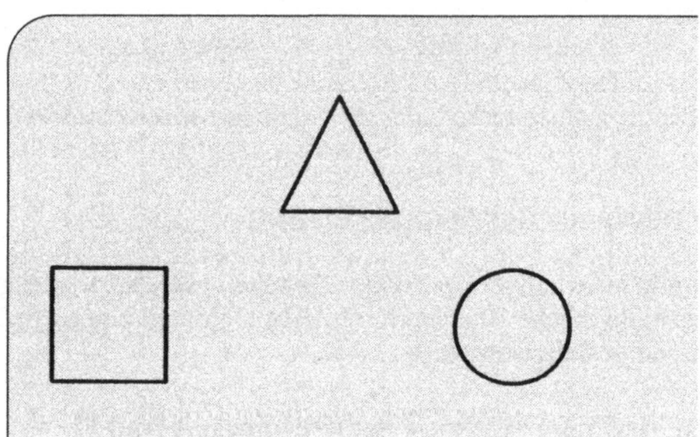

Option F: Fenster festlegen und zeigen

Es wird durch die Dialogeingabe zweier Punkte ein rechteckiges Fenster festgelegt, das auf dem gesamten Bildschirm vergrößert ausgegeben wird.

Option V: Vorherigen Bildschirm zeigen

Der vorausgegangene Bildschirmausschnitt wird auf dem Bildschirm angezeigt.

Beispiel 5-3: Vergrößern durch Setzen von Fenstern

Für die Zeichnung Columbia sind nacheinander zwei Bildausschnitt-Vergrößerungen durch das Setzen von Fenstern vorzunehmen und anschließend wieder rückgängig zu machen.

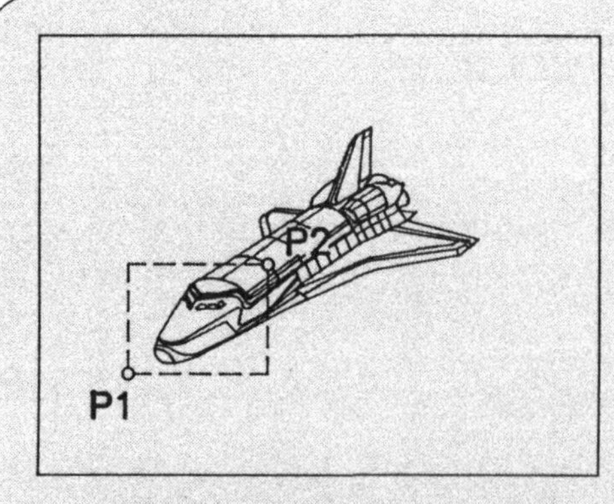

Befehl: **ZOOM** **<RETURN>**
Alles/Mitte/Dynamisch/Grenzen/Links/Vorher/Fenster/<Faktor(X)>: **F** **<RETURN>**
Erste Ecke: **P1**
Zweite Ecke: **P2**

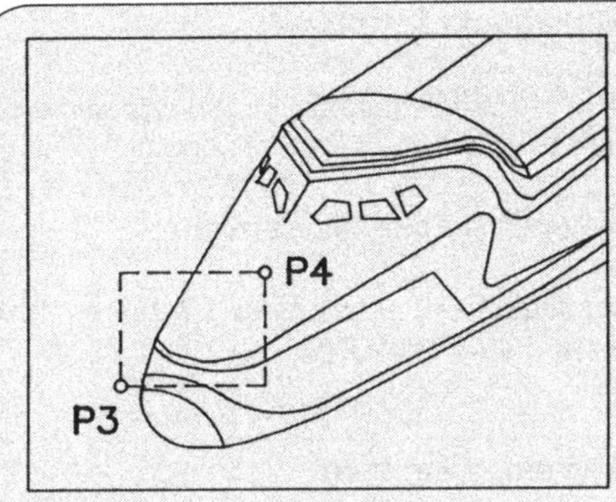

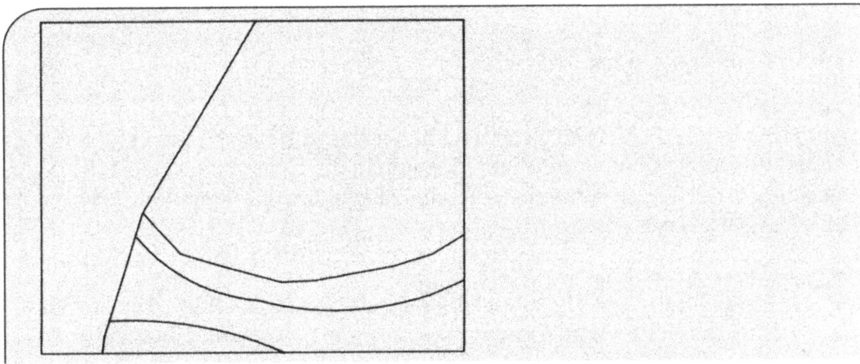

Durch die Eingabe von:

```
Befehl: ZOOM <RETURN>
Alles/Mitte/Dynamisch/Grenzen/Links/Vorher/Fenster/<Faktor(X)>: V <RETURN>
```

erhält man den vorausgegangenen Bildausschnitt, und durch die nochmalige
Eingabe:

```
Befehl: ZOOM <RETURN>
Alles/Mitte/Dynamisch/Grenzen/Links/Vorher/Fenster/<Faktor(X)>: V <RETURN>
```

ergibt sich der Ausgangs-Bildschirm.

Hinweis: Automatisches Speichern von Bildausschnitten

Es werden maximal fünf aufeinanderfolgende Bildausschnitte zwischengespei-
chert. Man kann diese mit der Option V nacheinander rückgängig machen.

Die weiteren Optionen des ZOOM-Befehls sollen, da sie i.a. nicht so häufig Anwendung finden, hier nur kurz aufgeführt werden.

Option M: Fenster über seinen Mittelpunkt festsetzen

Das Ausschnitt-Fenster wird über seinen Mittelpunkt festgelegt, indem man im
Dialog diesen Mittelpunkt und die Fensterhöhe oder den Zoom-Faktor eingibt.

Option L: Fenster über seine linke untere Ecke festsetzen

Das Ausschnitt-Fenster wird über seine linke untere Ecke festgelegt. Analog zur
Option M hat man den Eckpunkt und die Fensterhöhe oder den Zoom-Faktor
festzulegen.

Option D: Dynamisches Festsetzen eines Fensters

Ein beliebiges Ausschnitt-Fenster kann über die gesamte Zeichnung bewegt
werden, bis der gewünschte Bildausschnitt gefunden ist. Anschließend wird
dieser dann auf dem gesamten Bildschirm dargestellt.

5.2 Der Befehl PAN

Mit Hilfe des PAN-Befehls kann man benachbarte Bereiche des aktuellen Zeich-
nungsausschnitts sichtbar machen, indem man die Zeichnung verschiebt. Man kann
sich dies in der Weise vorstellen, daß die Zeichnung durch ein Fenster betrachtet und
unter diesem verschoben wird.

Die Eingabe des Befehls PAN erfolgt mit:

```
Befehl: PAN <RETURN>
Verschiebung:
Zweiter Punkt:
```

Für das Festlegen der Verschiebung bietet der Befehl PAN zwei Optionen an; man
kann diese absolut oder relativ definieren.

Option: Absolute Verschiebung

Hier wird zunächst ein beliebiger Ausgangspunkt und anschließend die neue
Lage dieses Punktes festgelegt.

```
Befehl: PAN <RETURN>
Verschiebung: Eingabe des Ausgangspunktes <RETURN>
Zweiter Punkt: Eingabe der neuen Lage <RETURN>
```

Option: Relative Verschiebung

Hier werden die relativen Verschiebungswerte in horizontaler und vertikaler
Richtung eingegeben. Bei der Eingabe für den zweiten Punkt wird nur die
RETURN-Taste gedrückt.

Befehl: **PAN** <RETURN>
Verschiebung: **Eingabe der Verschiebungswerte** <RETURN>
Zweiter Punkt: <RETURN>

Beispiel 5-4: Verschieben einer Zeichnung

Eine bestehende Zeichnung soll um 5 Einheiten nach links und um 3 Einheiten
nach unten verschoben werden.

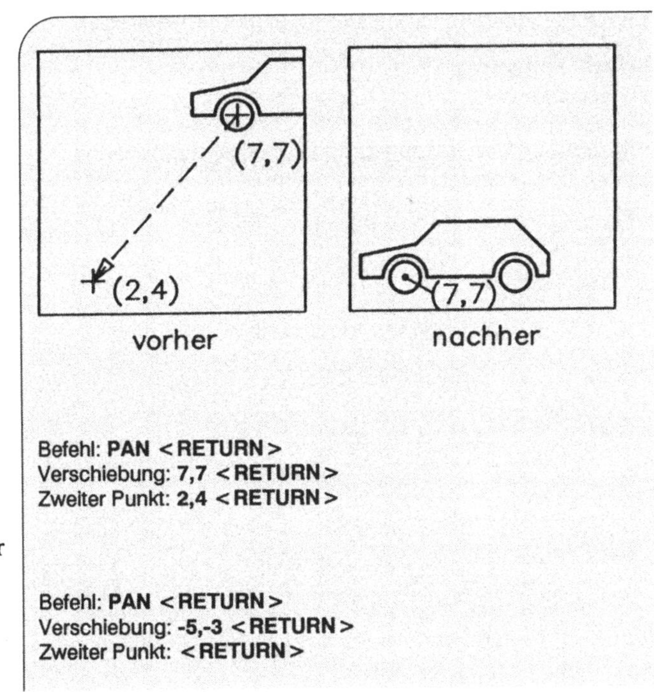

6 Kreise, Kreisbögen und Abrundungen

6.1 Das Zeichnen von Kreisen

AutoCAD unterstützt beim Zeichnen von Kreisen vier Definitionsmöglichkeiten, und zwar aufgrund der vorgegebenen Größen:

- Mittelpunkt und Radius oder Durchmesser,
- drei Punkte auf dem Kreis,
- zwei Punkte auf dem Kreis, die auf einem Durchmesser gegenüberliegen und
- zwei Tangenten an den Kreis und Radius.

Durch den Befehl KREIS kann man auf diese Möglichkeiten zugreifen:

```
Befehl: KREIS <RETURN>
3P/2P/TTR/<Mittelpunkt>:
```

Die einzelnen Optionen sollen im folgenden näher besprochen werden.

Option Mittelpunkt: Kreis um vorgegebenen Mittelpunkt

Diese Option wird durch die Dialogeingabe eines Punktes gewählt, und es bestehen dann die beiden Möglichkeiten:

- Standardeingabe des Radius durch die Eingabe eines Wertes oder durch das Festlegen eines Kreispunktes und
- Bestimmen des Durchmessers durch die Eingabe von "D" und anschließend des zugehörigen Wertes.

Beispiel 6-1: Zeichnen eines Kreises um einen gegebenen Mittelpunkt

Es soll ein Kreis mit dem Radius 15 um den Mittelpunkt M (100,100) gezeichnet werden.

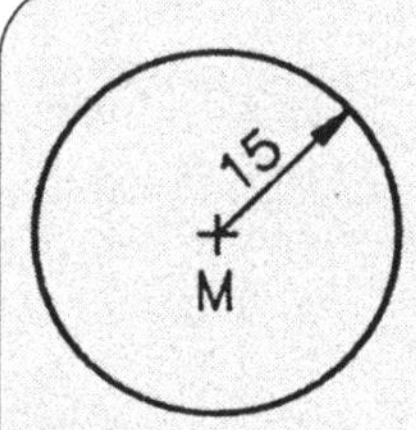


```
Befehl: KREIS <RETURN>
3P/2P/TTR/<Mittelpunkt>: 100,100 <RETURN>
Durchmesser/<Radius>: 15 <RETURN>
```

oder

```
Befehl: KREIS <RETURN>
3P/2P/TTR/<Mittelpunkt>: 100,100 <RETURN>
Durchmesser/<Radius>: D <RETURN>
Durchmesser: 30 <RETURN>
```

Option 3P: Kreis durch drei vorgegebene Punkte

Es wird die Dialogeingabe von drei Punkten verlangt, durch die ein Kreis gelegt
wird.

Beispiel 6-2: Zeichnen eines Kreises durch drei Punkte

Es ist ein Kreis durch die drei Punkte P1 (100,100), P2 (115,85) und P3 (100,70)
zu legen.

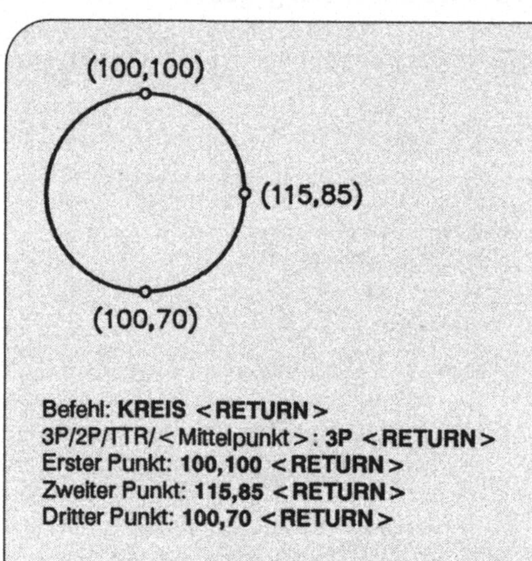

Option 2P: Kreis durch zwei Punkte auf einem Durchmesser

Es sind zwei Punkte einzugeben, durch die ein Kreis um den Mittelpunkt der Verbindungsgeraden der beiden Punkte gezeichnet wird.

Beispiel 6-3: Kreis durch die Endpunkte eines Durchmessers

Die beiden Punkte P1 (100,100) und P2 (77,80) seien die Endpunkte eines Durchmessers eines Kreises. Man zeichne diesen Kreis.

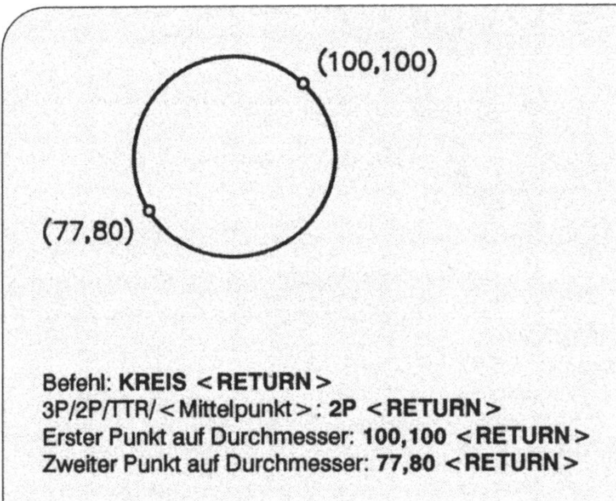

Option TTR: Kreis mit gegebenem Radius tangential zu zwei Linien

Es sind zwei Linien festzulegen, von denen eine ein Kreis sein kann. Nach der
Eingabe eines Wertes für den Radius wird mit diesem Radius ein Kreis gezeichnet, der die vorgegebenen Linien tangential berührt.

Beispiel 6-4: Kreis mit vorgegebenen Tangenten und Radius

Man zeichne einen Kreis mit dem Radius 10, der den vorgegebenen Kreis und
die Gerade tangential berührt.

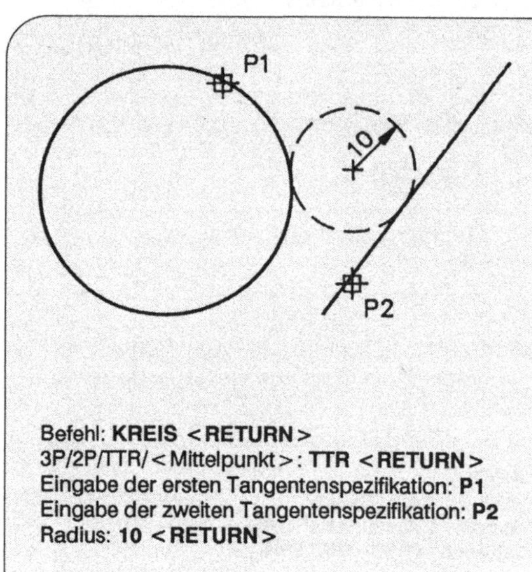

Aufgabe 6-1: Zeichnen von zwei Blechen

Zeichnen Sie die beiden Bleche (ohne Bemaßung) einschließlich der Mittellinien
auf ein DIN A4-Blatt und speichern Sie die Zeichnung unter dem Namen
"Blech_5" ab.

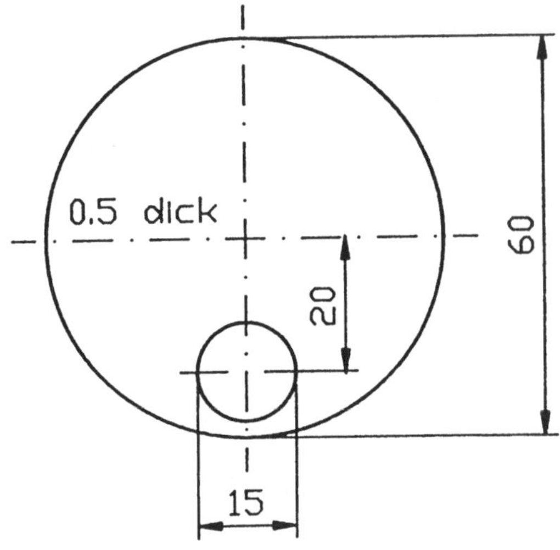

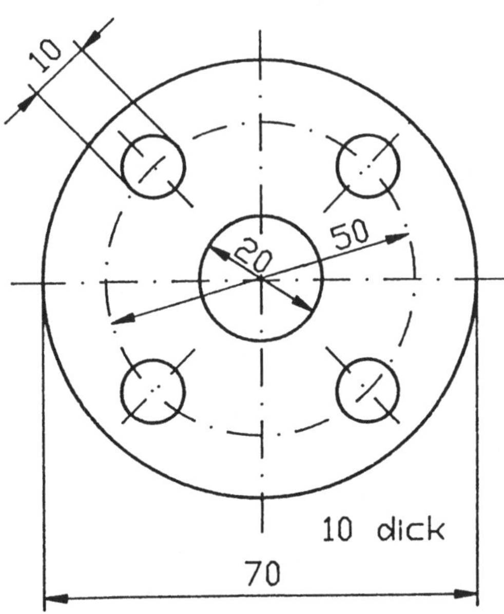

Aufgabe 6-2: Keilriementrieb

Man zeichne die unten abgebildete Ansicht eines Keilriementriebs (ohne Bemaßung) und speichere sie unter den Namen "Keilriem" ab, dabei gehe man folgendermaßen vor:

- Zeichnen der Mittellinien,
- Zeichnen der Kreise und
- Zeichnen der beiden Tangenten mit Hilfe eines geeigneten Objektfang-
  Modus.

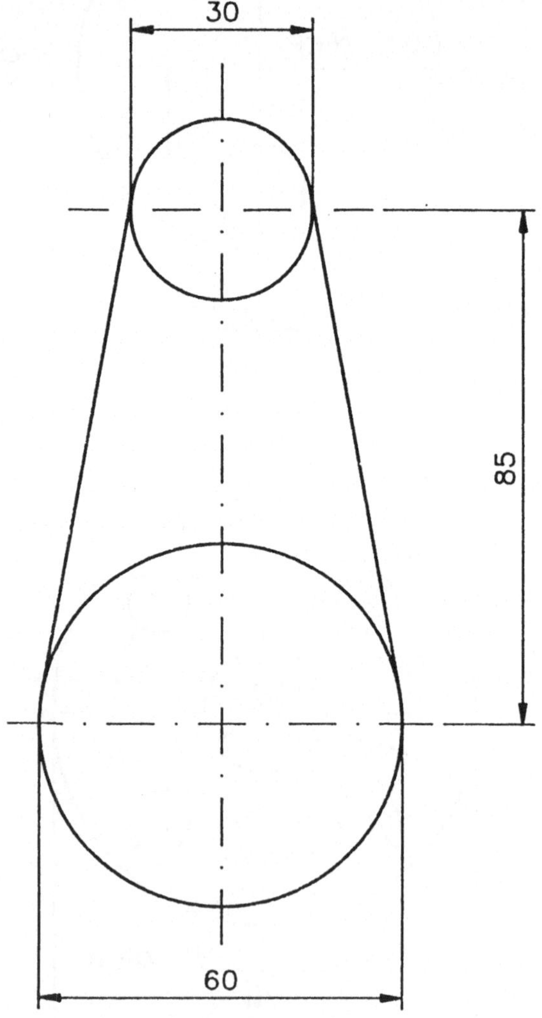

Aufgabe 6-3: Drehkörper

Zeichnen Sie einen Drehkörper in zwei Ansichten ohne Bemaßung, indem Sie
wie folgt vorgehen:

- Zeichnen der Mittellinien,
- Zeichnen der Körperkanten in der Vorderansicht und
- Zeichnen der Kreise unter Beachtung der Linienarten.

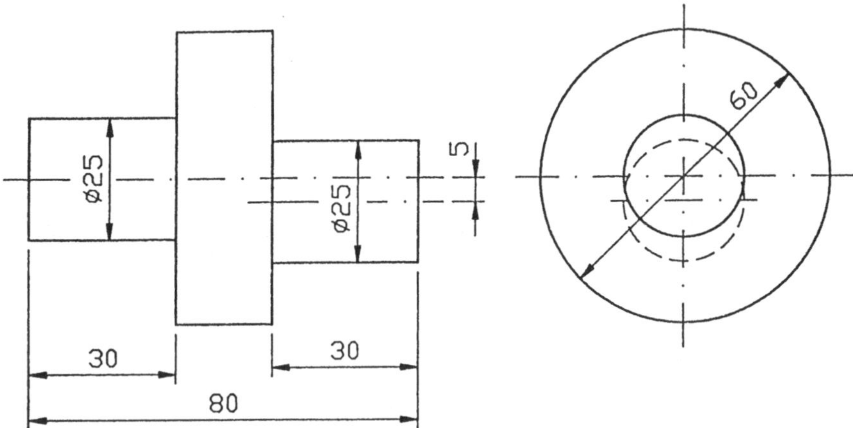

6.2 Das Zeichnen von Kreisbögen

Mit dem Befehl BOGEN können Kreisbögen erstellt werden. Nach der Eingabe:

```
Befehl: BOGEN  < RETURN >
Mittelpunkt/ < Startpunkt > :
Mittelpunkt/Endpunkt/ < Zweiter Punkt > :
Endpunkt:
```

kann man mit den Optionen:

- S für Startrichtung,
- E für Endpunkt,
- L für Länge der Sehne,
- M für Mittelpunkt,
- R für Radius und
- W für Winkel
- Leereingabe für tangentiales Ansetzen

eine der acht möglichen Methoden zum Erstellen eines Kreisbogens auswählen. Es sind dies im einzelnen:

- 3-Punkte-Kreisbogen
- Startpunkt, Mittelpunkt, Endpunkt
- Startpunkt, Mittelpunkt, Winkel
- Startpunkt, Mittelpunkt, Länge der Sehne
- Startpunkt, Endpunkt, Radius
- Startpunkt, Endpunkt, Winkel
- Startpunkt, Endpunkt, Startrichtung
- Tangentiales Ansetzen an die zuletzt gezeichnete Linie oder den zuletzt gezeichneten Kreisbogen.

Hinweis: Vertauschen der Reihenfolge

Sind der Startpunkt und der Mittelpunkt für einen Kreisbogen einzugeben, so kann dies auch in umgekehrter Reihenfolge durchgeführt werden.

Die folgenden Beispiele sollen die obigen acht Konstruktionsmethoden veranschaulichen.

Beispiel 6-5: Kreisbogen durch drei Punkte

Man zeichne einen Kreisbogen durch die Punkte P1 (100,100), P2 (85,115) und
P3 (85,85).

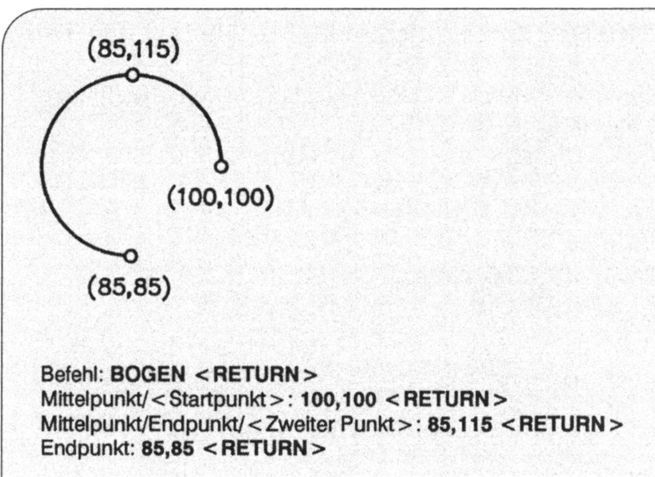

Beispiel 6-6: Kreisbogen durch Start-, Mittel- und Endpunkt

Man zeichne einen Kreisbogen um den Mittelpunkt M (120,150) mit dem Startpunkt S (150,150) und dem Endpunkt E (120,200). Man vertausche dabei die eigentliche Reihenfolge bei der Eingabe von S und M.

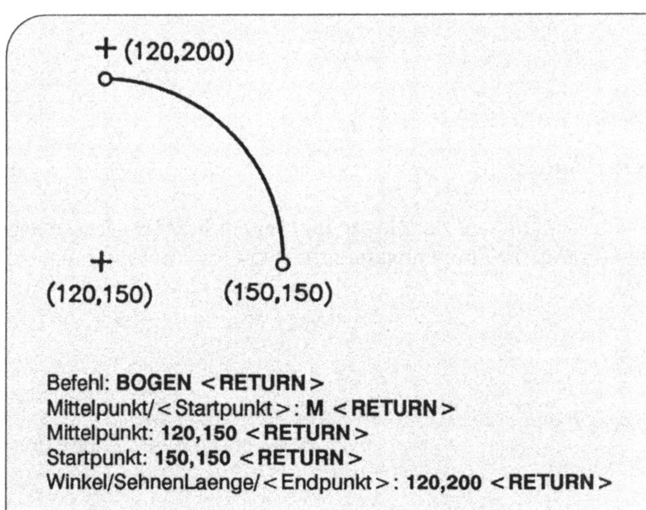

Hinweis: Lage des Endpunkts

Der festgelegte Endpunkt muß nicht Endpunkt des Kreisbogens sein. Er legt lediglich den Winkel fest, bis zu dem der Kreisbogen gezeichnet wird. Der Winkel wird dabei immer im Gegenuhrzeigersinn (mathematisch positiv) abgetragen.

Beispiel 6-7: Kreisbogen durch Startpunkt, Mittelpunkt und Winkel

Man zeichne einen Viertelkreis im Uhrzeigersinn um den Mittelpunkt M (220,250) vom Startpunkt S (250,250) aus.

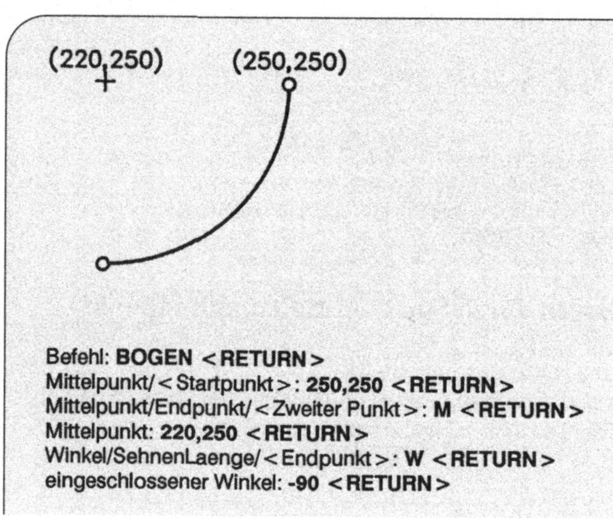

Hinweis: Vorzeichen des Winkels

Für einen positiven Winkel wird der Bogen im Gegenuhrzeigersinn (mathematisch positiv) abgetragen, für einen negativen Winkel im Uhrzeigersinn (mathematisch negativ).

Beispiel 6-8: Kreisbogen durch Startpunkt, Mittelpunkt und Sehnenlänge

Es ist ein Kreisbogen mit der zugehörigen Sehnenlänge 38 um den Mittelpunkt M (230,250) vom Startpunkt S (250,250) aus zu zeichnen.

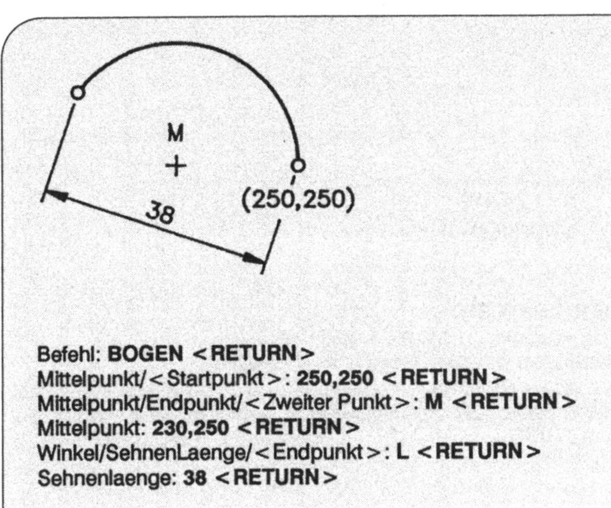

Hinweis: Vorzeichen der Sehnenlänge

Bei Eingabe einer positiven Sehnenlänge wird der kleinere Kreisbogen gezeichnet, bei einer negativen Sehnenlänge der größere Kreisbogen.

Beispiel 6-9: Kreisbogen durch Startpunkt, Endpunkt und Radius

Man zeichne einen Kreisbogen mit dem Radius 20 vom Startpunkt S (180,180)
bis zum Endpunkt E (160,200).

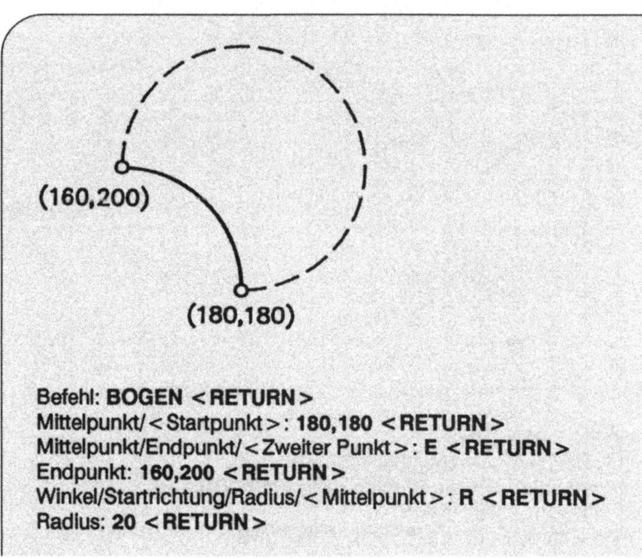

Hinweis: Vorzeichen des Radius

Bei Eingabe eines positiven Wertes für den Radius wird der kleinere Kreisbogen
gezeichnet, bei negativem Radius der größere Bogen.

Beispiel 6-10: Kreisbogen durch Startpunkt, Endpunkt und Winkel

Es ist ein Kreisbogen vom Startpunkt S (200,200) bis zum Endpunkt E (180,220) zu zeichnen, dabei soll ein Winkel von 90° eingeschlossen werden.

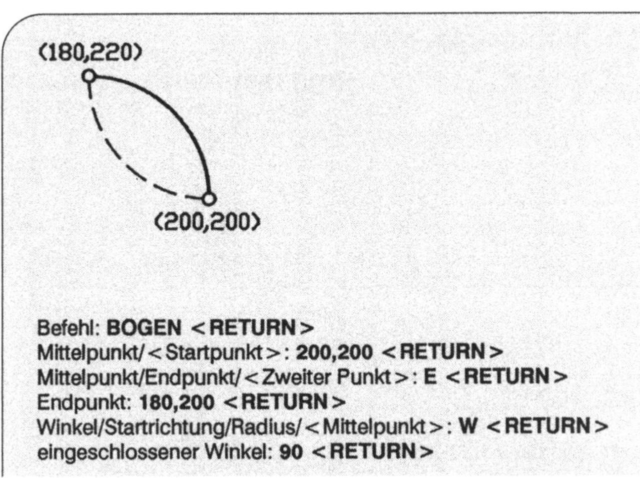

Beispiel 6-11: Kreisbogen durch Startpunkt, Endpunkt und Startrichtung

Man zeichne einen Kreisbogen vom Startpunkt S (100,100) bis zum Endpunkt E (75,130), und zwar mit der Startrichtung von 90° in S.

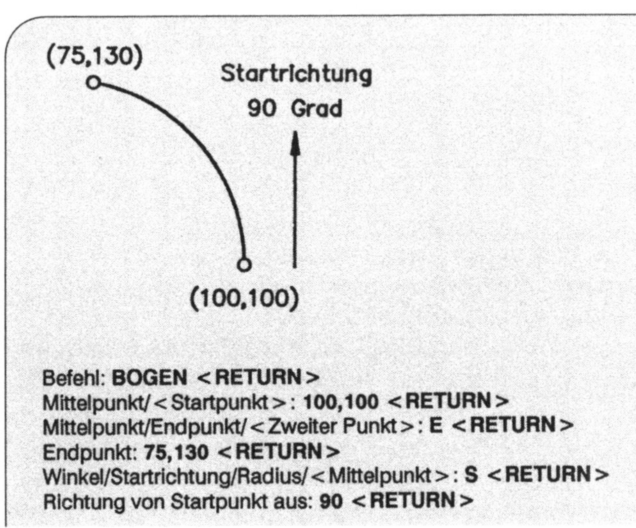

Beispiel 6-12: Kreisbogen durch tangentiales Ansetzen bis zu einem Endpunkt

Man zeichne zunächst eine Linie vom Punkt P1 (150,150) zum Punkt
P2 (210,150) und setze diese mit einem Kreisbogen tangential bis zum
Endpunkt E (210,180) fort.

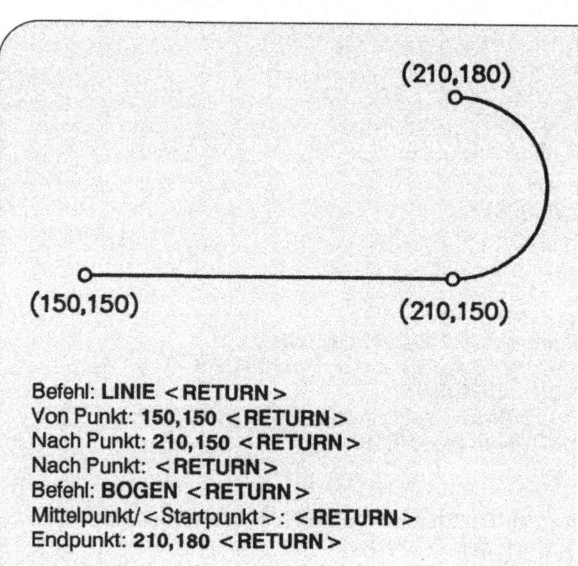

Aufgabe 6-4: Zeichnen eines Bleches

Zeichnen Sie das unten dargestellte Blech (ohne Bemaßung) in folgender Weise:

- Zeichnen der Senkrechten von 45 mm
- Zeichnen der Waagerechten von 80 mm
- Ermitteln des Bogenmittelpunktes durch Zeichnen einer Hilfsgeraden mit einer Länge von 60 mm unter einem Winkel von -30° zur Waagerechten
- Zeichnen des Bogens durch Startpunkt, Mittelpunkt und Winkel
- Vervollständigung der Außenkontur
- Zeichnen des Durchbruchs mit Mittellinie
- Löschen von Hilfslinien
- Abspeichern der Zeichnung unter dem Namen "Blech_6"

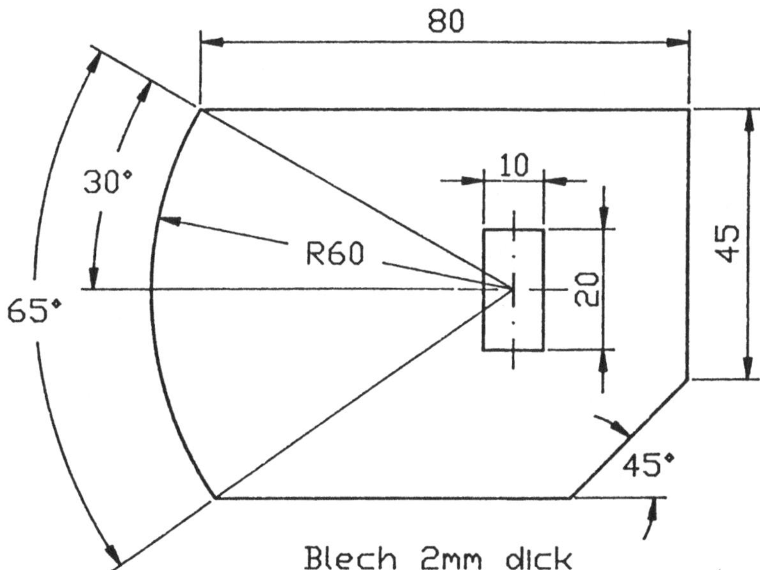

Aufgabe 6-5: Zeichnen eines Bleches

Zeichnen Sie das unten abgebildete Blech (ohne Bemaßung) und speichern Sie
diese Zeichnung unter dem Namen "Blech_7" ab.

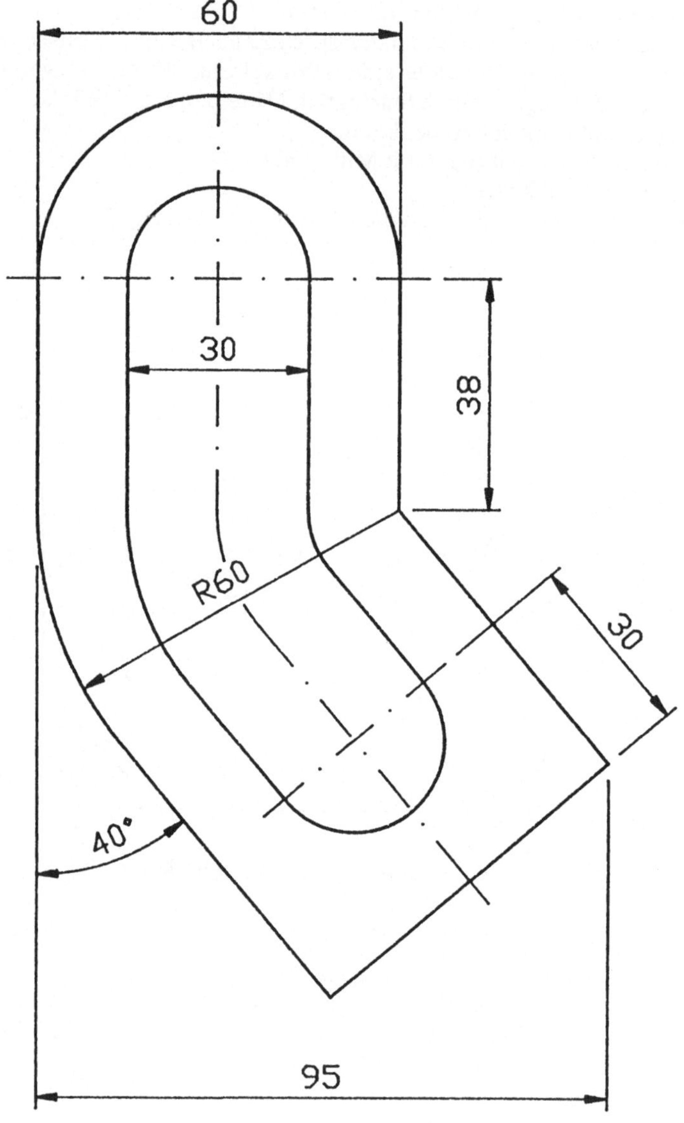

Aufgabe 6-6: Gelenk

Man zeichne die gegebenen zwei Ansichten eines Gelenks und speichere diese
Darstellung unter dem Namen "Gelenk" ab.

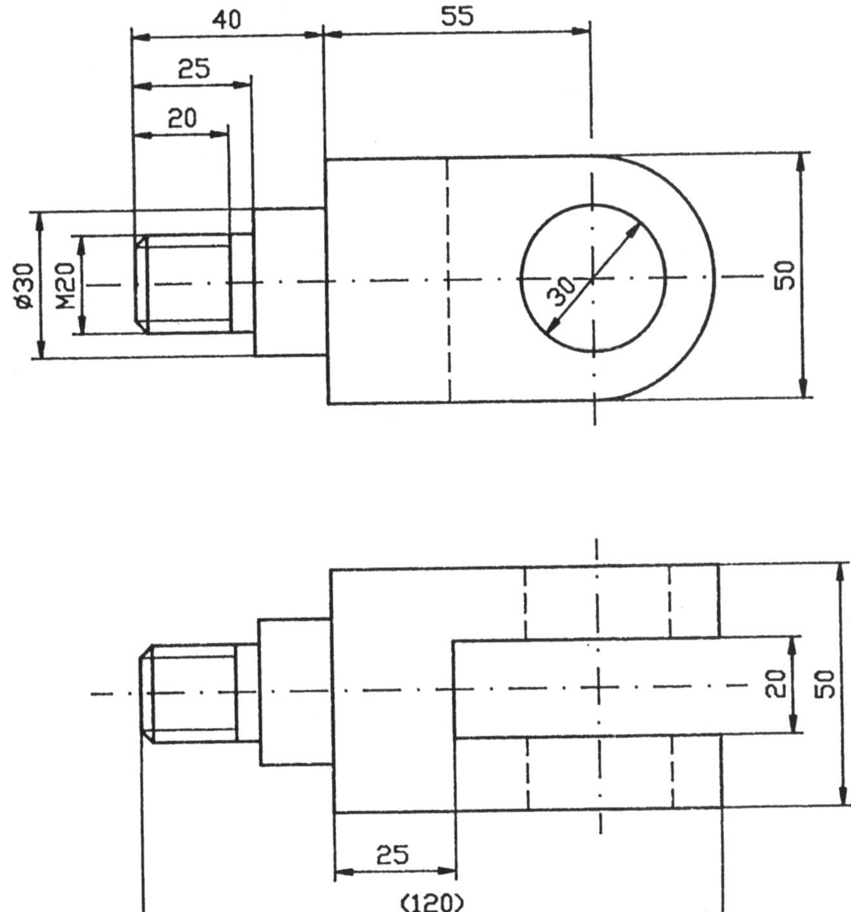

6.3 Das Abrunden sich schneidender Linien

In technischen Zeichnungen werden Ecken häufig durch geeignete Kreisbögen abgerundet dargestellt. Der Befehl ABRUNDEN bietet in AutoCAD diese Möglichkeit; dabei werden zwei Linien durch einen Kreisbogen mit einem vorgegebenen Rundungsradius verbunden. Die beiden vorgegebenen Linien werden entsprechend verlängert oder verkürzt, so daß sich ein tangentialer Übergang zwischen Linie - Kreisbogen - Linie ergibt.

Durch den Aufruf des Befehls ABRUNDEN:

```
Befehl: ABRUNDEN  <RETURN>
Polylinie/Radius/<Zwei Objekte waehlen>:
```

werden drei Optionen angeboten.

Option R: Rundungsradius festlegen

Mit dieser Option erfolgt die Dialogeingabe eines Wertes für den Rundungsradius. Alle folgenden Abrundungen werden mit diesem Rundungsradius durchgeführt.

Option <Vorgabe>: Auswahl zweier Objekte

Diese Option wird angewählt, indem man zwei Objekte durch Anpicken auswählt. Ohne Drücken der RETURN-Taste wird das Abrunden ausgeführt.

Beispiel 6-13: Abrunden der Ecken eines Rechtecks

Die linke obere Ecke eines Rechtecks ist mit dem Rundungsradius 10 abzurunden, die rechte untere Ecke mit dem Radius 5.

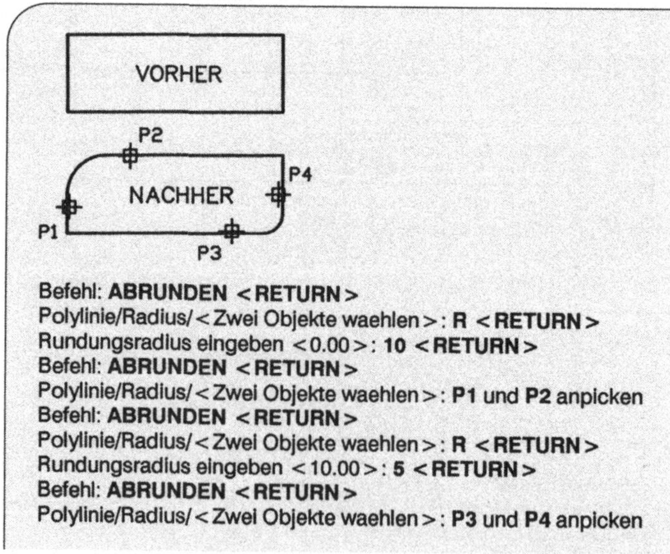


```
Befehl: ABRUNDEN  <RETURN>
Polylinie/Radius/<Zwei Objekte waehlen>: R  <RETURN>
Rundungsradius eingeben <0.00>: 10  <RETURN>
Befehl: ABRUNDEN  <RETURN>
Polylinie/Radius/<Zwei Objekte waehlen>: P1 und P2 anpicken
Befehl: ABRUNDEN  <RETURN>
Polylinie/Radius/<Zwei Objekte waehlen>: R  <RETURN>
Rundungsradius eingeben <10.00>: 5  <RETURN>
Befehl: ABRUNDEN  <RETURN>
Polylinie/Radius/<Zwei Objekte waehlen>: P3 und P4 anpicken
```

Beispiel 6-14: Abrunden zweier Kreise

Zwei sich schneidende Kreise sind in ihrem Schnittpunkt abzurunden, und zwar
mit dem Rundungsradius 6 bzw. 16.

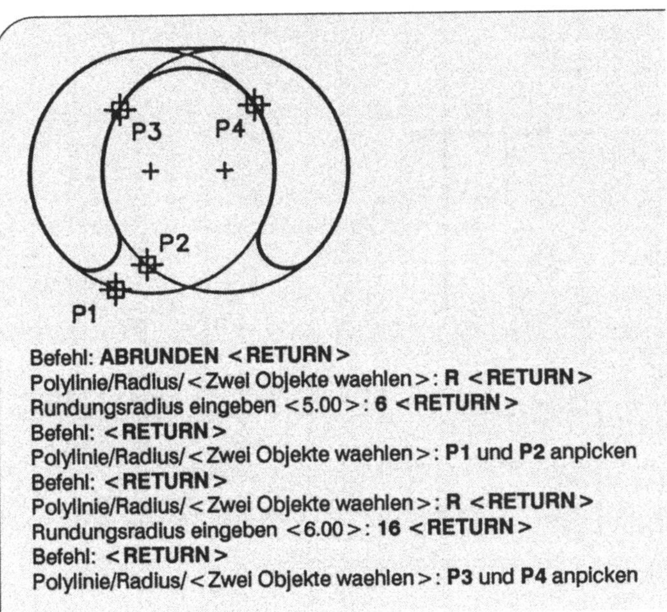

Hinweis: Rundungsradius Null

Die Ausführung des Abrundens mit einem Rundungsradius Null bewirkt, daß
sich die zwei ausgewählten Linien genau treffen, es entsteht kein Rundungsbogen.

Option P: Abrunden einer Polylinie

Nach der Auswahl einer Polylinie werden alle Ecken dieser Polylinie mit dem
vorgegebenen Rundungsradius abgerundet. Man geht allgemein wie folgt vor:

```
Befehl: ABRUNDEN <RETURN>
Polylinie/Radius/<Zwei Objekte waehlen>: P <RETURN>
Polylinie waehlen:
```

Hinweis: Polylinie

Polylinien setzen sich aus verschiedenen Linien- und Kreisbogen-Segmenten zusammen und werden in AutoCAD als ein Objekt betrachtet. Sie werden in diesem Buch nicht näher behandelt.

Aufgabe 6-7: Bügel

Zeichnen Sie die angegebene Darstellung eines Bügels (ohne Bemaßung) und
speichern Sie diese unter dem Namen "Bügel" ab.

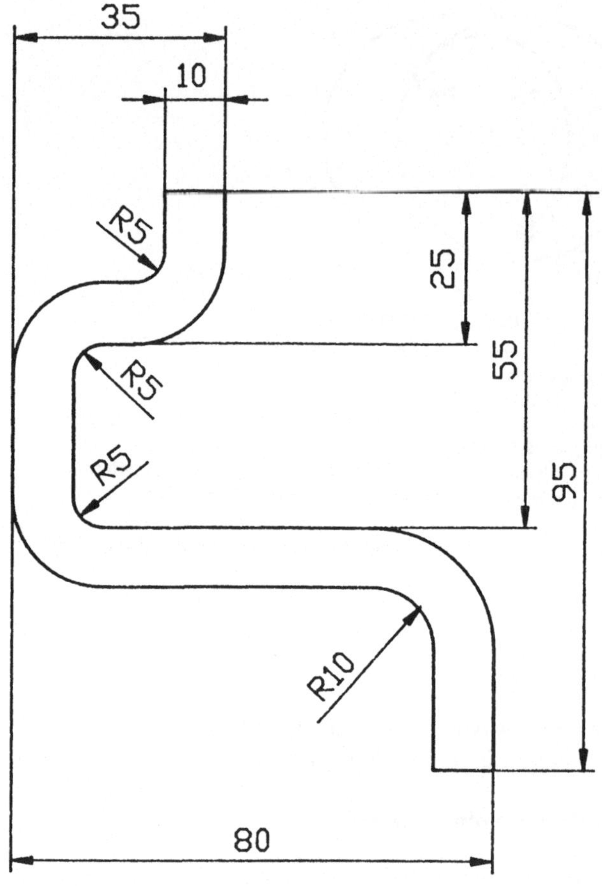

Aufgabe 6-8: Zeichnen eines Bleches

Zeichnen Sie das abgebildete Blech (ohne Bemaßung) und speichern Sie es unter dem Namen "Blech_8" ab.

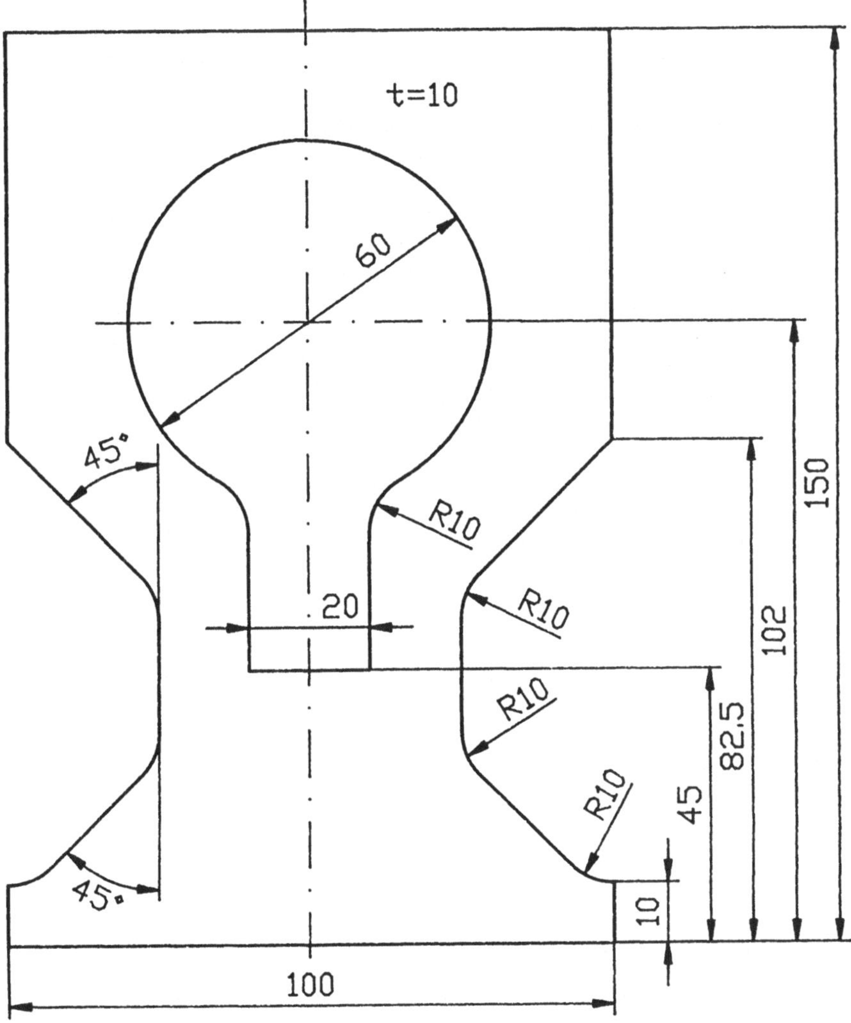

7 Die Bemaßung von Zeichnungen

7.1 Allgemeines zum Bemaßen

Das Bemaßen von Zeichnungen kann durch den Aufruf der Befehle BEM oder BEM1 aktiviert werden:

Befehl: **BEM** <RETURN> bzw.   Befehl: **BEM1** <RETURN>
Bem: Bem:

Durch die Ausgabe von "Bem:" wird angezeigt, daß sich AutoCAD im Bemaßungsmodus befindet und die Eingabe einer speziellen Option für die Bemaßung erwartet. Nach dem Aufruf von BEM1 kann nur eine einzige Bemaßungsoption abgearbeitet werden, und das System kehrt danach automatisch in den normalen Befehlsmodus zurück. Im Gegensatz zu BEM1 können nach dem Aufruf von BEM beliebig viele Bemaßungsoptionen abgearbeitet werden. Durch die Eingabe von EXIT oder Drücken der Tasten CTRL + C wird der Bemaßungsmodus beendet und zum normalen Befehlsmodus zurückgekehrt.

Für das Zeichnen von Maßlinien sind eine Reihe von wichtigen Kenngrößen unter sogenannten Bemaßungsvariablen abgespeichert, z.B. unter der Variablen BEMPLG die Länge eines Maßpfeiles. Mit der Option STA kann man alle Bemaßungsvariablen mit ihren aktuellen Werten ausgeben.

Beispiel 7-1: Auflisten sämtlicher Bemaßungsvariablen

```
Befehl: BEM <RETURN>
Bem: STA

BEMFKTR    1.0000    Allgemeiner Groessenfaktor
BEMPLG     3.50      Pfeillaenge
BEMZEN     1.50      Groesse Zentrumspunkt
BEMABH     0.10      Abstand der Hilfslinie
BEMIML     7.00      Inkrement der Masslinie
BEMVEH     1.80      Verlaengerung der Hilfslinie oberhalb Masslinie
BEMTP      0.00      Plus-Toleranz
BEMTM      0.00      Minus-Toleranz
BEMTXT     3.50      Texthoehe
BEMSLG     0.00      Strichlaenge
BEMRND     0.00      Rundungswert
BEMVML     0.00      Verlaengerung der Masslinie
BEMTOL     Aus       Bemassungstoleranzen generieren
BEMGRE     Aus       Bemassungsgrenzen generieren
BEMTIH     Aus       Text innerhalb Hilfslinien ist waagerecht
BEMTAH     Aus       Text ausserhalb Hilfslinien ist waagerecht
BEMH1U     Aus       Erste Hilfslinie unterdruecken
BEMH2U     Aus       Zweite Hilfslinie unterdruecken
BEMTOM     Aus       Text oberhalb der Masslinie setzen
BEMNZ      Aus       Null Zoll editieren
BEMALT     Aus       Wahl von Alternativeinheiten
```

```
BEMALTU    25.4000    Umrechnungsfaktor fuer Alternativeinheiten
BEMALTD    2          Dezimalstellen fuer Alternativeinheiten
BEMGFLA    1.0000     Groessenfaktor fuer lineare Abstaende
BEMBLK                Name fuer Pfeilblock
BEMASSO    Ein        Assoziative Bemassung generieren
BEMZUG     Aus        Nachziehen des Bemassungswertes
BEMNACH               Variable nach Masszahl
BEMANACH              Variable nach Masszahl bei Alternativeinheit
```

Die Bedeutung der wichtigsten Bemaßungsvariablen soll durch die folgenden Beispiel-Bemaßungen veranschaulicht werden:

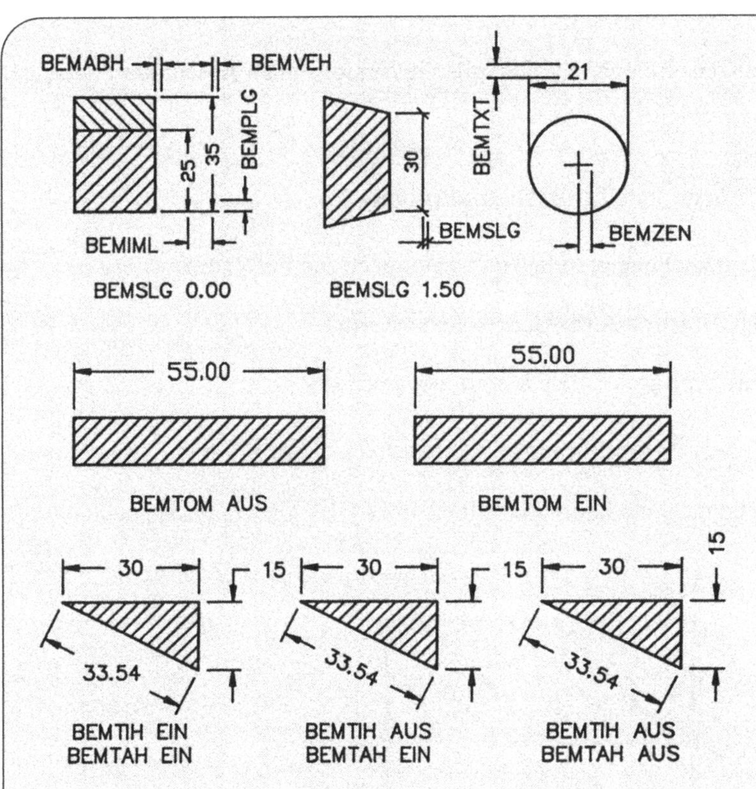

Der aktuelle Wert einer Bemaßungsvariablen kann durch die Eingabe des Namens der Variablen und des neuen Wertes wie folgt geändert werden:

```
Befehl: BEM <RETURN>
Bem: Variablenname <RETURN>
Aktueller Wert <Vorgabe> Neuer Wert:
```

Beispiel 7-2: Ändern des Wertes einer Bemaßungsvariablen

Die Texthöhe ist auf den Wert 4.0 zu setzen.

```
Befehl: BEM  < RETURN >
Bem: BEMTXT  < RETURN >
Aktueller Wert < 3.50 >  Neuer Wert: 4  < RETURN >
```

Folgende Bemaßungsarten sind in AutoCAD möglich:

- Linearbemaßungen,
- Winkelbemaßungen,
- Durchmesserbemaßungen und
- Radienbemaßungen

Die jeweiligen Optionen hierfür sollen in den folgenden Abschnitten behandelt werden.

7.2 Ausführen von Linearbemaßungen

Für Linearbemaßungen stehen sechs Optionen zur Verfügung.

Option HOR: Horizontale Linearbemaßung

Es wird eine horizontale Maßlinie gezeichnet.

Beispiel 7-3: Zeichnen einer horizontalen Maßlinie

Man bemaße die Länge eines Rechtecks.

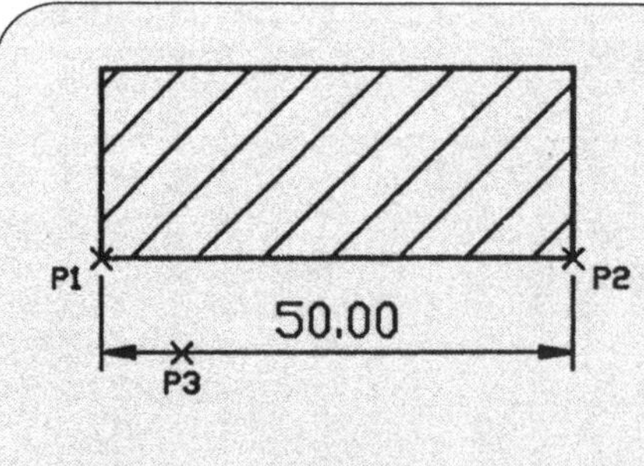


```
Befehl: BEM  < RETURN >
Bem: HOR  < RETURN >
Anfangspunkt der ersten Hilfslinie oder RETURN fuer Auswahl: P1
Ausgangspunkt der zweiten Hilfslinie: P2
Standort der Masslinie: P3
Bemassungs-Text < 50.00 >:  < RETURN >
```

Hinweis: Bemaßungs-Text

Als Vorgabe für den Bemaßungstext wird die von AutoCAD gemessene Länge der zu bemaßenden Strecke angeboten. In der Regel wird der Benutzer diesen Wert nur bestätigen. Er kann aber z.B. auch einen ergänzten Text eingeben.

Hinweis: Objektfang-Funktionen

Um eine einwandfreie Bemaßung zu gewährleisten, empfiehlt es sich, beim Setzen der Maßhilfslinien die Objektfang-Funktionen, wie z.B. SCH oder END, anzuwenden.

Option VER: Vertikale Linearbemaßung

Es wird eine vertikale Maßlinie gezeichnet.

Beispiel 7-4: Zeichnen einer vertikalen Maßlinie

Man bemaße die Höhe eines Dreiecks.

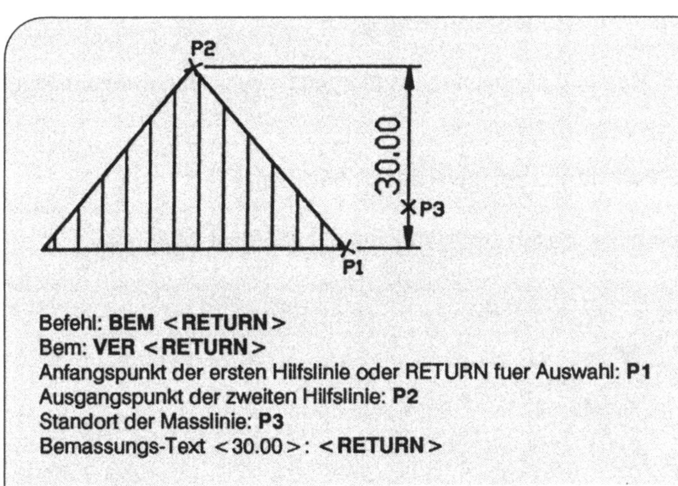

Option AUS: Parallele Linearbemaßung

Eine durch zwei Bemaßungspunkte festgelegte Strecke wird mit einer zu ihr parallelen Maßlinie bemaßt.

Beispiel 7-5: Zeichnen einer parallelen Maßlinie

Eine geneigte Dreiecksseite ist zu bemaßen.

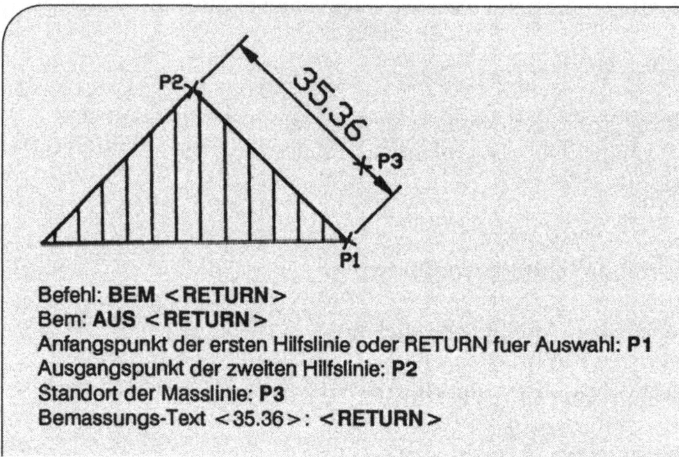

Option DRE: Gedrehte Linearbemaßung

Es wird eine Maßlinie gezeichnet, die um einen zuvor eingegebenen Winkel gedreht ist.

Beispiel 7-6: Zeichnen einer gedrehten Maßlinie

Man bemaße einen Bogen durch eine um 60° gedrehte Maßlinie.

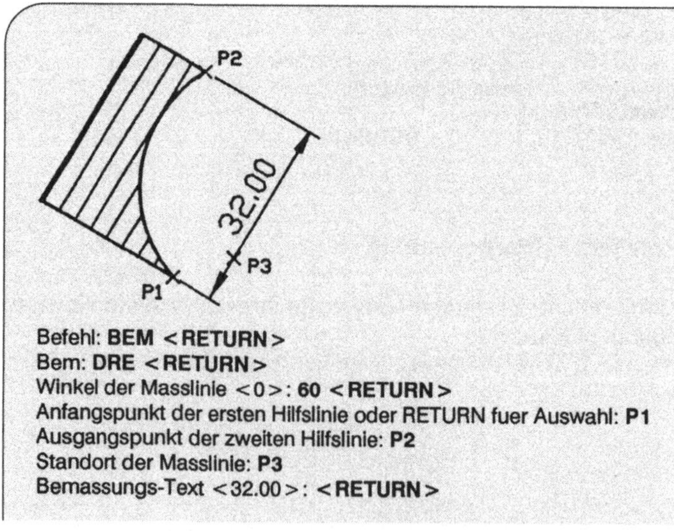

Option BAS: Bezugsbemaßung

Alle gezeichneten Maßlinien beziehen sich auf den Anfangspunkt der ersten
Hilfslinie, d.h., diese Hilfslinie ist Basislinie für alle weiteren Maßlinien.

Beispiel 7-7: Bezugsbemaßung eines Bauteils

Für ein aus drei Einzelteilen bestehendes Bauteil ist eine Bezugsbemaßung
durchzuführen.

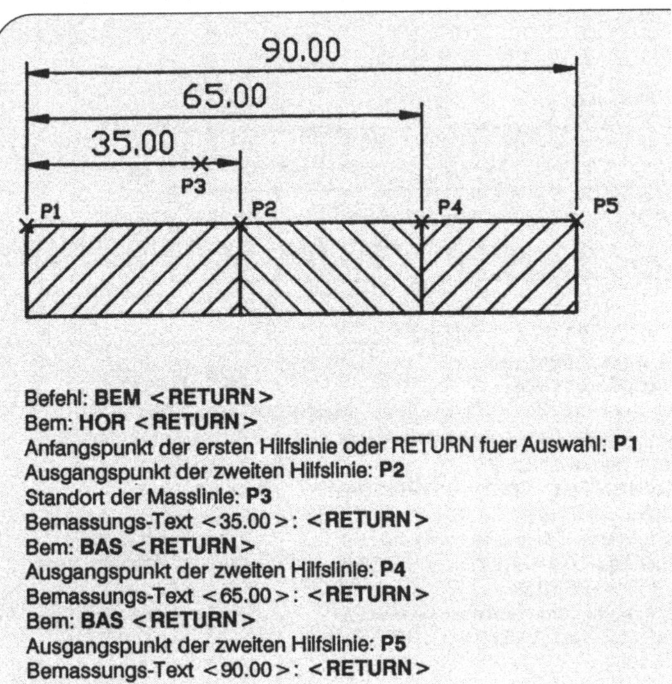

Option WEI: Kettenbemaßung

Die einzelnen Maßlinien schließen unmittelbar aneinander an, d.h., die zweite
Hilfslinie einer Maßlinie wird stets als erste Hilfslinie für die nächstfolgende
Maßlinie genommen.

Beispiel: 7-8: Kettenbemaßung eines Bauteils

Das Bauteil aus Beispiel 7-7 ist mit einer Kettenbemaßung zu vermaßen.

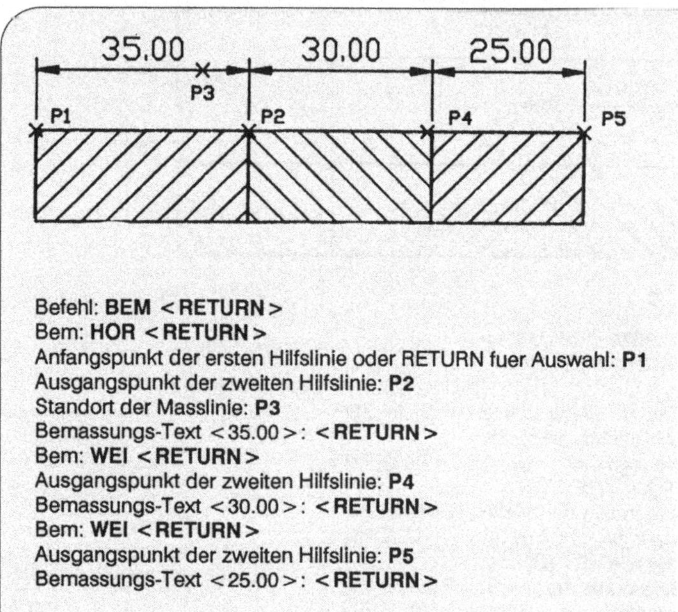

Hinweis: Automatisches Setzen von Hilfslinien

Das Setzen der Hilfslinien für die Linearbemaßung von Linien, Kreisen und
Kreisbögen kann "automatisch" erfolgen, indem man bei der Eingabe des Anfangspunktes der ersten Hilfslinie die RETURN-Taste drückt und die zu bema-
ßende Größe durch Anpicken auswählt. Bei einer Linie oder einem Kreisbogen
werden deren Endpunkte als Anfangspunkte der Hilfslinien genommen, bei
einem Kreis die Endpunkte eines Durchmessers.

Beispiel 7-9: Bemaßung eines Linienzuges durch automatisches Setzen der Hilfslinien

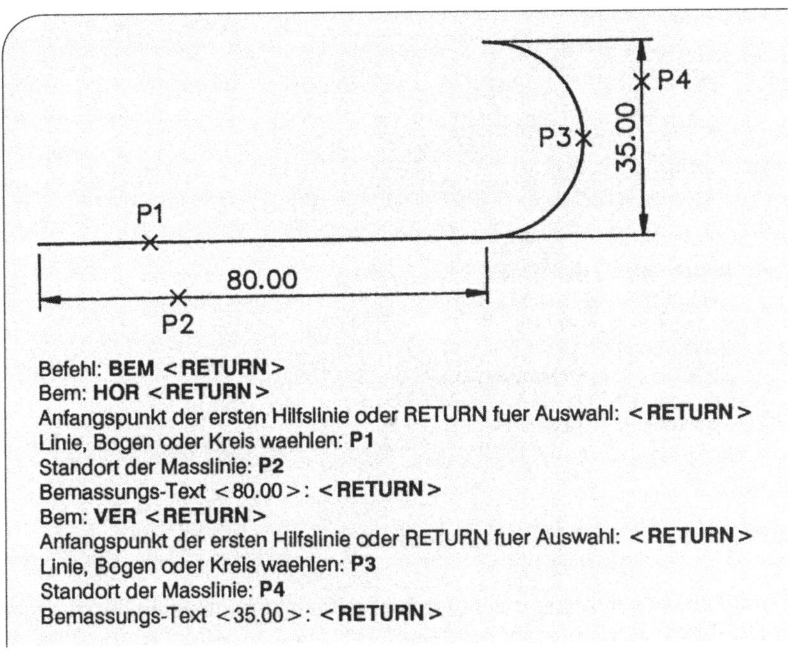


```
Befehl: BEM <RETURN>
Bem: HOR <RETURN>
Anfangspunkt der ersten Hilfslinie oder RETURN fuer Auswahl: <RETURN>
Linie, Bogen oder Kreis waehlen: P1
Standort der Masslinie: P2
Bemassungs-Text <80.00>: <RETURN>
Bem: VER <RETURN>
Anfangspunkt der ersten Hilfslinie oder RETURN fuer Auswahl: <RETURN>
Linie, Bogen oder Kreis waehlen: P3
Standort der Masslinie: P4
Bemassungs-Text <35.00>: <RETURN>
```

7.3 Winkelbemaßungen

Der Winkel zwischen zwei Linien wird mit Hilfe der Option WIN bemaßt.

Option WIN: Winkelbemaßung

Es wird der Winkel zwischen zwei nichtparallelen Linien bemaßt. Die Maßlinie ist ein Kreisbogen.

Beispiel: 7-10: Winkelbemaßung ohne Festlegen des Textstandortes

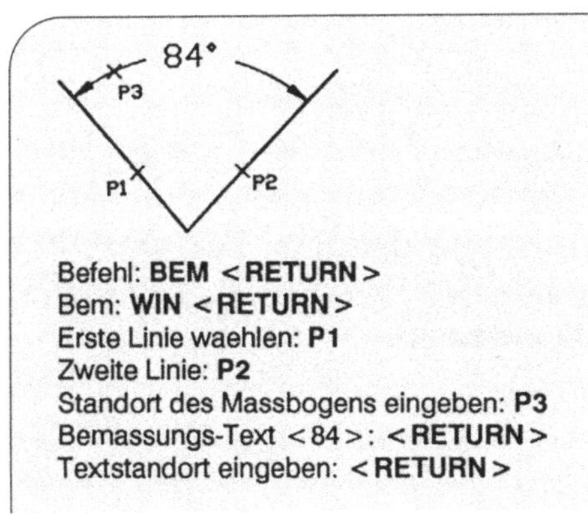


```
Befehl: BEM <RETURN>
Bem: WIN <RETURN>
Erste Linie waehlen: P1
Zweite Linie: P2
Standort des Massbogens eingeben: P3
Bemassungs-Text <84>: <RETURN>
Textstandort eingeben: <RETURN>
```

Beispiel 7-11: Winkelbemaßung mit Festlegen des Textstandortes

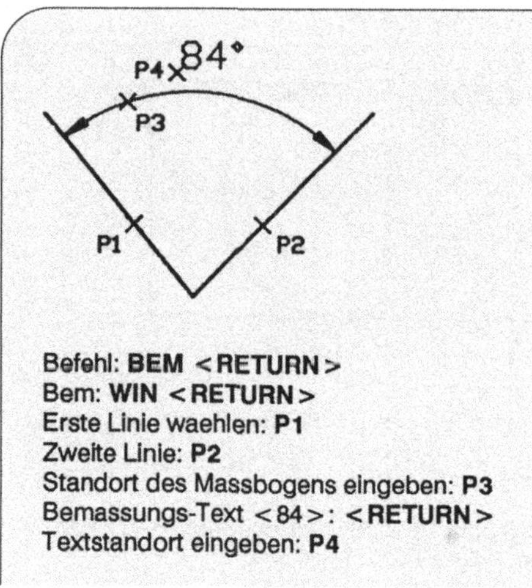

7.4 Durchmesser- und Radienbemaßung

Kreise und Kreisbögen können mit Durchmessern und mit Radien durch Wahl der Option DUR bzw. RAD bemaßt werden.

Option DUR: Durchmesserbemaßung

Kreise oder Kreisbögen werden mit Durchmessern bemaßt.

Beispiel 7-12: Bemaßen eines Kreises mit dem Durchmesser

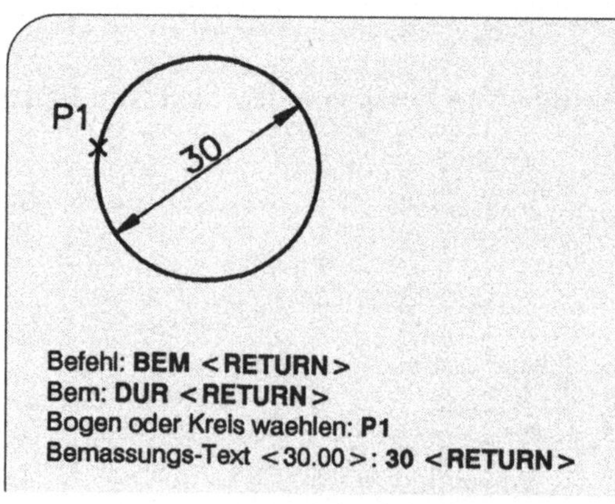

Option RAD: Radienbemaßung

Kreise oder Kreisbögen werden mit Radien bemaßt

Beispiel 7-13: Bemaßen eines Kreisbogens mit dem Radius

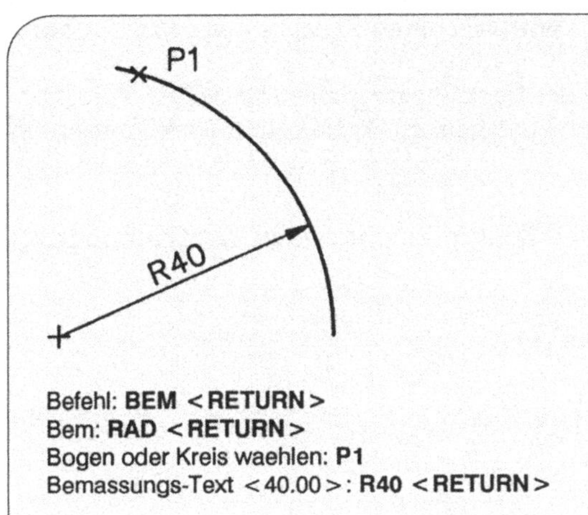

Hinweis: Markieren des Zentrums eines Kreises oder Kreisbogens

Bei einer Durchmesser- oder Radienbemaßung wird das Zentrum des Kreises oder Kreisbogens in Abhängigkeit vom Wert der Bemaßungsvariablen BEMZEN wie folgt gekennzeichnet:

- BEMZEN < 0   Markierung des Zentrums mit Zentrumspunkt
- BEMZEN = 0   Markierung des Zentrums erfolgt nicht
- BEMZEN > 0   Markierung des Zentrums mit Zentrumslinien

7.5 Weitere Optionen des Bemaßungsbefehls BEM

Neben den bisher behandelten Optionen zur Realisierung von bestimmten Bemaßungen gibt es noch weitere Optionen des Befehls BEM, mit denen u.a. Hilfsmarkierungen durchgeführt oder Bemaßungstexte beeinflußt werden können.

Option ZEN: Markieren des Zentrums eines Kreises oder Kreisbogens

In Anhängigkeit vom Wert der Bemaßungsvariablen BEMZEN wird das Zentrum eines Kreises oder Kreispunktes - analog einer Durchmesser- oder Radienbemaßung - markiert.

Beispiel 7-14: Markieren des Zentrums mit einem Zentrumspunkt

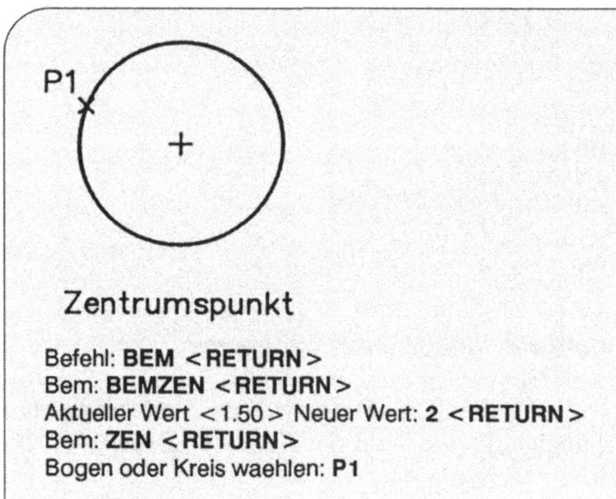

Beispiel 7-15: Markieren des Zentrums durch Zentrumslinien

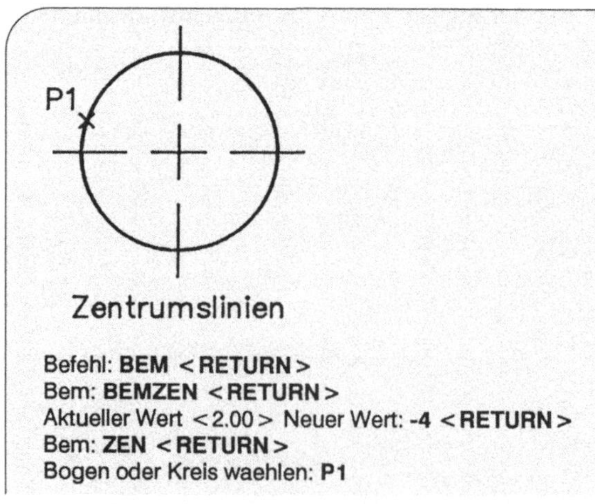

Option FUE: Zeichnen einer Führungslinie

Der Bemaßungstext wird an beliebiger Stelle positioniert und durch eine sogenannte Führungslinie mit dem zu bemaßenden Objekt verbunden.

Beispiel 7-16: Zeichnen einer Führungslinie

Für einen Kreis soll der zugehörige Bemaßungstext R10.00 mit einer Führungslinie verbunden werden.

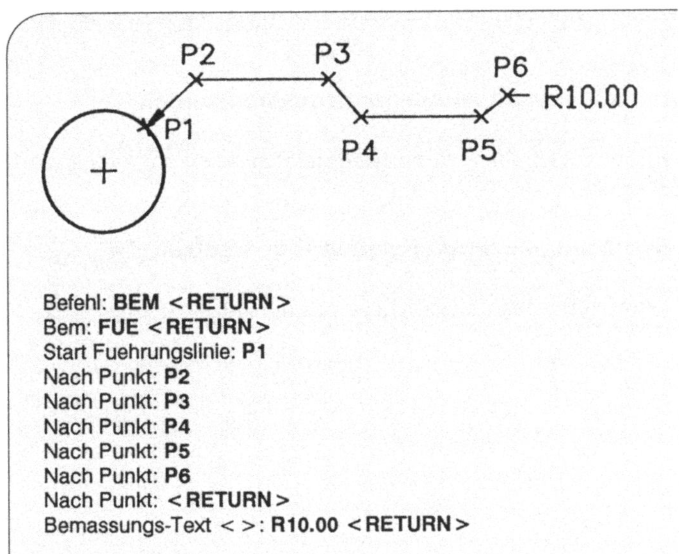

Die beiden nächsten Optionen STA und EXI sind bereits besprochen worden und
sollen - wie auch die Optionen NEU, STI, LOE, UPD, HOM und NEUT - nur kurz
aufgeführt werden.

Option STA: Ausgabe des Status der Bemaßungsvariablen

Es werden alle Bemaßungsvariablen mit ihren aktuellen Werten ausgegeben.

Option EXI: Beenden (Exit) einer Bemaßung

Das Arbeiten mit dem Bemaßungsbefehl BEM wird beendet; dies kann auch
durch gleichzeitiges Drücken der Tasten **CTRL + C** erreicht werden.

Option NEU: Neuzeichnen einer Zeichnung

Eine Zeichnung wird neu aufgebaut, dabei werden eventuell vorhandene Kon-
struktionspunkte gelöscht. Diese Option hat die gleiche Wirkung wie der
AutoCAD-Befehl NEUZEICH.

Option STI: Festlegen eines neuen Textstils

Der aktuelle Textstil kann geändert werden.

Option LOE: Löschen des letzten Bemaßungstextes

Es wird der zuletzt angegebene Bemaßungstext gelöscht.

Option UPD: Update (Anpassen) von Bemaßungen

Bereits festgelegte Bemaßungen werden z.B. neuen Werten der Bemaßungsvariablen angepaßt.

Option HOM: Bemaßungstext an Ausgangsposition zurück

Es wird ein vorher verschobener Bemaßungstext an seine Ausgangsposition (Home) zurückgesetzt.

Option NEUT: Bemaßungstext durch neuen Text ersetzen

Ein neuer Text wird für den ursprünglichen Bemaßungstext eingesetzt.

Aufgabe 7-1: Bemaßen einer Grundplatte

Die Grundplatte aus Aufgabe 4-1 ist zu bemaßen.

Aufgabe 7-2: Bemaßen eines Sockels

Der Sockel aus Aufgabe 4-3 ist zu bemaßen.

8   Das Arbeiten mit Texten

Mit den Befehlen TEXT und DTEXT lassen sich ein- bzw. mehrzeilige Texte in eine Zeichnung einfügen; dabei können der zu verwendende Textstil, die Lage und die Form der Darstellung über Optionen gewählt werden.

8.1   Der Befehl TEXT

Die Eingabe eines einzeiligen Textes erfolgt mit dem Befehl TEXT in der Form:

> Befehl: **TEXT** **<RETURN>**
> Startpunkt oder Ausrichten/Zentrieren/Einpassen/Mitte/Rechts/Stil:

Es stehen sieben Optionen zur Verfügung.

Option Startpunkt: Festlegen des Startpunktes

Es wird die Lage für den Textanfang festgelegt. Anschließend sind die Höhe, der Drehwinkel und der eigentliche Text einzugeben.

Beispiel 8-1: Schreiben eines Textes an einem bestimmten Punkt

Der Text "STARTPUNKT" soll im Punkt (200,200) beginnen, die Höhe 5 besitzen und waagerecht verlaufen.

> BefehL: **TEXT** **<RETURN>**
> Startpunkt oder Ausrichten/Zentrieren/Einpassen/Mitte/Rechts/Stil: **200,200** **<RET.>**
> Hoehe: **<2.50>**: **5** **<RETURN>**
> Drehwinkel **<0>**: **<RETURN>**
> Text: **STARTPUNKT** **<RETURN>**

Hinweis: Textgrundlinie

Man kann sich den Text auf einer sogenannten - nicht sichtbaren - Textgrundlinie ausgegeben vorstellen. Wenn nicht besonders erwähnt, beziehen sich alle Punkteingaben auf diese Grundlinie.

Option A: Ausrichten eines Textes

Nach dem Festlegen von zwei Punkten und der Eingabe des Textes wird dieser zwischen den Punkten ausgegeben. Die Texthöhe wird automatisch festgelegt.

Beispiel 8-2: Schreiben eines Textes zwischen zwei Punkte

Der Text "AUSRICHTEN" ist zwischen den Punkten (150,150) und (200,180) zu plazieren.

```
                            (200,180)
        AUSRICHTEN
      ✦ (150,150)

Befehl: TEXT <RETURN>
Startpunkt oder Ausrichten/Zentrieren/Einpassen/Mitte/Rechts/Stil: A <RETURN>
Erste Textzeile Punkt: 150,150 <RETURN>
Zweiter Textzeilenpunkt: 200,180 <RETURN>
Text: AUSRICHTEN <RETURN>
```

Option E: Einpassen eines Textes

Der Text wird analog zur Option A zwischen zwei Punkten eingepaßt. Die Texthöhe ist hier einzugeben und wird nicht vom System automatisch gewählt.

Beispiel 8-3: Text mit vorgegebener Höhe zwischen zwei Punkte

Der Text "EINPASSEN" soll mit einer Texthöhe 3 zwischen den Punkten (150,150) und (200,180) dargestellt werden.

```
                            (200,180)
        EINPASSEN
      ✦ (150,150)

Befehl: TEXT <RETURN>
Startpunkt oder Ausrichten/Zentrieren/Einpassen/Mitte/Rechts/Stil: E <RETURN>
Erste Textzeile Punkt: 150,150 <RETURN>
Zweiter Textzeilenpunkt: 200,180 <RETURN>
Hoehe <5.00>: 3 <RETURN>
Text: EINPASSEN <RETURN>
```

Option Z: Zentrieren eines Textes

Der Text wird mittig zu einem vorher festzulegenden Punkt geschrieben.

Beispiel 8-4: Text mittig zu einem Punkt

Der Text "ZENTRIEREN" soll zentriert zum Punkt (200,200) unter einem
Winkel von 15° und mit einer Höhe von 5 ausgegeben werden.

```
Befehl: TEXT <RETURN>
Startpunkt oder Ausrichten/Zentrieren/Einpassen/Mitte/Rechts/Stil: Z <RETURN>
Zentrieren Punkt: 200,200 <RETURN>
Hoehe <5.00>: <RETURN>
Drehwinkel <0>: 15 <RETURN>
Text: ZENTRIEREN <RETURN>
```

Option M: Vollständiges Zentrieren eines Textes

Der Text wird nicht nur nach der Länge, sondern auch nach der Höhe in einem
festgelegten Mittelpunkt zentriert und dann ausgegeben.

Beispiel 8-5: Text in einem vorgegebenen Mittelpunkt

Der Text "MITTE" soll mit einer Höhe von 5 und vollständig zentriert zum Punkt
(200,200) waagerecht ausgegeben werden.

```
Befehl: TEXT <RETURN>
Startpunkt oder Ausrichten/Zentrieren/Einpassen/Mitte/Rechts/Stil: M <RETURN>
Mitte Punkt: 200,200 <RETURN>
Hoehe <3.00>: 5 <RETURN>
Drehwinkel <15>: 0 <RETURN>
Text: MITTE <RETURN>
```

Option R: Rechtsbündiges Schreiben eines Textes

Der Text wird rechtsbündig zu einem vorgegebenen Punkt geschrieben.

Beispiel 8-6: Text rechtsbündig zu einem Punkt

Der Text "RECHTS" soll waagerecht mit einer Höhe 5 und rechtsbündig zum
Punkt (250,250) geschrieben werden.

AutoCAD stellt die vier Textstile: STANDARD(TXT), SIMPLEX, COMPLEX und
ITALIC zur Verfügung. Im einzelnen sind diese folgendermaßen festgelegt:

Hinweis: STANDARD-Textstil

Standardmäßig ist der Textstil STANDARD(TXT) geladen.

Hinweis: Weitere Textstile ab Version 9.0

Für AutoCAD stehen ab der Version 9.0 weitere Textstile, wie z.B. ROMANT
und ITALICT, und weitere Zeichensätze, wie z.B. für griechische und kyrillische
Buchstaben, oder mathematische und musikalische Zeichen zur Verfügung.

Option S: Ändern des Textstils

Mit dieser Option kann man alle verfügbaren Textstile ausgeben oder den aktuellen Textstil ändern.

Beispiel 8-7: Text in einem geänderten Textstil

Der Text "ITALIC" ist im gleichnamigen Textstil linksbündig zum Punkt P1 zu schreiben. Der Text "ITALIC" soll ein zweites Mal darunter geschrieben werden.

```
P1 ITALIC

   ITALIC



Befehl: TEXT <RETURN>
Startpunkt oder Ausrichten/Zentrieren/Einpassen/Mitte/Rechts/Stil: S <RETURN>
Stilname (oder ?) <STANDARD>: ITALIC <RETURN>
Startpunkt oder Ausrichten/Zentrieren/Einpassen/Mitte/Rechts/Stil: P1
Hoehe <2.50>: 3.5 <RETURN>
Drehwinkel <0>: <RETURN>
Text: ITALIC <RETURN>
Befehl: <RETURN>
Startpunkt oder Ausrichten/Zentrieren/Einpassen/Mitte/Rechts/Stil: <RETURN>
Text: ITALIC <RETURN>
```

Hinweis: Schreiben eines mehrzeiligen Textes mit dem Befehl TEXT

Mit dem Befehl TEXT lassen sich auch mehrzeilige Texte unter der gleichen Option ausgeben, wenn nach der Ausgabe einer Textzeile zweimal die RETURN-Taste gedrückt wird. Eine weitere Zeile wird jeweils unter die voraufgegangene gesetzt.

8.2 Der Befehl DTEXT

Eine weitere Möglichkeit, mehrzeiligen Text auszugeben, ist durch den Befehl
DTEXT vorhanden. DTEXT besitzt die gleichen Optionen wie der Befehl TEXT und
erfordert den gleichen Ablauf bei den Eingaben. Nur ist es hier möglich, mehrere
Texte direkt hintereinander einzugeben, da nach jeder Ausgabe eines Textes sofort
ein weiterer Text eingegeben werden kann. Der Befehl DTEXT wird beendet, indem
man die RETURN-Taste drückt, d.h. einen leeren Text eingibt. Ein weiterer Vorteil
des Arbeitens mit DTEXT besteht darin, daß direkt auf den Bildschirm geschrieben
und die aktuelle Schreibposition durch einen rechteckigen Cursor angezeigt wird. Im
Gegensatz zu den mit TEXT geschriebenen Texten spricht man beim Arbeiten mit
DTEXT von dynamischen Texten.

Die Darstellung von Sonderzeichen oder Unter- und Überstreichungen in Texten ist
in AutoCAD möglich. Es stehen hierfür standardmäßig für alle Textstile folgende
Steuerzeichen zur Verfügung:

%%o	für Ein/Aus-Schalten einer Überstreichung,
%%u	für Ein/Aus-Schalten einer Unterstreichung,
%%d	für Zeichnen eines Gradsymbols,
%%c	für Zeichnen eines Kreis-Durchmessersymbols,
%%p	für Zeichnen eines Plus-Minus-Toleranzsymbols,
%%%	für Zeichnen eines Prozentzeichens,
%%nnn	für Zeichnen eines Zeichens mit dem ASCII-Code nnn

Beispiel 8-8: Schreiben eines Textes mit Sonderzeichen

Der folgende mehrzeilige Text:

77,7 °C   Ø 80 mm
± 1 mm   14 %
UNTEN   OBEN

soll mit dem Befehl DTEXT linksbündig zu einem vorgegebenen Punkt P1 mit
einer Texthöhe 3,5 geschrieben werden.

```
P1 77.7°C        Ø80 mm
   ±1 mm         14 %
   UNTEN         OBEN


Befehl: DTEXT <RETURN>
Startpunkt oder Ausrichten/Zentrieren/Einpassen/Mitte/Rechts/Stil: P1
Hoehe <3.50>: <RETURN>
Drehwinkel <0>: <RETURN>
Text: 77.7%%dC     %%c80 mm<RETURN>
Text: %%p1 mm      14 %%% <RETURN>
Text: %%uUnten     %%oOben <RETURN>
Text: <RETURN>
```

Hinweis: Mehrzeiliger Text

Die Zeilen eines mehrzeiligen Textes werden als einzelne Textzeilen abgespeichert und können bei späteren Anwendungen nur einzeln bearbeitet werden.

8.3   Der Befehl STIL

Mit dem Befehl STIL kann man neue Textstile kreieren und in zugehörigen Zeichensatzdateien abspeichern.

Nach der Eingabe:

```
Befehl: STIL <RETURN>
Name des Textstils (oder ?) <Vorgabe>:
```

stehen dem Benutzer zwei Optionen zur Verfügung.

Option ?: Auflisten aller Textstile

Es werden alle für die jeweilige AutoCAD-Version definierten Textstile mit ihren wichtigsten Parametern aufgelistet.

Beispiel 8-9: Auflisten aller Textstile

```
Befehl: STIL <RETURN>
Name des Textstils (oder ?): <ITALIC>: ? <RETURN>

Textstile:
Stilname: STANDARD      Zeichensatzdateien: txt
   Hoehe: 0.00      Breitenfaktor 1.00          Neigungswinkel: 0
   Generation: Normal
Stilname: SIMPLEX       Zeichensatzdateien: simplex
   Hoehe: 0.00          Breitenfaktor 1.00          Neigungswinkel: 0
   Generation: Normal
Stilname: COMPLEX       Zeichensatzdateien: complex
   Hoehe: 0.00      Breitenfaktor 1.00          Neigungswinkel: 0
   Generation: Normal
Stilname: ITALIC        Zeichensatzdateien: italic
   Hoehe: 0.00      Breitenfaktor 1.00          Neigungswinkel: 0
   Generation: Normal

Aktueller Textstil: ITALIC
```


Option Name: Definieren und Setzen eines neuen Textstiles

Durch Einsetzen eines neuen oder bereits vorhandenen Namens eines Textstiles kann ein neuer Textstil definiert oder ein bereits existierender Textstil geändert werden. Im Dialog werden die Parameter des Textstiles eingegeben.

Beispiel 8-10: Festlegen eines neuen Textstiles

Ausgehend vom Textstil SIMPLEX mit dem zugehörigen Zeichensatz ist ein neuer Textstil SIMPNEU zu definieren, der bis auf den Neigungswinkel von 15° die gleichen Parameter wie SIMPLEX besitzen soll.

```
Befehl: STIL <RETURN>
Name des Textstils (oder ?): <ITALIC>: SIMPNEU <RETURN>
Zeichensatzdatei <italic>: SIMPLEX <RETURN>
Hoehe <0.00>: <RETURN>
Breitenfaktor <1.00>: <RETURN>
Neigungswinkel <0>: 15 <RETURN>
Rueckwaerts? <N> <RETURN>
Auf dem Kopf? <N> <RETURN>
Vertikal? <N> <RETURN>

SIMPNEU ist jetzt der aktuelle Textstil.
```

Hinweis: Eingabe der Zeichensatzdatei

Der Name der Zeichensatzdatei ist ohne das Suffix SHX einzugeben.

Hinweis: Texthöhe

Wird der Wert Null für die Höhe des Textstiles eingegeben, so kann die Texthöhe beim Arbeiten mit dem Befehl TEXT und DTEXT beliebig eingegeben werden. Wird ein positiver Wert für die Texthöhe eingegeben, so gilt dieser konstante Wert für alle Textausgaben mit TEXT und DTEXT. Die Eingabe der Höhe wird dort unterdrückt.

Aufgabe 8-1: Bemaßen und Beschriften einer Konsole

Die Konsole aus Ausgabe 4-4 ist zu bemaßen und zu beschriften.

Aufgabe 8-2: Bemaßen und Beschriften eines Gelenkes

Bemaßen und beschriften Sie das Gelenk wie in Aufgabe 6-6 angegeben.

9 Regenerieren von Zeichnungen

Verschiedene AutoCAD-Befehle bewirken einen automatischen Neuaufbau einer Zeichnung. Manchmal ist es von Vorteil, einen solchen Zeichnungs-Neuaufbau einmal zwischendurch auszuführen. Dies kann z.B. mit dem Ziel erfolgen:

- Säubern einer Zeichnung von Konstruktionspunkten,
- Sichtbarmachen von gelöschten Rasterpunkten.

Mit dem Befehl NEUZEICH wird eine Zeichnung entsprechend der obigen Zielsetzung neu aufgebaut. Der Aufruf erfolgt durch die Eingabe:

> Befehl: **NEUZEICH < RETURN >**

Beim Neuaufbau der Zeichnung werden eventuell geänderte Zeichnungsmodi nicht berücksichtigt.

Beim Befehl REGEN ist dies anders. Nach dem Aufruf:

> Befehl: **REGEN < RETURN >**

werden alle Objekte der gesamten Zeichnung regeneriert und eventuell geänderte Zeichenmodi, wie z.B. der noch zu behandelnde Füllmodus, berücksichtigt.

Hinweis: Abbruch eines Neuaufbaus einer Zeichnung

Die Befehle NEUZEICH und REGEN können durch Drücken der Tasten **Ctrl + C** jederzeit abgebrochen werden.

Eine Reihe von AutoCAD-Befehlen, und zwar ATTEDIT, BLOCK, EINFUEGE, LAYER, LTFAKTOR, PAN, STIL und ZOOM, bewirken das automatische Regenerieren von Zeichnungen. Aus Zeitgründen kann dies lästig und unnötig sein, z.B. wenn mehrere der obigen Befehle ausgeführt werden und nach jedem Befehl die gesamte Zeichnung regeneriert wird.

Mit dem Befehl REGENAUTO kann das automatische Regenerieren ein- bzw. ausgeschaltet werden. Dies erfolgt durch die Eingabe:

> Befehl: **REGENAUTO < RETURN >**
> Ein/Aus < Vorgabe > :

Hinweis: Nachholen einer Zeichnungs-Regenerierung

Wird bei ausgeschaltetem Regenerierungs-Modus eine automatische Regenerierung unterdrückt, so wird dies beim späteren Einschalten des Regenerierungs-Modus mit einer automatischen Regenerierung nachgeholt.

10   Das Zeichnen von Bändern und Flächen

Mit den Befehlen BAND und SOLID kann man in AutoCAD Bänder bzw. Flächen zeichnen. Man versteht unter Bändern Linien mit einer bestimmten Breite. Flächen setzen sich aus beliebigen viereckigen und dreieckigen Teilflächen zusammen. In Abhängigkeit vom sogenannten Füllmodus können Bänder und Flächen nur durch ihre Umrisse oder ausgefüllt dargestellt werden.

Mit dem Befehl FUELLEN wird der Füllmodus ein- bzw. ausgeschaltet, und zwar durch folgende Eingabe:

        Befehl: **FUELLEN <RETURN>**
        Ein/Aus <Vorgabe>:

10.1   Der Befehl BAND

Das Zeichnen von Bändern wird mit dem Befehl BAND - analog zum Zeichnen von Linien mit dem Befehl LINIE - durchgeführt. Im Gegensatz zum Zeichnen von Linien ist hier zunächst die Bandbreite festzulegen, bevor die einzelnen Eckpunkte eingegeben werden können. Die Eckpunkte liegen auf der Bandmitte. Die Übergänge an den Bandrändern werden automatisch festgelegt. Das Zeichnen eines Bandes erfolgt mit der Eingabe:

        Befehl: **BAND <RETURN>**
        Bandbreite <Vorgabe>:
        Von Punkt:
        Nach Punkt:

Beispiel 10-1: Zeichnen eines nicht ausgefüllten Bandes

Ein Band mit den Eckpunkten (150,150), (150,165), (165,180) und (190,180) soll
nicht ausgefüllt gezeichnet werden.

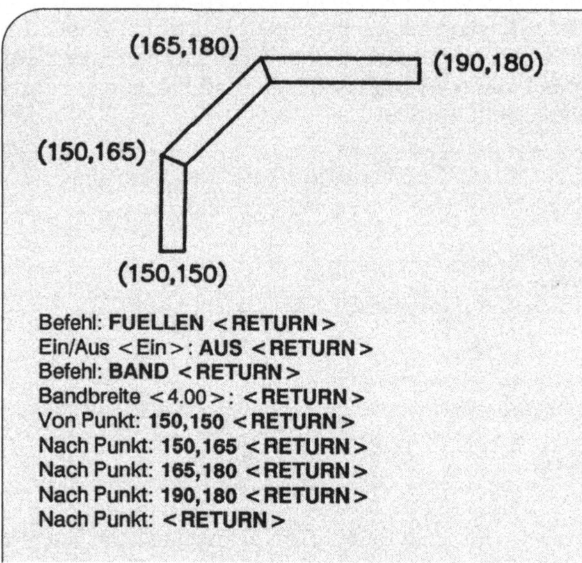

Beispiel 10-2: Zeichnen eines ausgefüllten Bandes

Das Band aus Beispiel 10-1 ist ausgefüllt zu zeichnen. Dies kann erfolgen, indem
man den Füllmodus einschaltet und dann die Befehlsfolge von oben wiederholt.
Eine einfachere Möglichkeit besteht im Regenerieren der Zeichnung nach dem
Einschalten des Füllmodus, falls sich das nicht ausgefüllte Band noch auf dem
Bildschirm befindet.

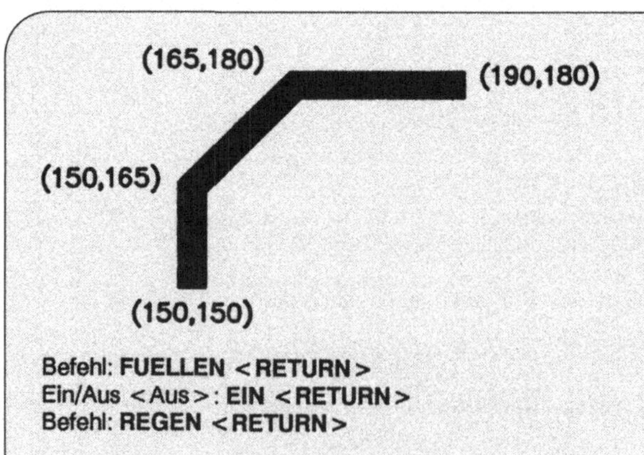

10.2   Der Befehl SOLID

Mit dem Befehl SOLID können - wie bereits erwähnt - Flächen gezeichnet werden,
die sich aus Vier- und Dreiecken zusammensetzen. Nach der Eingabe von SOLID
sind zunächst die Endpunkte der sogenannten Beginnseite einzugeben und dann für
ein Viereck die Endpunkte der gegenüberliegenden Seite bzw. für ein Dreieck der ge-
genüberliegende Eckpunkt und eine Leereingabe. Allgemein erfolgt die Eingabe in
der Form:

```
Befehl: SOLID < RETURN >
Erster Punkt:
Zweiter Punkt:
Dritter Punkt:
Vierter Punkt:
```

und sie wird fortgesetzt mit der erneuten Eingabe eines dritten und vierten Punktes,
bis für den dritten Punkt nur die RETURN-Taste gedrückt wird.

Beispiel 10-3: Zeichnen einer nicht ausgefüllten Fläche

Eine aus einem Rechteck, Trapez und Dreieck bestehende Fläche ist nicht ausgefüllt zu zeichnen.

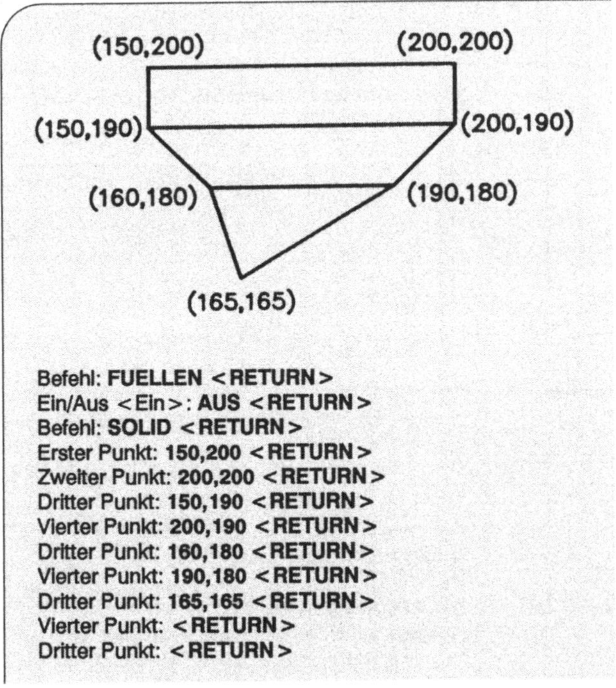


```
Befehl: FUELLEN < RETURN >
Ein/Aus < Ein >: AUS < RETURN >
Befehl: SOLID < RETURN >
Erster Punkt: 150,200 < RETURN >
Zweiter Punkt: 200,200 < RETURN >
Dritter Punkt: 150,190 < RETURN >
Vierter Punkt: 200,190 < RETURN >
Dritter Punkt: 160,180 < RETURN >
Vierter Punkt: 190,180 < RETURN >
Dritter Punkt: 165,165 < RETURN >
Vierter Punkt: < RETURN >
Dritter Punkt: < RETURN >
```

Beispiel 10-4: Zeichnen einer ausgefüllten Fläche

Die Fläche aus Beispiel 10-3 ist auszufüllen.

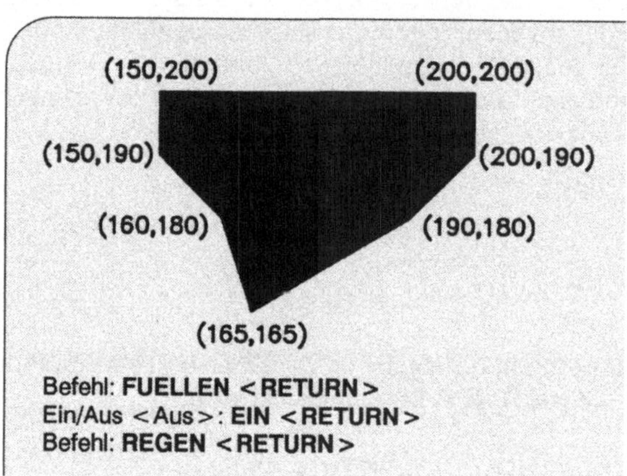

Aufgabe 10-1: Zeichnen eines Stempels

Die beiden Teile eines Stempels sind komplett mit Bemaßung und Beschriftung
zu zeichnen und unter dem Namen "Stempel" abzuspeichern.

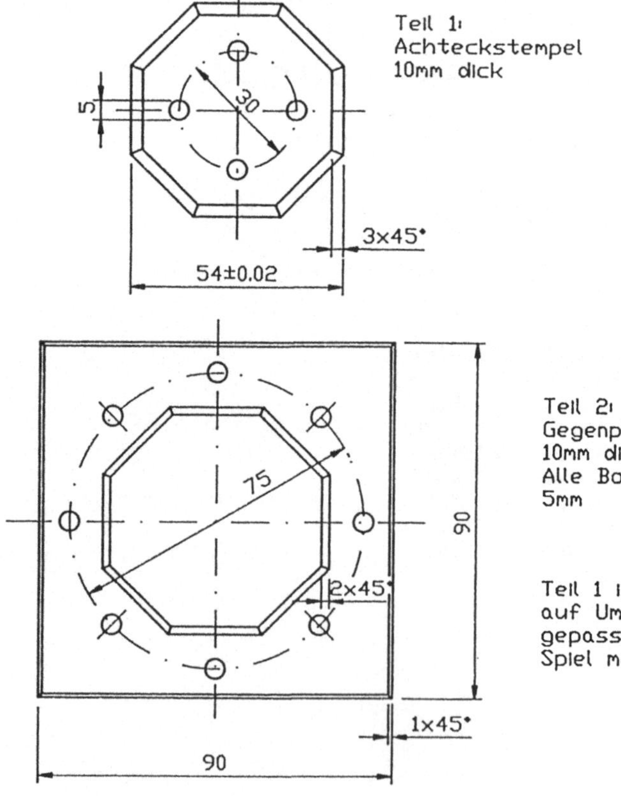

11   Das Schraffieren von Flächen

11.1   Das eigentliche Schraffieren

Ein wichtiges Gestaltungselement in technischen Zeichnungen ist die Schraffur, so
werden z.B. Schnitte durch schraffierte Flächen dargestellt. Mit dem Befehl
SCHRAFF können in AutoCAD Flächen, die durch beliebige Linien, Kreise und
Kreisbögen begrenzt sind, sowie Bänder schraffiert werden, und zwar mit vordefinier-
ten oder vom Benutzer festgelegten Schraffurmustern.

Eine Schraffur wird begonnen mit der Eingabe:

```
Befehl: SCHRAFF <RETURN>
Muster (? oder Name/B,Stil) <Vorgabe>:
```

Es stehen anschließend drei Optionen zur Verfügung.

Option ?: Ausgabe der Namen vorgegebener Standard-Schraffuren

Es werden die Namen aller in AutoCAD verfügbaren Standard-Schraffuren aufgelistet (vgl. hierzu auch Anhang D).

Beispiel 11-1: Ausgabe der Namen aller Standard-Schraffuren

```
Befehl: SCHRAFF <RETURN>
Muster (? oder Name/B,Stil): ? <RETURN>
ANGLE           Winkel Stahl
ANSI31          ANSI Eisen, Ziegel, Mauerwerk
ANSI32          ANSI Stahl
ANSI33          ANSI Bronze, Messing, Kupfer
ANSI34          ANSI Plastik, Gummi
ANSI35          ANSI Feuerfester Ziegel, feuerfestes Material
ANSI36          ANSI Marmor, Schiefer, Glas
ANSI37          ANSI Blei, Zink, Magnesium, Laerm-/Waerme-/Elektro-Isolation
ANSI38          ANSI Aluminium
BOX             Box Stahl
BRASS           Messing
BRICK           Ziegel- oder Mauerwerkartige Oberflaeche
CLAY            Ton
CORK            Kork
CROSS           Eine Reihe von Kreuzen
DASH            Gestrichelte Linien
DOLMIT          Geologische Gesteinsschichten
DOTS            Eine Reihe von Punkten
EARTH           Erde oder Grund (unterirdisch)
ESCHER          Escher-Muster
FLEX            Biegsames Material
GRASS           Grasflaeche
GRATE           Gitterflaeche
HEX             Sechsecke
HONEY           Wabenmuster
```

```
HOUND        Hahnentrittmuster
INSUL        Isolationsmaterial
LINE         Parallele horizontale Linien
MUDST        Schlamm und Sand
NET          Gitter
NET3         Netzmuster 0-60-120
PLAST        Plastikmaterial
PLASTI       Plastikmaterial
SACNCR       Beton
SQUARE       Kleine ausgerichtete Quadrate
STARS        Davidssterne
STEEL        Stahl
SWAMP        Sumpfflaeche
TRANS        Waermeleitendes Material
TRIANG       Gleichseitige Dreiecke
ZIGZAG       Treppenmuster
```

Hinweis: Datei für Standard-Schraffuren

Die einzelnen AutoCAD-Schraffuren und die zugehörigen Vereinbarungen sind in der Datei ACAD.PAT gespeichert.

Hinweis: Cursor-Auswahl eines Schraffur-Musters

Ab Version 9.0 kann die Auswahl einer Standard-Schraffur über ein Pull-Down-Menü erfolgen.

Option Name: Auswahl einer Standard-Schraffur

Durch die Eingabe eines Namens wird das zugehörige AutoCAD- Schraffur-Muster ausgewählt. Im Dialog sind anschließend Werte für die Größe und den Winkel der Schraffur anzugeben:

```
Groesse  < Vorgabe > :
Winkel  < Vorgabe > :
Objekte waehlen:
```

Option B: Festlegen einer Benutzer-definierten Schraffur

Mit dieser Option kann ein Benutzer sich spezielle Schraffuren definieren, und zwar durch folgende Eingabe:

```
Winkel für Schraffurlinien  < Vorgabe > :
Abstand zwischen den Linien  < Vorgabe > :
Doppel-Schraffur ?  < Vorgabe >
Objekte waehlen:
```

Bei der Wahl einer Doppelschraffur wird neben der ersten Schraffur noch eine zweite Schraffur ausgeführt; die Schraffurlinien der beiden Schraffuren stehen aufeinander senkrecht.

Sowohl für vordefinierte als auch vom Benutzer definierte Schraffuren sind die drei Schraffur-Stile N, A und I möglich, diese werden unmittelbar nach der Option Name oder B - getrennt durch ein Komma - mit N, A oder I ausgewählt.

Schraffur-Stil N: Normales Schraffieren

Beim normalen Schraffieren werden ineinandergeschachtelte Flächen abwechselnd schraffiert oder nicht schraffiert. In jedem Schnittpunkt mit einer Flächenbegrenzungslinie wechselt eine Schraffurlinie von sichtbar auf nicht sichtbar und umgekehrt.

Beispiel 11-2: Normales Schraffieren einer Fläche

Ein vorgegebener Kreis mit ineinandergeschachteltem Quadrat und Dreieck ist normal zu schraffieren, und zwar mit einer selbst definierten Schraffur.

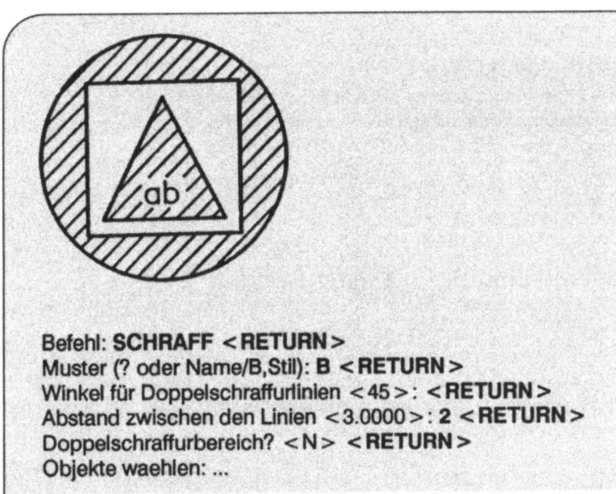

Schraffur-Stil A: Äußeres Schraffieren

Es wird nur die äußere zusammenhängende Fläche schraffiert.

Beispiel 11-3: Schraffur der äußeren Fläche

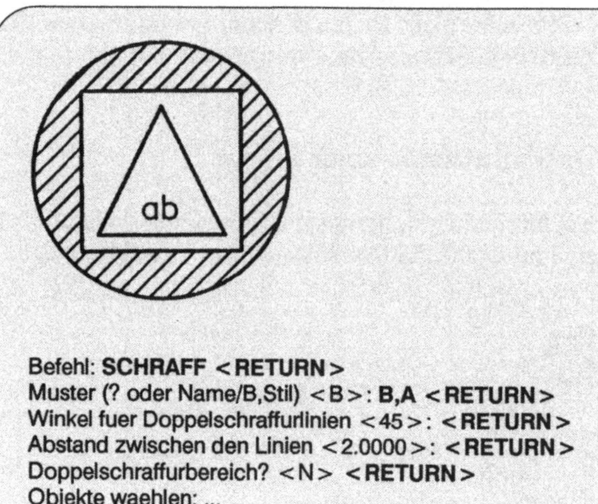

Schraffur-Stil I: Ignorieren eingeschlossener Flächen

Eingeschlossene Flächen werden generell schraffiert.

Beispiel 11-4: Schraffur mit Ignorieren eingeschlossener Flächen

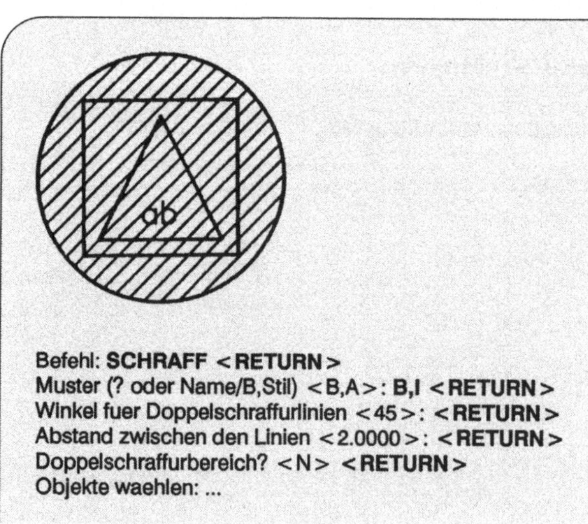

Hinweis: Festlegen der zu schraffierenden Fläche

Besondere Sorgfalt ist auf das Festlegen der zu schraffierenden Fläche zu legen.
Die Elemente, die die Begrenzung der Schraffurflächen bilden sollen, werden
durch die Objekt-Wahl definiert. Diese Begrenzungslinie sollten sich sauber
schneiden. Ungenauigkeiten führen zu fehlerhaften Schraffuren.

Beim Schraffieren einer Fläche ist es von Wichtigkeit, wie diese Fläche gezeichnet
worden ist. Was hierbei zu beachten ist, soll an der folgenden Beispielfläche veranschaulicht werden:

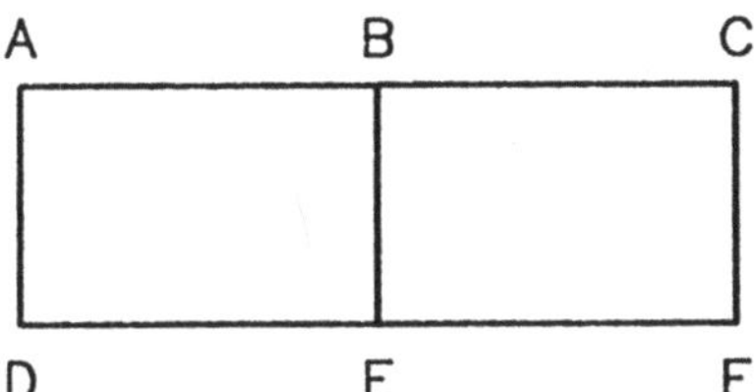

Die Fläche ABED soll schraffiert werden.

Beispiel 11-5: Schraffur mit richtig gezeichneter Fläche

Die Beispielfläche wurde wie folgt gezeichnet:
- Zeichnen der geschlossenen Linie A-B-E-D-A und
- Zeichnen der Linie B-C-F-E.
Man schraffiere die Fläche ABED mit dem Standard-Muster ANSI33.

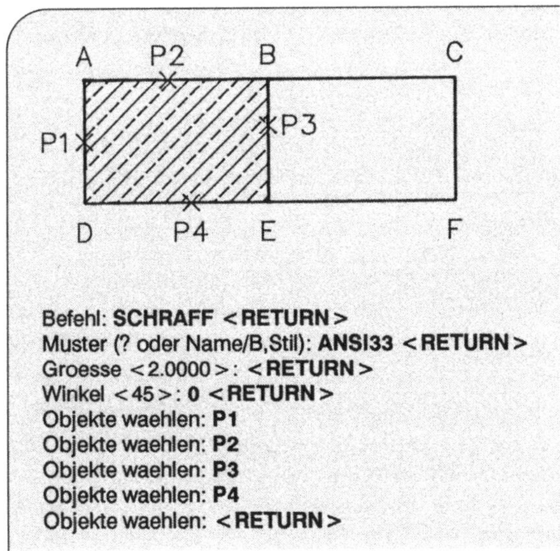

Beispiel 11-6: Schraffur bei ungünstig gezeichneter Fläche

Die Beispielfläche wurde folgendermaßen gezeichnet:

- Zeichnen der geschlossenen Linie A-C-F-D-A und
- Zeichnen der Linie B-E.

Die Schraffur erfolge mit dem Standard-Muster ANSI37.

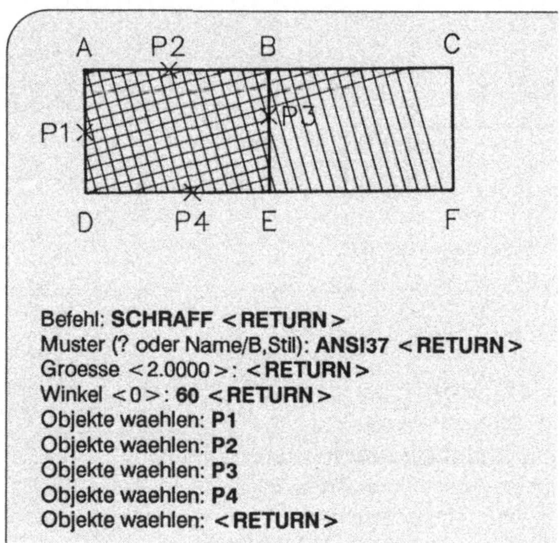

Bei gleicher Objekt-Wahl für die zu schraffierende Fläche ergibt sich eine fehlerhafte
Schraffur, da die Beispielfläche im Hinblick auf die Schraffur nicht korrekt gezeichnet worden ist. In einem solchen Fall ist die Schraffur zu löschen und die falsch gezeichneten Linien sind neu festzusetzen. Dies kann u.a. mit Hilfe der Befehle
BRUCH und STUTZEN erfolgen, die im folgenden Unterabschnitt näher behandelt
werden.

Hinweis: Löschen einer Schraffur

Eine Schraffur wird in AutoCAD intern als ein Objekt behandelt. Man kann eine
Schraffur also wie folgt löschen:

> Befehl: LOESCHEN <RETURN>
> Objekte waehlen: beliebige Schraffurlinie

Hinweis: Wiederholung einer Schraffur

Will man eine Schraffur wiederholen, indem man bei der nächsten Befehlseingabe die RETURN-Taste drückt, so werden die Angaben, wie z.B. über Muster und
Stil, von der voraufgegangenen Schraffur übernommen und es können weitere
Objekte gewählt werden.

Aufgabe 11-1: Zeichnen von Ringen

Zeichnen Sie die abgebildeten Ringe mit Bemaßung und Schraffur und speichern
Sie sie unter dem Namen "Ringe" ab.

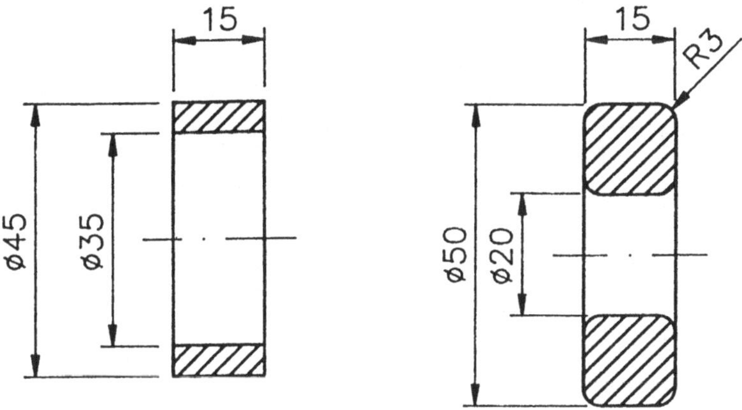

Aufgabe 11-2: Zeichnen eines Halters

Zeichnen Sie von dem abgebildeten Halter zwei Ansichten mit Schraffur und Bemaßung. Diese Zeichnung ist unter dem Namen "Halter" abzuspeichern.

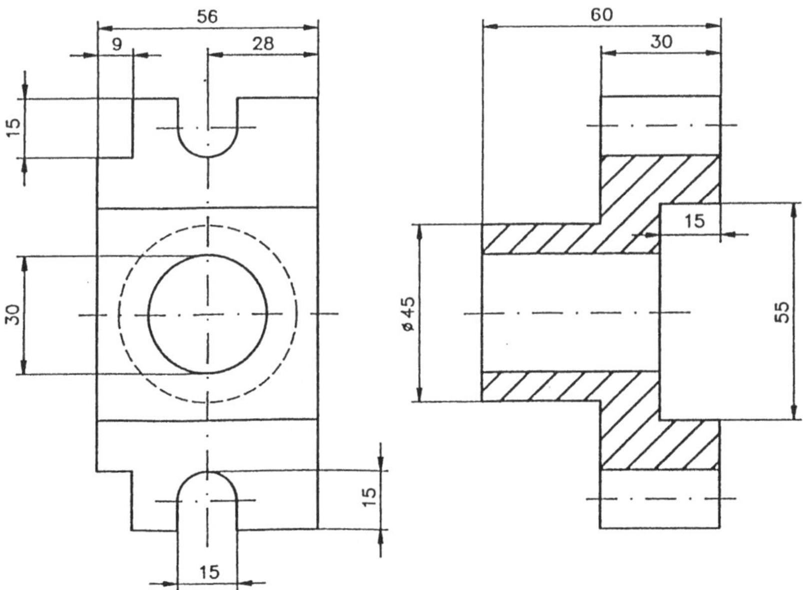

Aufgabe 11-3: Zeichnen einer Gußform

Von einer Gußform sind zwei Ansichten mit Bemaßung und Schraffur zu zeichnen und unter dem Namen "Gussform" abzuspeichern.

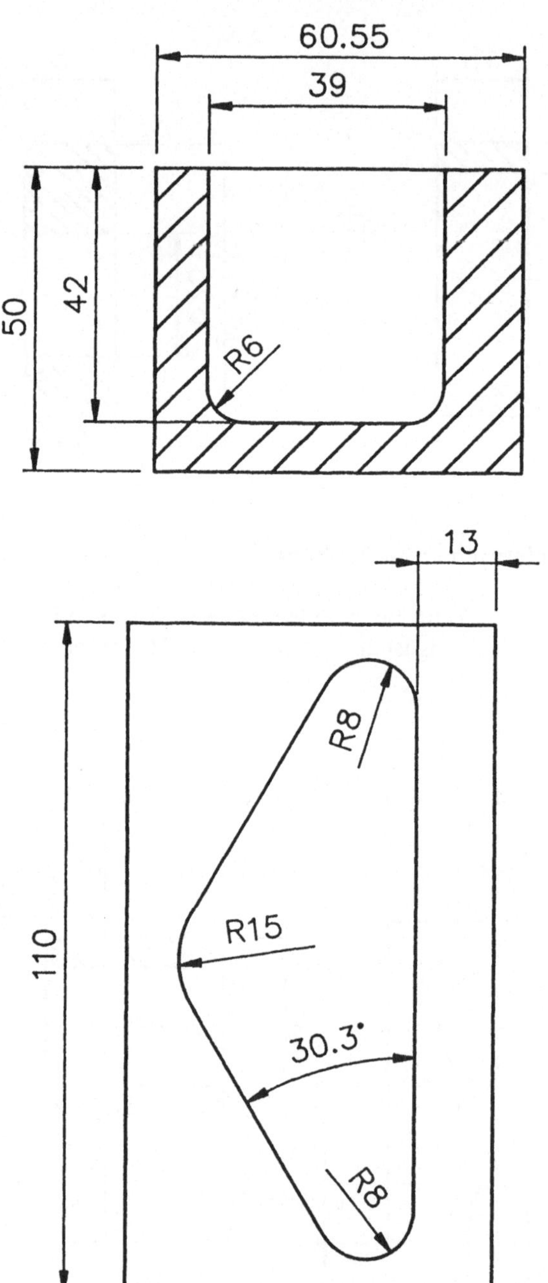

11.2   Befehle zum Löschen von Zeichnungsteilen

Mit den Befehlen BRUCH und STUTZEN kann man ungünstig erstellte Objekte,
die sich z.B. nicht wie gewünscht schraffieren lassen, so aufbereiten, daß eine vorgese-
hene Schraffur möglich wird. Diese Befehle ermöglichen das Löschen von Teilen
eines Zeichenobjektes bzw. das Aufspalten in Einzelobjekte.

Mit dem Befehl BRUCH kann ein Teil einer Linie, eines Bandes, einer Polylinie,
eines Kreises oder eines Kreisbogens gelöscht werden bzw. kann eines dieser Objekte
in Teilobjekte aufgebrochen werden. Nach der Eingabe:

>   Befehl: **BRUCH** **<RETURN>**
>   Objekt waehlen:

stehen in Abhängigkeit von der Art des Objekts zwei Optionen zur Verfügung.

Option: Standard-Objektwahl mit Zeigen, Fenster oder Letztes

Erfolgt die Objektwahl mit einer der Standardmethoden Zeigen, Fenster oder
Letztes, so hat man anschließend den Anfang- oder den Endpunkt des zu löschenden Teils im folgenden Dialog einzugeben:

>   Eingabe des ersten Punktes:
>   Eingabe des zweiten Punktes:

Beispiel 11-7: Löschen von Teilobjekten

Es sind an verschiedenen Objekten Teile zu löschen. Die gelöschten Teile sind
zur besseren Übersicht in der folgenden Abbildung gestrichelt.

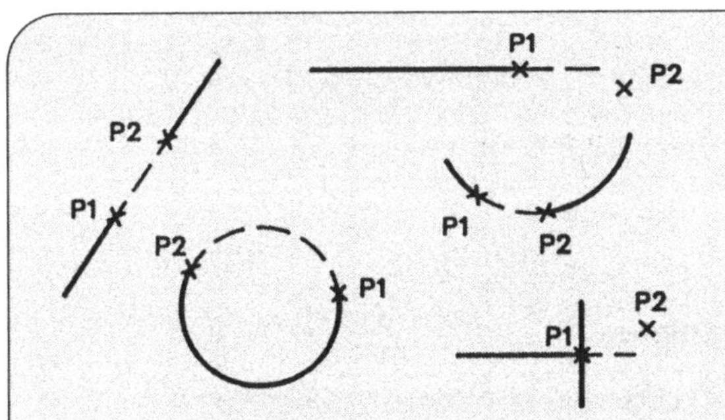

Die Objektwahl könnte hier jeweils durch Setzen eines Fensters erfolgt sein.

Hinweis: Löschen von Teilen eines Kreises oder Kreisbogens

Ein Kreisbogen wird im mathematisch positiven Sinn (Gegenuhrzeigersinn) vom
ersten zum zweiten Punkt gelöscht.

Hinweis: Festlegen des zweiten Punktes

Der zweite Punkt muß nicht unmittelbar am Objekt festgelegt werden, sondern AutoCAD wählt automatisch den nächsten in Frage kommenden Punkt aus.

Option: Anpicken eines Objektes

Wird ein Objekt durch Anpicken (Anzeigen, Anklicken) ausgewählt, so ergibt sich folgende Abfrage:

    Zweiter Punkt (oder E fuer den ersten Punkt):

Der Anpickpunkt des Objektes wird hier automatisch als erster Punkt für das Aufbrechen genommen, und zwar wenn ein zweiter Punkt festgelegt wird. Bei der Eingabe von E können wie gehabt der erste und zweite Punkt festgelegt werden:

    Eingabe des ersten Punktes:
    Eingabe des zweiten Punktes:

Beispiel 11-8: Löschen vom Anpickpunkt

Eine Linie ist durch Anpicken eines Punktes auszuwählen und von diesem Punkt aus bis zu einem zweiten noch festzulegenden Punkt zu löschen.

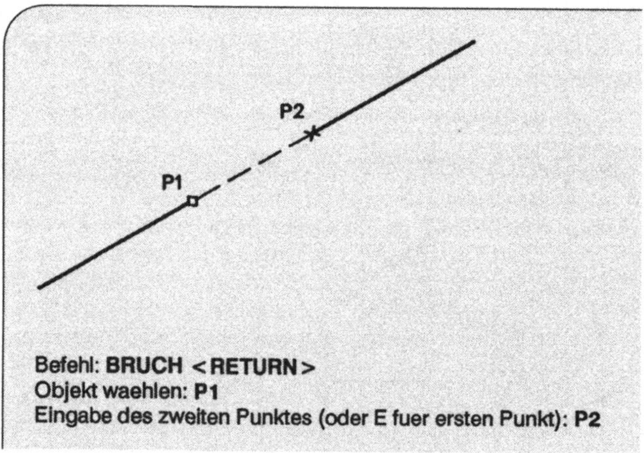

Hinweis: Aufbrechen eines Objektes ohne Löschen

Wird der zweite Punkt identisch mit dem ersten festgelegt, so wird kein Teil des Objektes gelöscht, sondern das Objekt wird in dem festgelegten Punkt in zwei Teile aufgebrochen. Durch die Eingabe eines Klammeraffen @ bei der Eingabe des zweiten Punktes läßt sich dies ebenfalls erreichen.

Beispiel 11-9: Aufbrechen eines Objektes

Die ungünstig erstellte Fläche aus Beispiel 11-6 soll so aufgebrochen werden, daß
sich die gewünschte Schraffur durchführen läßt.

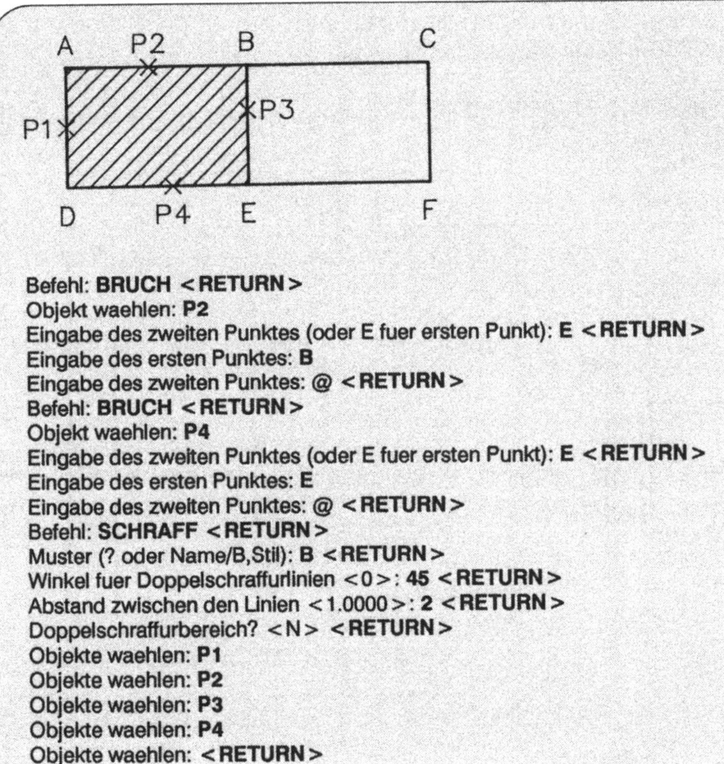

Aufgabe 11-4: Zeichnen einer Welle mit Schraffur

Die unten abgebildete Welle ist zu zeichnen und zu schraffieren. Man gehe dabei
wie folgt vor:

-   Zeichnen aller Linien als durchgezogene Linien, einschließlich der gestrichelt
    dargestellten Teillinien
-   Löschen dieser durchgezogenen Teillinien
-   Ausführen der vorgesehenen Schraffur

Die Maße sind frei wählbar. Die Zeichnung soll unter dem Namen "Welle" abgespeichert werden.

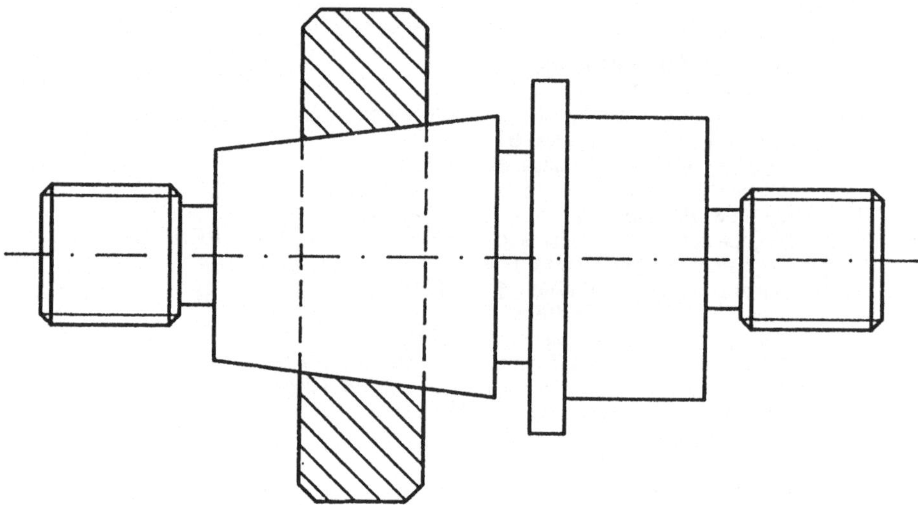

Mit dem Befehl STUTZEN können Linien, Polylinien, Kreise und Kreisbögen bis zu
vorgegebenen Schnittkanten (Grenzlinien) von beliebigen Grenzobjekten gekürzt
werden.
Nach der Eingabe von:

    Befehl: **STUTZEN** < RETURN >
    Schnittkante(n) waehlen ...
    Objekte waehlen:

können mit einer Objektauswahl beliebig viele Schnittkanten festgelegt werden.
Diese Auswahl wird durch Drücken der RETURN-Taste beendet, und es erfolgt die
Abfrage:

    Objekt waehlen, das gestutzt werden soll:

Auch hier ist eine mehrfache Auswahl wie oben möglich, die ebenfalls durch Drücken der RETURN-Taste beendet wird.

Beispiel 11-10: Entfernen innerhalb eines Grenzobjektes

Innerhalb einer Ellipse ist ein Teilstück einer durchgehenden Linie zu löschen.

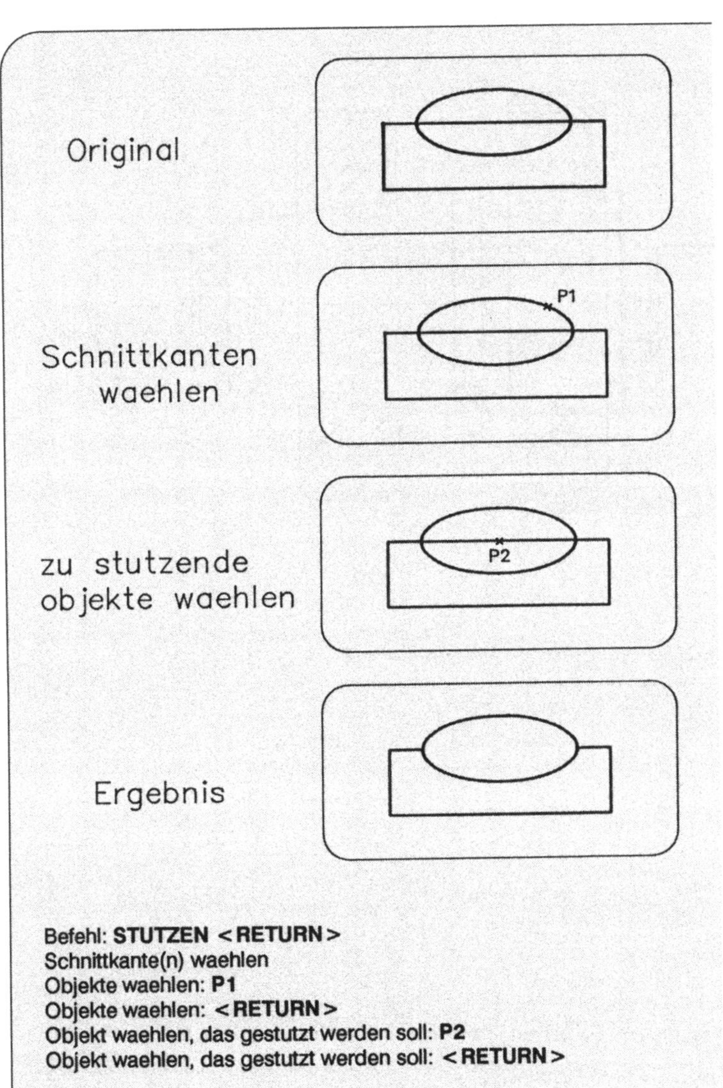

Aufgabe 11-5: Zeichnen einer Welle mit Kugellager

Die Zeichnung der Welle aus Aufgabe 11-4 ist durch ein Kugellager zu vervollständigen, und zwar in folgender Weise:

- Zeichnen des Kugellagers mit durchgezogenen Linien
- Löschen der entsprechenden Teillinien mit dem Befehl STUTZEN
- Ausführen der Schraffur

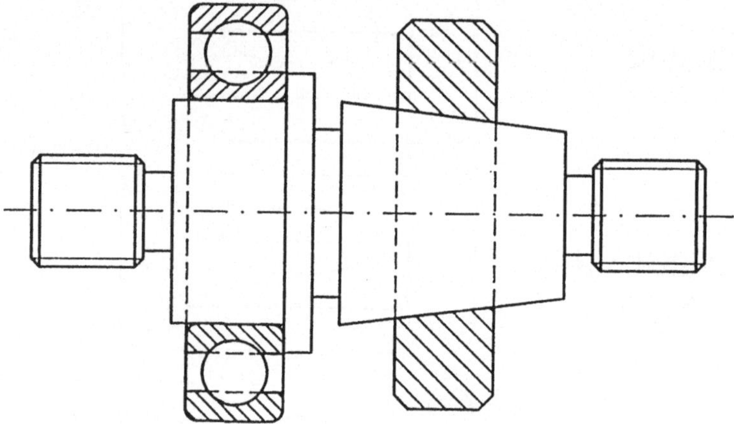

12 Das Zeichnen von Freihandlinien

Freihandlinien sind ein Gestaltungselement in technischen Zeichnungen; so werden u.a. Ausbrüche durch Freihandlinien dargestellt. Ist ein Zeigegerät vorhanden, z.B. eine Maus oder ein Digitalisiertablett mit einem Digitalisierstift, können mit AutoCAD ebenfalls Freihandlinien gezeichnet werden. Das Skizzieren mit einer solchen Linie erfolgt durch Bewegen des Fadenkreuzes. Dabei wird automatisch eine Linie auf dem Bildschirm gezeichnet, die intern durch mehrere Teillinien von gleicher Länge dargestellt und in dieser Form abgespeichert wird.
Durch die Eingabe:

```
Befehl: SKIZZE <RETURN>
Skizziergenauigkeit <Vorgabe>:
Skizze.  Feder eXit Quit Speichern Loeschen Verbinden .
```

wird das Skizzieren mit Freihandlinien angestartet. Nach dem Festlegen der Länge der Teillinien durch die Eingabe der Skizziergenauigkeit stehen sieben Optionen zur Auswahl.

Hinweis: Skizziergenauigkeit und Linientyp beim Skizzieren

Je kleiner die Skizziergenauigkeit gewählt ist, um so genauer wird eine Skizze, da die Freihandlinie durch eine größere Anzahl von Teillinien dargestellt wird. Man sollte dabei beachten, daß der erforderliche Speicherplatz entsprechend größer wird. Freihandlinien sollten mit dem Linientyp AUSGEZOGEN gezeichnet werden.

Option F: Feder heben oder senken

Durch die Eingabe von F bzw. durch Aufdrücken des Digitalisierstifts (Touch-Pen) wird zwischen Zeichnen (Feder gesenkt) und Nichtzeichnen (Feder gehoben) umgeschaltet.

Option . : Zeichnen einer Linie zur letzten Freihandlinie

Vom Endpunkt der letzten gezeichneten Freihandlinie wird zur aktuellen Position des Fadenkreuzes eine (gerade) Linie gezeichnet. Diese Option ist nur sinnvoll, falls die Feder gehoben ist. Nach Zeichnen der Linie ist sie wieder gehoben.

Option X: Beenden (eXit) des Skizzierens mit Abspeichern

Alle erstellten Freihandlinien werden abgespeichert und das Skizzieren beendet. Durch Drücken der Leertaste oder der RETURN-Taste wird die gleiche Wirkung erzielt.

Beispiel 12-1: Erstellen einer Freihandlinie

Die Punkte P1 und P2 sind durch eine Freihandlinie zu verbinden. Ohne den
Skizziermodus zu verlassen, soll der Punkt P2 mit einem Punkt P3 durch eine
Linie verbunden werden.

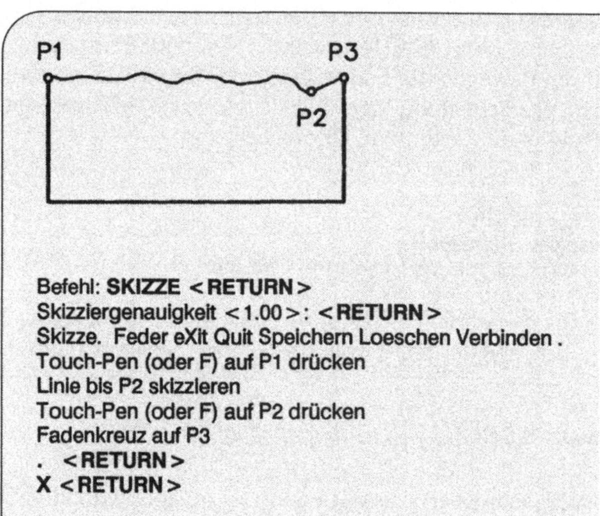

Option Q: Beenden (Quit) des Skizzierens ohne Abspeichern

Das Skizzieren wird beendet, ohne daß die gezeichneten Freihandlinien abgespeichert werden. Dies kann auch durch Drücken der Tasten CTR + C erreicht
werden.

Option L: Löschen von Freihandlinien

Mit dieser Option können Freihandlinien von ihrem Endpunkt bis zu einem festzulegenden Punkt gelöscht werden. Wird dieser Punkt nicht festgelegt, sondern
erneut L eingegeben, so erfolgt kein Löschen, und es wird ein entsprechender
Hinweis ausgegeben.

Option S: Speichern von Freihandlinien

Es werden die skizzierten Linien gespeichert. Danach können sie mit der Option
L nicht mehr gelöscht werden.

Beispiel 12-2: Löschen einer Freihandlinie

Die Punkte P1, P3 und P2 sind nacheinander durch Freihandlinien zu verbinden.
Die skizzierte Linie von P3 nach P2 soll anschließend gelöscht werden. Die Linie
von P1 nach P3 ist abzuspeichern.

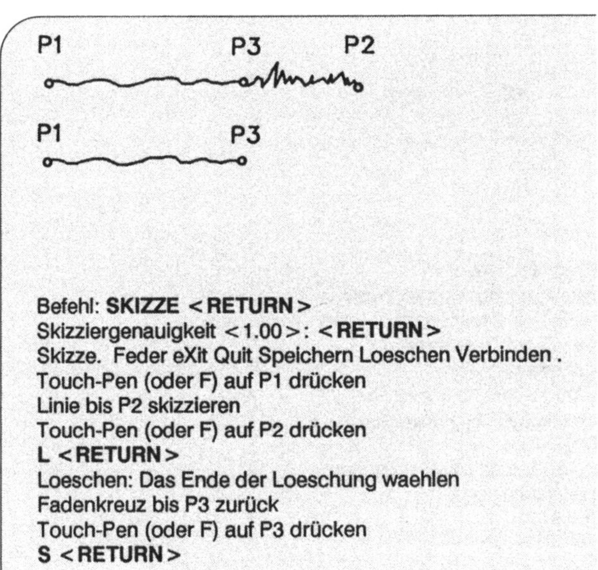

Anschließend kann bei P3 mit dem Skizzieren fortgefahren werden.

Option V: Verbinden der letzten Freihandlinie

Nach dem Ausführen einer beliebigen Option des Befehls SKIZZE kann mit der
Option V das Skizzieren am Endpunkt der zuletzt gezeichneten Freihandlinie
fortgesetzt werden; dabei muß die Feder gehoben sein. In diesem Fall wird das
Fadenkreuz in die Nähe des Endpunktes der letzten skizzierten Linie bewegt.
Wird ein Endpunkt auf diese Weise gefunden, so wird die Feder automatisch
gesenkt und das Skizzieren fortgesetzt. Ist die Option V nicht ausführbar, erscheint eine entsprechende Fehlermeldung. Wird kein Endpunkt festgelegt,
sondern erneut V eingegeben, so erfolgt kein Verbinden in der beschriebenen
Form.

Beispiel 12-3: Anhängen einer Freihandlinie

Es soll eine Freihandlinie von P1 nach P2 gezeichnet werden. Nachdem die
Feder gehoben ist, soll das Fadenkreuz in eine beliebige Lage gebracht und anschließend das Skizzieren über die Option V in P2 fortgesetzt werden.

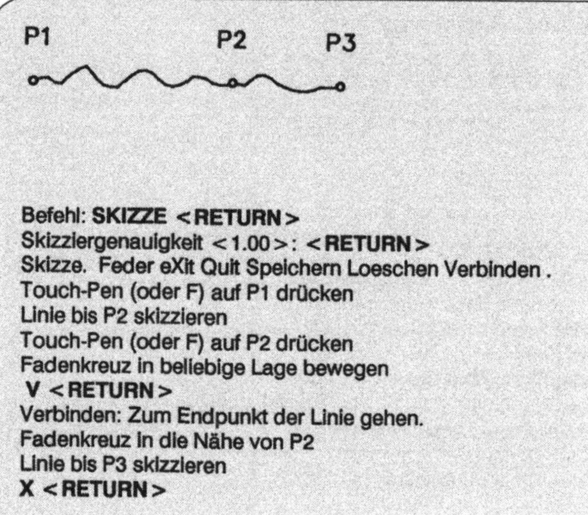

Aufgabe 12-1: Zeichnen eines Winkels

Der abgebildete Winkel soll in zwei Ansichten einschließlich der Bemaßung gezeichnet und unter dem Namen "Winkel" abgespeichert werden. Wählen Sie zum
Zeichnen der Freihandlinien unterschiedliche Skizziergenauigkeiten, z.B. 1 und 5.

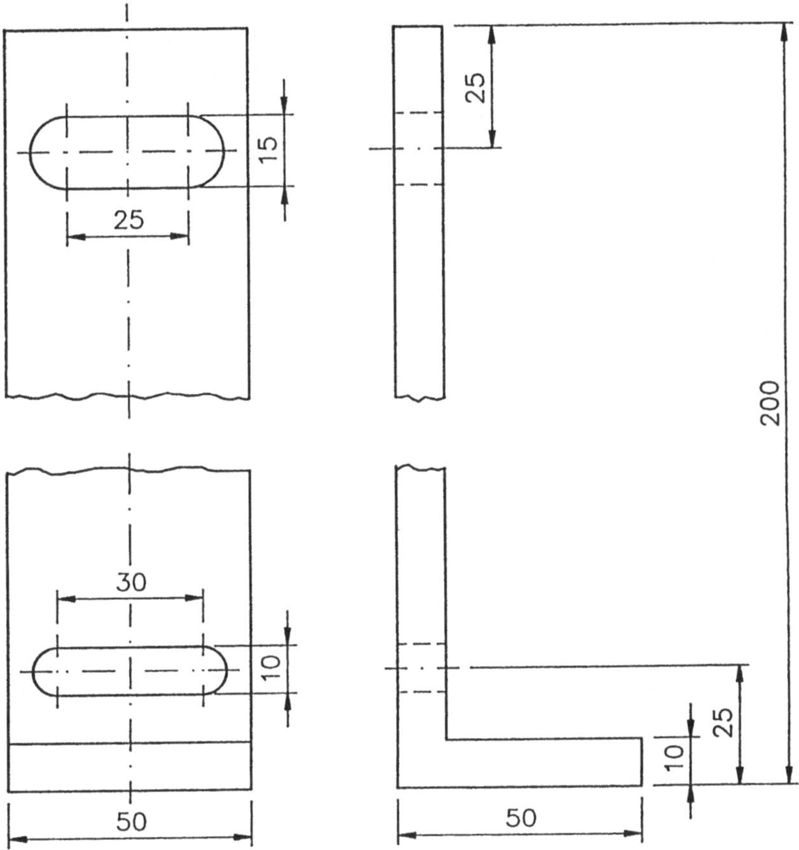

13 Abfrage- und Anzeigebefehle

Mit Hilfe der Abfrage- und Anzeigebefehle kann man sich Informationen über spezielle Elemente einer Zeichnung oder über allgemeine Größen beim Zeichnen mit AutoCAD ausgeben lassen. Es bestehen im einzelnen hierfür folgende Möglichkeiten:

- Information über einzelne Elemente einer Zeichnung,
- Information über alle Elemente einer Zeichnung,
- Ermitteln der Koordinaten eines Punktes,
- Ermitteln des Inhalts und Umfangs einer Polygonfläche,
- Ermitteln des Abstands zweier Punkte,
- Anzeige und Auswahl der verwendeten Einheiten und
- Information über die wichtigsten Zeichnungs-Grundeinstellungen.

Mit dem Befehl LISTE können im Dialog Objekte ausgewählt werden, für die anschließend Informationen, wie z.B. Typ und Lage des Objektes und benutzte Zeichenebene, ausgegeben werden. Die Eingabe erfolgt mit:

```
Befehl: LISTE <RETURN>
Objekte waehlen:
```

Die Auswahl der einzelnen Objekte erfolgt in der üblichen Weise, z.B. durch Anpikken.

Beispiel 13-1: Information zu einzelnen Elementen einer Zeichnung

Für die obere Linie und den Kreis in der untenstehenden Zeichnung sind Informationen auszugeben.

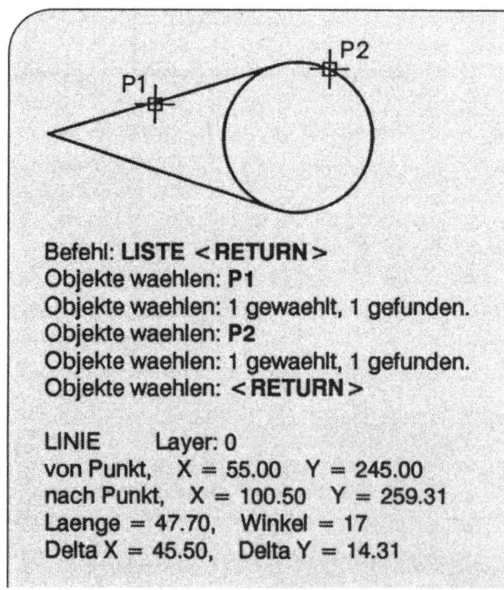

```
KREIS      Layer: 0
Mittelpunkt Punkt,   X = 105.00   Y = 245.00
Radius 15.00
Umfang = 94.25,   Flaeche = 706.8583
```

Hinweis: Steuerung der Listenausgabe

Das Auflisten der verschiedenen Informationen kann durch gleichzeitiges Drücken der folgenden Tastenkombinationen beeinflußt werden, und zwar in folgender Weise:

- CTRL + S   für Unterbrechung der Ausgabe,
- CTRL + C   für Abbruch der Ausgabe und des Befehls,
- CTRL + Q   für Ein/Ausschalten des Druckers.

Diese Vorgehensweise gilt sowohl für den Befehl LISTE als auch für DBLISTE.

Nach der Eingabe des Befehls DBLISTE in der Form:

Befehl: **DBLISTE <RETURN>**

erfolgt die Ausgabe der wichtigsten Daten für alle Elemente einer Zeichnung.

Beispiel 13-2: Information zu allen Elementen einer Zeichnung

Für alle Elemente der Zeichnung aus Beispiel 13-1 sollen Informationen ausgegeben werden.

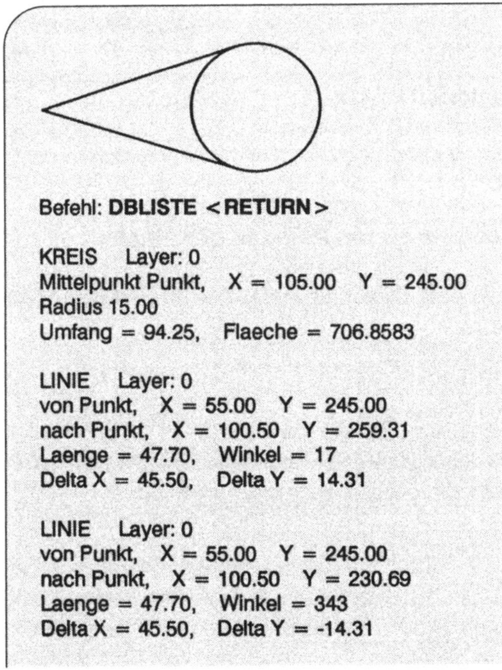

```
Befehl: DBLISTE  <RETURN>

KREIS      Layer: 0
Mittelpunkt Punkt,   X = 105.00   Y = 245.00
Radius 15.00
Umfang = 94.25,   Flaeche = 706.8583

LINIE    Layer: 0
von Punkt,   X = 55.00   Y = 245.00
nach Punkt,   X = 100.50   Y = 259.31
Laenge = 47.70,   Winkel = 17
Delta X = 45.50,   Delta Y = 14.31

LINIE    Layer: 0
von Punkt,   X = 55.00   Y = 245.00
nach Punkt,   X = 100.50   Y = 230.69
Laenge = 47.70,   Winkel = 343
Delta X = 45.50,   Delta Y = -14.31
```

Mit dem Befehl ID werden die Koordinaten eines im Dialog festzulegenden Punktes ermittelt. Die Eingabe des Befehls erfolgt mit:

```
Befehl: ID < RETURN >
Punkt:
```

Beispiel 13-3: Ermitteln der Koordinaten eines Punktes

In der Zeichnung aus dem vorangegangenen Beispiel sind die Koordinaten des Schnittpunktes der beiden Linien zu ermitteln und auszugeben.

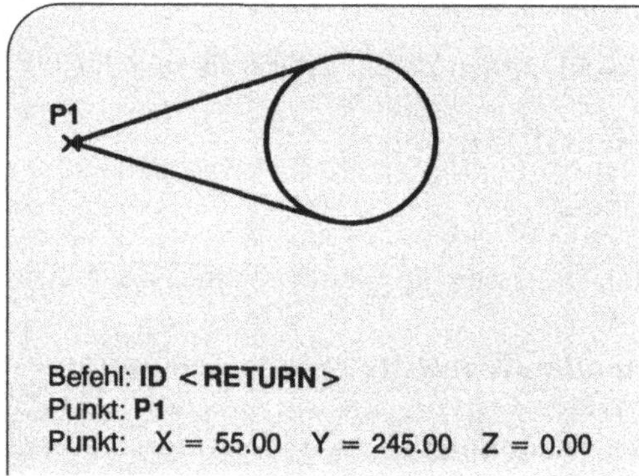

Der Befehl FLAECHE bewirkt die Bestimmung des Inhalts und des Umfangs einer durch einen Polygonzug eingeschlossenen Fläche. Nach der Eingabe des Befehls in der Form:

```
Befehl: FLAECHE < RETURN >
< Erster Punkt >/Objekt/Addieren/Subtrahieren:
```

stehen vier Optionen zur Verfügung.

Option Erster Punkt: Festlegen des ersten Punktes der Fläche

Durch Zeigen auf einen Punkt wird dieser als erster Punkt der Fläche festgelegt. Anschließend erfolgt die Anfrage:

```
Naechster Punkt:
```

und es können nacheinander weitere Punkte der Fläche festgelegt werden. Die Eingabe wird durch Drücken der RETURN-Taste beendet. Danach erfolgt die Bezeichnung und Ausgabe des Inhalts und Umfangs der Fläche.

Beispiel 13-4: Ermitteln von Inhalt und Umfang einer Fläche

Es soll eine gegebene Rechteckfläche ermittelt werden.

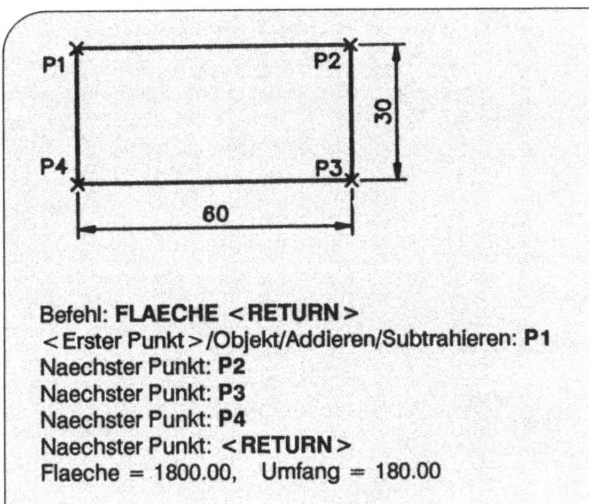

Die weiteren Optionen des Befehls FLAECHE sollen ohne Beispiele nur kurz besprochen werden.

Option Objekt: Auswahl eines Objektes

Mit dieser Option kann die Fläche eines Kreises oder die von einer Polylinie eingeschlossene Fläche bestimmt werden. Die Auswahl der zu berechnenden Fläche erfolgt im Dialog mit:

Waehlen Sie Kreis oder Polylinie:

Option A: Addier-Modus einschalten

Nach dem Einschalten des Addier-Modus werden alle anschließend ermittelten Flächen zur bisherigen Gesamtfläche addiert.

Option S: Subtrahier-Modus einschalten

Nach dem Einschalten des Subtrahier-Modus werden alle anschließend ermittelten Flächen von der bisherigen Gesamtfläche abgezogen.

Mit dem Befehl ABSTAND werden der Abstand zwischen zwei Punkten, der Neigungswinkel der Verbindungslinie zur x-Achse und die Abstände in x- , y- und z-Richtung ermittelt. Die Eingabe erfolgt in der Form:

Befehl: ABSTAND < RETURN >
Erster Punkt:
Zweiter Punkt:

Beispiel 13-5: Ermitteln des Abstandes zweier Punkte

Für das Rechteck aus Beispiel 13-4 ist die Länge der waagerechten Seite zu bestimmen.

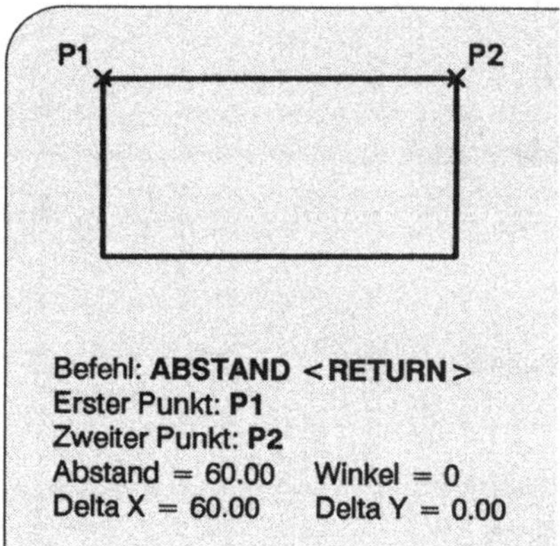

Beim Arbeiten mit AutoCAD stehen für die Darstellung von Koordinaten und Winkel verschiedene Einheitensysteme zur Verfügung. Mit Hilfe des Befehls EINHEIT kann man sich die aktuellen Formate für

- Koordinaten-Einheitensysteme,
- Winkel-Maßeinheiten und
- Winkel-Rechnungen

anzeigen und im Dialog ändern. Diese Vorgehensweise wird aktiviert durch die Eingabe:

Befehl: **EINHEIT** <RETURN>

Hinweis: Standard-Einheitensystem

Standardmäßig wird als Einheitensystem das Dezimalsystem mit zwei Nachkommastellen festgesetzt.

Hinweis: Rechengenauigkeit

Intern arbeitet AutoCAD stets mit der größtmöglichen Genauigkeit. Die festgelegten Formate haben nur Bedeutung für die Anzeige der einzelnen Werte.

Beispiel 13-6: Anzeigen und Ändern von Einheitensystemen

```
Befehl: EINHEIT <RETURN>              Beispiel
Einheitensysteme:

1. Wissenschaftl                       1.55E+01
2. Dezimal                             15.50
3. Engineering                         1'-3.50"
4. Architectural                       1'-3 1/2"
5. Bruch                               15 1/2


Auswahl eingeben, 1 bis 5 <2>: <RETURN>
Anzahl Stellen nach dem Dezimalpunkt (0 bis 8) <2>: <RETURN>

Winkel

1. Dezimalgrad                         42.5
2. Grad/Minuten/Sekunden               42d30'0.00"
3. Grad                                47.2222g    (gon)
4. Bogenmass                           0.7418r     (rad)
5. Feldmass                            N47d30'0"0

Auswahl eingeben, 1 bis 5 <2>: 1 <RETURN>
Anzahl Dezimalstellen fuer Winkel (0 bis 8) <4>: 2 <RETURN>

Winkelrichtung 0d0'0":

Osten 3 Uhr        =      0d0'0"
Norden 12 Uhr      =      90d0'0"
Westen 9 Uhr       =      180d0'0"
Sueden 6 Uhr       =      270d0'0"

Winkelrichtung eingeben 0d0'0" <0d0'0">: <RETURN>

Sollen Winkel im Uhrzeigersinn gemessen werden? <N> <RETURN>
```

Wichtige Informationen über die aktuellen Zeichenmodi, wie z.B. Rastermodus oder
Objektfangmodi, und über weitere Parameter für die aktuelle Zeichnung, wie z.B.
den Namen und die Anzahl der Elemente der Zeichnung, erhält man mit dem Befehl
STATUS. Die Eingabe hierfür ist:

> Befehl: **STATUS** **< RETURN >**

Beispiel 13-7: Status-Ausgabe für aktuelle Zeichnung

Für die aktuelle Zeichnung mit dem Namen "Winkel" soll eine Status- Ausgabe
erfolgen.

```
Befehl: STATUS < RETURN >
191 Elemente in Winkel
Limiten sind          X:          0.00       198.00
                      Y:          0.00       285.00
Zeichnung benutzt     X:         22.00       183.80
                      Y:         10.70       185.00
Anzeige               X:          0.00       467.28
                      Y:          0.00       285.00
Einfuegebasis ist     X:          0.00       Y:     0.00   Z:     0.00
Fangaufloesung ist    X:          5.00       Y:     5.00
Rasterwert ist        X:          5.00       Y:     5.00

Aktueller Layer:   0
Aktuelle Farbe:    VONLAYER -- 7 (weiss)
Aktueller Linientyp:   VONLAYER -- AUSGEZOGEN
Aktuelle Erhebung:  0.00   Objekthoehe:  0.00
Skala Aus  Fuellen Ein  Raster Ein  Ortho Ein   Qtext Aus   Fang Aus   Tablett Aus
Objektfangmodi: Endpunkt, Schnittpunkt
Freier Speicher (RAM):  3552 Bytes          Freier Disk: 17688576 Bytes
I/O Seitenspeicher:   120K Bytes
```

14 Layer-Technik

14.1 Der Befehl LAYER

In AutoCAD können in verschiedenen Ebenen Zeichnungen erstellt werden. Man
nennt diese einzelnen Zeichnungsebenen auch Layer und kann sie über ihren Namen
ansprechen. Man kann sich das Arbeiten mit Layern wie das Zeichnen auf verschiedenen Klarsichtfolien vorstellen, die man deckungsgleich übereinanderlegen kann. So
ist es z.B. zweckmäßig, für eine Werkstattzeichnung die Kontur, die Mittellinien, die
Schraffur und die Bemaßung jeweils in ein spezielles Layer zu zeichnen. Man erhält
die vollständige Werkstattzeichnung, wenn man alle Layer gleichzeitig sichtbar
macht. Die oben beschriebene Vorgehensweise nennt man auch Layer- oder Ebenen-
technik.

Beispiel 14-1: Darstellung eines Drehkörpers

Ein Drehkörper ist in geeigneter Form in Layertechnik darzustellen.

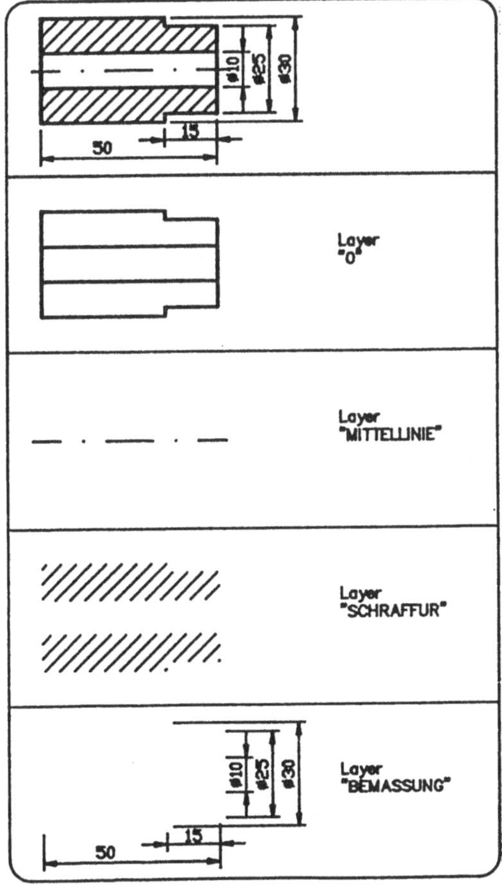

Die Zahl der Layer ist nicht begrenzt. Jedem Layer wird eine Farbnummer und ein Linientyp zugeordnet. Die Zahl der sichtbaren Layer kann beliebig festgelegt werden. Unabhängig davon werden Zeichnungselemente, die auf mehreren Layern vorhanden sind, bei Änderungen in einem Layer automatisch in allen anderen Layern geändert.

Hinweis: Standard-Layer

Standardmäßig ist der Layer 0 mit dem Linientyp AUSGEZOGEN und der Farbe 7 (weiß) als aktueller Layer eingestellt.

Mit dem Befehl LAYER bestehen folgende Möglichkeiten:

- Auflisten von Informationen über Layer,
- Erstellen eines neuen Layers,
- Festlegen des aktuellen Layers,
- Festsetzen einer Farbe,
- Festsetzen eines Linientyps,
- Ein- und Ausschalten eines Layers und
- "Einfrieren" und "Auftauen" eines Layers.

Nach der Eingabe:

        Befehl: **LAYER < RETURN >**
        ?/Mach/Setzen/Neu/Ein/Aus/Farbe/LTyp/FRieren/Tauen:

stehen zehn Optionen zur Verfügung. Das Arbeiten mit dem Befehl LAYER wird durch Drücken der RETURN-Taste beendet.

Option ?: Auflisten von Layer-Informationen

Mit dieser Option erfolgt eine Ausgabe von Informationen für eine beliebige Anzahl von Layern. Für welche Layer die Ausgabe erfolgen soll, wird in folgender Form abgefragt:

        Layername(n), die aufgelistet werden sollen < * > :

Bei Eingabe eines "*" erfolgt die Ausgabe für alle Layer.

Beispiel 14-2: Auflisten von Informationen für alle Layer

Für alle Layer sind Informationen auszugeben.

```
Befehl: LAYER <RETURN>
?/Mach/Setzen/Neu/Ein/Aus/Farbe/Ltyp/FRieren/Tauen: ? <RETURN>
Layername(n), die aufgelistet werden sollen <*>: <RETURN>

Layername          Zustand     Farbe       Linientyp
---------------    ---------   ---------   ---------------
0                  Ein         7 (weiss)   AUSGEZOGEN
MITTELLINIE        Ein         1 (rot)     STRICHPUNKT
BEMASSUNG          Aus         7 (weiss)   AUSGEZOGEN
SCHMALE            Ein         4 (cyan)    AUSGEZOGEN
SCHRAFFUR          Ein         7 (weiss)   AUSGEZOGEN

Aktueller Layer: 0
```

Beispiel 14-3: Auflisten von Informationen für einige Layer

Es soll nur für die Layer 0 und MITTELLINIE die entsprechende Information
ausgegeben werden.

```
Befehl: LAYER <RETURN>
?/Mach/Setzen/Neu/Ein/Aus/Farbe/Ltyp/FRieren/Tauen: ? <RETURN>
Layername(n), die aufgelistet werden sollen <*>: 0, MITTELLINIE <RETURN>

Layername          Zustand     Farbe       Linientyp
---------------    ---------   ---------   ---------------
0                  Ein         7 (weiss)   AUSGEZOGEN
MITTELLINIE        Ein         1 (rot)     STRICHPUNKT

Aktueller Layer: 0
```

Hinweis: Layernamen mit Jokerzeichen

Bei der Eingabe von Layernamen können die Jokerzeichen "?" und "*" in gewohn-
ter Weise verwendet werden.

Option M: Erzeugen (Mach) eines neuen Layers

Hiermit kann ein neuer Layer erzeugt werden. Diesem wird die Linienart AUS-
GEZOGEN und die Farbe 7 (weiß) zugeordnet. Die Eingabe des neuen Layerna-
mens erfolgt mit:

```
Neuer aktueller Layer <0>:
```

Im Anschluß daran ist der eingegebene Layer der aktuelle Layer.

Beispiel 14-4: Erzeugen eines neuen Layers

Es ist ein Layer mit dem Namen VERDECKT zu erzeugen. Durch anschließendes Auflisten aller Layer soll die Ausführung kontrolliert werden.

```
Befehl: LAYER <RETURN>
?/Mach/Setzen/Neu/Ein/Aus/Farbe/Ltyp/FRieren/Tauen: M <RETURN>
Neuer aktueller Layer <0>: VERDECKT <RETURN>
?/Mach/Setzen/Neu/Ein/Aus/Farbe/Ltyp/FRieren/Tauen: ? <RETURN>
Layername(n), die aufgelistet werden sollen <*>: <RETURN>


Layername        Zustand      Farbe          Linientyp
--------------   ---------    ----------     --------------
0                Ein          7 (weiss)      AUSGEZOGEN
MITTELLINIE      Ein          1 (rot)        STRICHPUNKT
BEMASSUNG        Aus          7 (weiss)      AUSGEZOGEN
SCHMALE          Ein          4 (cyan)       AUSGEZOGEN
SCHRAFFUR        Ein          7 (weiss)      AUSGEZOGEN
VERDECKT         Ein          7 (weiss)      AUSGEZOGEN

Aktueller Layer: VERDECKT
```

Option S: Festsetzen des aktuellen Layers

Mit der Anfrage:

    Neuer aktueller Layer <Vorgabe>:

und der Eingabe eines Namens für einen existierenden Layer wird dieser als aktueller Layer festgelegt.

Hinweis: Aktueller Layer

Es kann immer nur im aktuellen Layer gezeichnet werden.

Option N: Erzeugen mehrerer neuer Layer

Mit dieser Option können mehrere neue Layer jeweils mit dem Linientyp AUSGEZOGEN und der Farbe 7 (weiß) erzeugt werden, ohne daß sich der aktuelle Layer ändert. Die Eingabe der neuen Layernamen erfolgt im Dialog:

    Neue Layername(n):

Option A: Ausschalten mehrerer Layer

Hiermit werden Layer ausgeschaltet, d.h., sie sind nicht auf dem Bildschirm sichtbar und werden auch nicht geplottet. Als Bestandteil der Zeichnung bleiben sie aber gespeichert und können gegebenenfalls mit der Option E wieder sichtbar gemacht werden. Die Eingabe der auszuschaltenden Layer erfolgt im Dialog:

    Layername(n) zum Ausschalten:

Option E: Einschalten mehrerer Layer

Mit dieser Option können ausgeschaltete Layer wieder eingeschaltet, d.h. sichtbar gemacht werden. Die Eingabe der einzuschaltenden Layer erfolgt auf die Nachfrage:

    Layername(n) zum Einschalten:

Beispiel 14-5: Ein- und Ausschalten von Layern

Der Layer BEMASSUNG soll eingeschaltet und die Layer SCHRAFFUR und VERDECKT ausgeschaltet werden.

```
Befehl: LAYER <RETURN>
?/Mach/Setzen/Neu/Ein/Aus/Farbe/Ltyp/FRieren/Tauen: EIN <RETURN>
Layername(n), zum Einschalten: BEMASSUNG <RETURN>
?/Mach/Setzen/Neu/Ein/Aus/Farbe/Ltyp/FRieren/Tauen: AUS <RETURN>
Layername(n), zum Ausschalten: SCHRAFFUR, VERDECKT <RETURN>
?/Mach/Setzen/Neu/Ein/Aus/Farbe/Ltyp/FRieren/Tauen:  <RETURN>
```

Option F: Farbe für Layer festlegen

Mit dieser Option kann die Farbe für mehrere Layer festgesetzt werden. Die Eingabe der Farbe und der Layernamen erfolgt im Dialog:

    Farbe:
    Layername(n) für Farbe gewaehlt <Vorgabe>:

Die Farbe wird i.a. durch ihre zugehörige Farbnummer (ganze Zahl zwischen 1 und 255) festgelegt.

Hinweis: Standardfarben

Die Eingabe der Standardfarben

- 1 für Rot
- 2 für Gelb
- 3 für Grün
- 4 für Cyan
- 5 für Blau
- 6 für Magenta
- 7 für Weiß

kann nicht nur durch die Farbnummer, sondern auch durch die zugehörige Bezeichnung erfolgen.

Option L: Linientyp für Layer festlegen

Mit dieser Option kann der Linientyp für mehrere Layer festgesetzt werden. Die
Eingabe erfolgt mit:

    Linientyp (oder ?) <Vorgabe>:
    Layername(n) für Linientyp gewaehlt <Vorgabe>:

Beispiel 14-6: Farbe und Linientyp festsetzen

Es sollen folgende Festsetzungen durchgeführt werden:

- Farbe Gelb für Layer BEMASSUNG,
- Farbe Grün für Layer VERDECKT und
- Linientyp Verdeckt für Layer VERDECKT

```
Befehl: LAYER  <RETURN>
?/Mach/Setzen/Neu/Ein/Aus/Farbe/Ltyp/FRieren/Tauen: F  <RETURN>
Farbe: 2<RETURN>
Layername(n) fuer Farbe 2 (gelb)  <MITTELLINIE>: BEMASSUNG  <RETURN>
?/Mach/Setzen/Neu/Ein/Aus/Farbe/Ltyp/FRieren/Tauen: F  <RETURN>
Farbe: GRUEN  <RETURN>
Layername(n) fuer Farbe 3 (gruen)  <MITTELLINIE>: VERDECKT  <RETURN>
?/Mach/Setzen/Neu/Ein/Aus/Farbe/Ltyp/FRieren/Tauen: L  <RETURN>
Linientyp (oder ?)  <STRICHPUNKT>: VERDECKT  <RETURN>
Layername(n) fuer Linientyp VERDECKT  <STRICHPUNKT>: VERDECKT  <RET.>
?/Mach/Setzen/Neu/Ein/Aus/Farbe/Ltyp/FRieren/Tauen: ?  <RETURN>
Layername(n), die aufgelistet werden sollen  <*>:  <RETURN>

Layername          Zustand      Farbe        Linientyp
-------------      ----------   ----------   -------------------
0                  Ein          7 (weiss)    AUSGEZOGEN
MITTELLINIE        Ein          1 (rot)      STRICHPUNKT
BEMASSUNG          Ein          2 (gelb)     AUSGEZOGEN
SCHMALE            Ein          4 (cyan)     AUSGEZOGEN
SCHRAFFUR          Aus          7 (weiss)    AUSGEZOGEN
VERDECKT           Aus          3 (gruen)    VERDECKT

Aktueller Layer: MITTELLINIE
```

Option FR: Einfrieren mehrerer Layer

Hiermit wird das sogenannte Einfrieren von Layern durchgeführt. Die Eingabe
der einzufrierenden Layer erfolgt im Dialog:

    Layername(n), zum FRieren:

Hinweis: Eingefrorene Layer

Eingefrorene Layer werden - wie ausgeschaltete Layer - nicht auf dem Bildschirm angezeigt und nicht geplottet. Ferner werden sie beim Regenerieren einer
Zeichnung, z.B. mit dem Befehl REGEN, ignoriert. Der Aufbau einer Zeichnung
erfolgt damit schneller.

Beispiel 14-7: Einfrieren eines Layers

Der Layer VERDECKT soll eingefroren werden.

```
Befehl: LAYER <RETURN>
?/Mach/Setzen/Neu/Ein/Aus/Farbe/Ltyp/FRieren/Tauen: FR <RETURN>
Layername(n), zum FRieren: VERDECKT <RETURN>
?/Mach/Setzen/Neu/Ein/Aus/Farbe/Ltyp/FRieren/Tauen: ? <RETURN>


Layername        Zustand     Farbe       Linientyp
--------------   ---------   ---------   --------------------
0                Ein         7 (weiss)   AUSGEZOGEN
MITTELLINIE      Ein         1 (rot)     STRICHPUNKT
BEMASSUNG        Ein         2 (gelb)    AUSGEZOGEN
SCHMALE          Aus         4 (cyan)    AUSGEZOGEN
SCHRAFFUR        Aus         7 (weiss)   AUSGEZOGEN
VERDECKT         Gefroren    3 (gruen)   VERDECKT

Aktueller Layer: MITTELLINIE
```

Option T: Auftauen von eingefrorenen Layer

Mit dieser Option werden eingefrorene Layer wieder aufgetaut, d.h. aktiviert.
Die Eingabe hat die Form:

```
Layername(n), zu Tauen:
```

Aufgabe 14-1: Zeichnen eines Drehkörpers

Der unten abgebildete Drehkörper ist wie folgt zu zeichnen:

- Zeichnen der Vollinien auf Layer 0 mit Farbe Weiß,
- Zeichnen der Mittellinien auf Layer MITTELLINIE mit Farbe Rot,
- Zeichnen der Schraffur auf Layer SCHRAFFUR mit Farbe Cyan,
- Ausführen der Bemaßung auf Layer BEMASSUNG mit Farbe Gelb

und unter dem Namen "D_Körper" abzuspeichern.

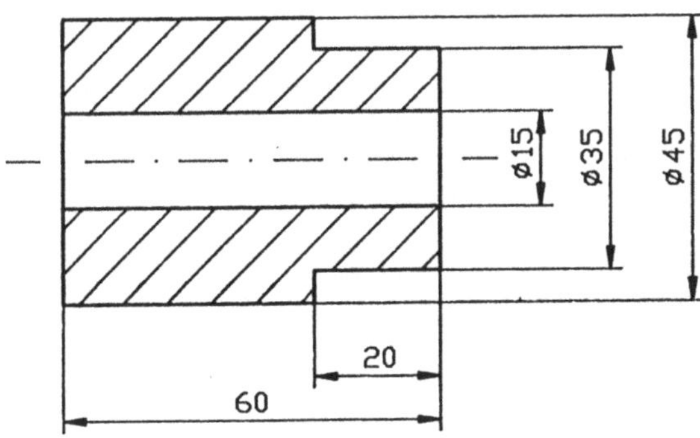

Aufgabe 14-2: Zeichnen einer Fräsplatte

Zeichnen Sie die abgebildete Fräsplatte mit Bemaßung und Beschriftung; dabei sollte folgendes beachtet werden:

- Zeichnen der Außenkontur und der Mittellinien auf dem Layer RAHMEN,
- Zeichnen der Langlöcher und der Beschriftung auf dem Layer BOHRUNG,
- Ausführen der Bemaßung auf dem Layer BEMASSUNG,
- Abspeichern der Zeichnung unter dem Namen "F_Platte".

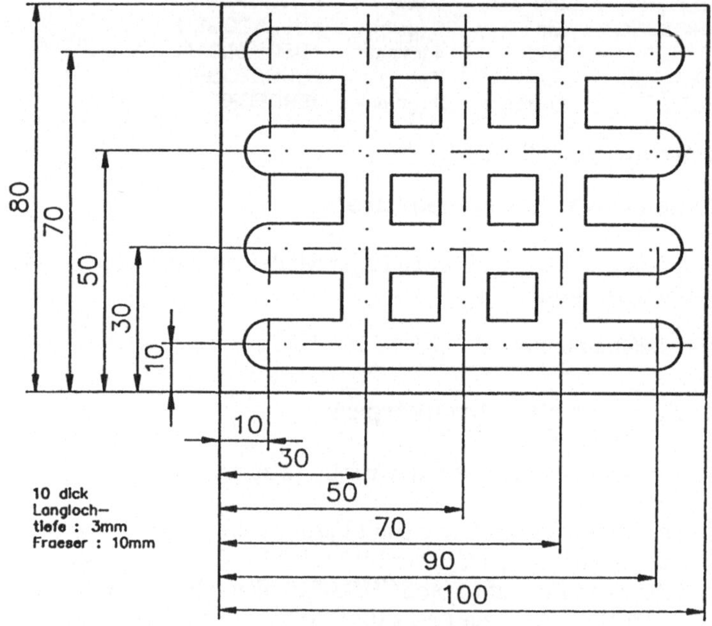

14.2 Umbenennen und Löschen von Layern

Mit dem Befehl UMBENENN und BEREINIG können Layer umbenannt bzw. gelöscht werden. Prinzipiell sind diese Befehle in AutoCAD auf alle benannten Objekttypen anwendbar, d.h. im einzelnen auf:

- Layer,
- Linientypen,
- Textstile,
- Blöcke und
- benannte Ausschnitte.

Mit dem Befehl UMBENENN kann ein beliebiger benannter Objekttyp umbenannt
werden. Nach der Eingabe:

>   Befehl: **UMBENENN** **<RETURN>**
>   Block/LAyer/LTyp/Textstil/Ausschnitt:

werden die fünf möglichen Objekttypen zur Auswahl angeboten.

Option LA: Layer umbenennen

Es sind der alte und der neue Name des umzubenennenden Layers im Dialog einzugeben:

>   Alter Layer Name:
>   Neuer Layer Name:

Beispiel 14-8: Umbenennen eines Layers

Der Layer BOHRUNG soll in LANGLOCH umbenannt werden.

>   Befehl: **UMBENENN** **<RETURN>**
>   Block/LAyer/LTyp/Textstil/Ausschnitt: **LA** **<RETURN>**
>   Alter Layer Name: **BOHRUNG** **<RETURN>**
>   Neuer Layer Name: **LANGLOCH** **<RETURN>**

**Optionen B, LT, T und A: Block, Linientyp, Textstile bzw. benannter
Ausschnitt umbenennen**

Diese Optionen werden analog zur Option LA ausgeführt. Im Dialog ist der alte
und der neue Name des gewählten Objekttyps einzugeben:

>   Alter gewaehlter Objekttyp Name:
>   Neuer gewaehlter Objekttyp Name:

Hinweis: Nicht umzubenennende Objekttypen

Der Layer 0 und der Linientyp AUSGEZOGEN können nicht umbenannt
werden.

Das Löschen eines benannten Objekttyps einer bereits existierenden Zeichnung
erfolgt mit dem Befehl BEREINIG. Die Eingabe dieses Befehls erfolgt mit:

```
Befehl: BEREINIG <RETURN>
Bereinigung unbenutzter Bloecke/LAyer/LTypen/Symbole/Textstile/Alle:
```

und stellt sechs Optionen zur Verfügung.

Option LA: Layer löschen

Es werden alle Layer der Zeichnung zum Löschen angeboten. Ein angebotener
Layer wird gelöscht, falls ein "J" für Ja eingegeben wird.

Beispiel 14-9: Löschen von Layern

In einer Zeichnung sollen die Layer VERDECKT und TEXT gelöscht werden.

```
Befehl: BEREINIG <RETURN>
Bereinigung nicht benutzter Bloecke/LAyer/LTypen/Symbole/Textstile/Alles:   LA <RET>
Bereinigen Layer MITTELLINIE? <N> <RETURN>
Bereinigen Layer VERDECKT <N> J <RETURN>
Bereinigen Layer SCHRAFF <N> <RETURN>
Bereinigen Layer TEXT <N> J <RETURN>
```

Optionen B, LT, S und T: Blöcke, Linientypen, Symbole bzw. Textstile löschen

Analog zur Option LA werden alle Objekte des gewählten Objekttyps zum
Löschen angeboten.

Option A: Alles löschen

Es werden alle Blöcke, Layer, Linientypen, Symbole und Textstile zum Löschen
angeboten.

Hinweis: Nicht zu löschende Objekttypen

Der Layer 0, der Linientyp AUSGEZOGEN und der Textstil STANDARD
können nicht gelöscht werden.

Hinweis: Anwendung des Befehls BEREINIG

Der Befehl BEREINIG kann nur unmittelbar nach dem Aufruf des Zeichnungseditors als erster Befehl angewendet werden.

15 Das Arbeiten mit Blöcken

15.1 Das Erzeugen von Blöcken

In AutoCAD können Elemente einer Zeichnung oder Teilzeichnungen zu einem
Block zusammengefaßt und unter einem Namen abgespeichert werden. Über diesen
sogenannten Blocknamen kann auf ein solches zusammengesetztes Zeichnungsobjekt
jederzeit zugegriffen werden, um es z.B. in eine andere Zeichnung einzufügen. Man
kann sich auf diese Weise seine eigene Norm- und Wiederholteile-Bibliothek zusam-
menstellen und diese beim weiteren Zeichnen benutzen, und zwar mit beliebigen
Maßstäben und Drehwinkeln.

Hinweis: Blockname

Ein Blockname kann - wie jeder Name eines benannten Zeichnungsobjekts -
maximal 31 Zeichen lang sein, dabei sind Buchstaben, Ziffern, das Dollarzeichen,
der Bindestrich und der Unterstreichungsstrich zulässig.

Man unterscheidet zwei Arten von Blöcken:

- interne Blöcke und
- externe Blöcke.

Interne Blöcke werden nur in der Zeichnung, in der sie erzeugt werden, abgespei-
chert. Externe Blöcke werden dagegen unter einem Dateinamen als Datei auf einer
Diskette oder Festplatte abgespeichert. Das Erzeugen von internen und externen
Blöcken wird mit dem Befehl BLOCK bzw. WBLOCK durchgeführt.

Nach dem Aufruf des Befehls BLOCK mit:

```
Befehl: BLOCK <RETURN>
Blockname (oder ?):
```

stehen zwei Optionen zur Verfügung.

Option ?: Auflisten aller internen Blöcke

Es werden alle Blocknamen der in einer Zeichnung definierten Blöcke ausgegeben.

Beispiel 15-1: Interne Blöcke auflisten

```
Befehl: BLOCK  <RETURN>
Blockname (oder ?): ?  <RETURN>
Definierte Bloecke.
DIN_A4Q
 DIN_A4H
 DIN_A3Q
 DIN_A3H
 OF1
 OF2
 OF3
 OF4
8 Benutzerbloecke, 32 unbenannte Bloecke.
```

Option Blockname: Erzeugen eines internen Blocks

Nach der Eingabe des Blocknamens sind im Dialog der Basispunkt für diesen
Block und die zusammenzufassenden Objekte der Zeichnung festzulegen. Der
Basispunkt legt für eventuelle spätere Einfügungen des Blockes in eine Zeich-
nung den Bezugspunkt fest. Die Eingabe erfolgt in der Form:

> Basispunkt der Einfügung:
> Objekte waehlen:

Das Festlegen von Objekten wird durch das Drücken der RETURN-Taste
beendet.

Nach der Eingabe eines bereits existierenden Blocknamens erfolgt ein entsprechender Hinweis:

> Block eingegebener Name existiert bereits
> Neu definieren? <N>

Bei Eingabe von "J" erfolgt das Festlegen des Basispunktes und der Objekte wie
oben, und der Block wird neu definiert.

Beispiel 15-2: Internen Block erzeugen

Ein in einer Zeichnung vorhandenes Oberflächenzeichen soll als Block unter
dem Namen "O_ZEICHEN" abgelegt werden.

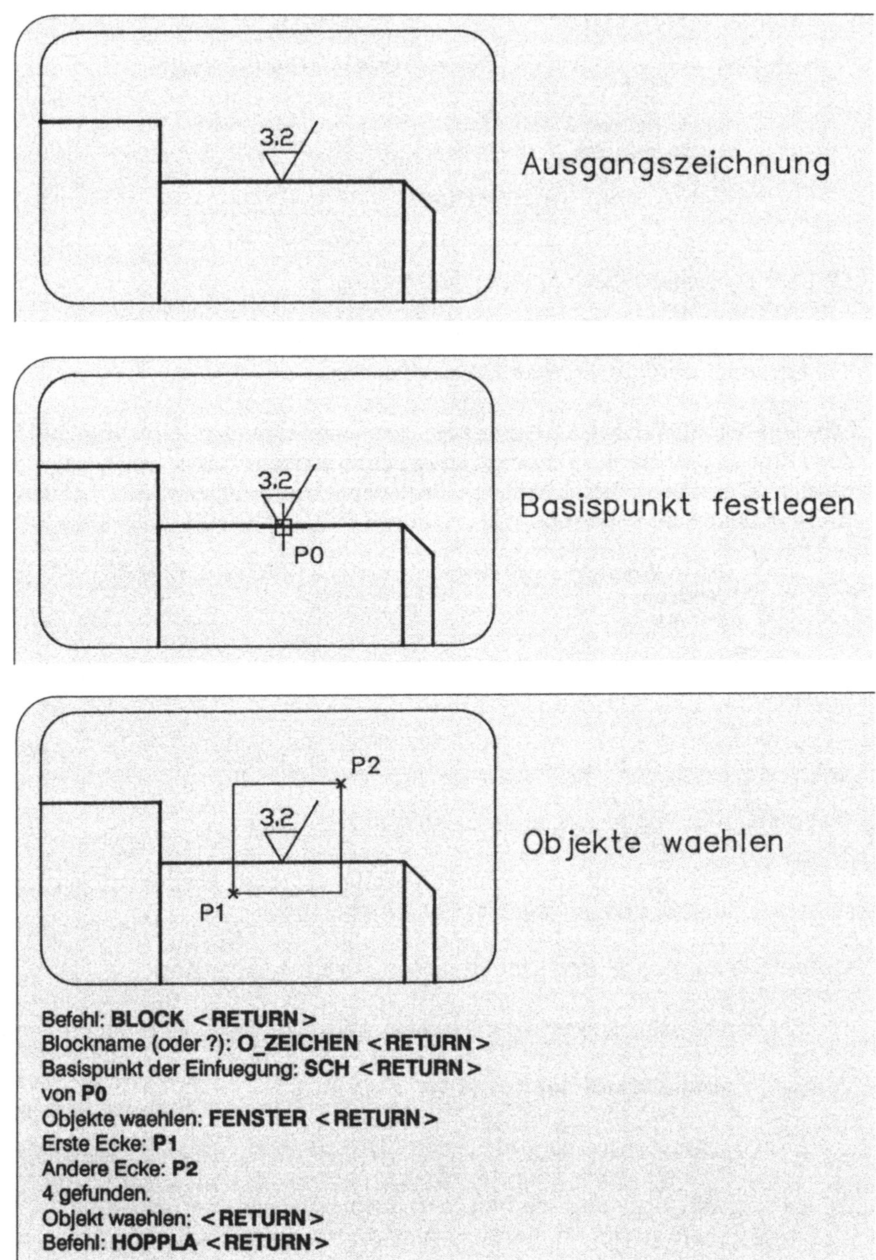

Befehl: **BLOCK <RETURN>**
Blockname (oder ?): **O_ZEICHEN <RETURN>**
Basispunkt der Einfuegung: **SCH <RETURN>**
von **P0**
Objekte waehlen: **FENSTER <RETURN>**
Erste Ecke: **P1**
Andere Ecke: **P2**
4 gefunden.
Objekt waehlen: **<RETURN>**
Befehl: **HOPPLA <RETURN>**

Hinweis: Automatisches Löschen des Blockes

Nach der Definition und dem Abspeichern eines Blockes wird dieser auf dem Bildschirm gelöscht. Mit dem Befehl HOPPLA wird die Löschung rückgängig gemacht.

Beispiel 15-3: Eingabe eines existierenden Blocknamens

```
Befehl: BLOCK < RETURN >
Blockname (oder ?): DIN_A4H < RETURN >
Block DIN_A4H existiert bereits.
Neu definieren? < N > < RETURN >
```

Hinweis: Umbenennen und Löschen von Blöcken

Die Befehle UMBENENN und BEREINIG werden wie für Layer auch zum Umbenennen und Löschen von Blöcken benutzt.

Mit dem Befehl WBLOCK können die gesamte Zeichnung oder Teile von dieser, d.h. auch Blöcke, als externer Block auf einer Diskette oder Festplatte abgespeichert werden. Ein externer Block kann in eine andere Zeichnung eingefügt werden. Der Eingabedialog hat die Form:

```
Befehl: WBLOCK < RETURN >
Dateiname:
Blockname:
```

Die Eingabe des Dateinamens hat ohne das Suffix DWG zu erfolgen, da dieses automatisch von AutoCAD gesetzt wird.

Bei der Eingabe des Blocknamens bestehen vier Optionen.

Option Name: Festlegen eines existierenden Blocks

Der zugehörige existierende Block zum eingegebenen Namen wird abgespeichert. Hierbei sind die Jokerzeichen ? und * zulässig.

Option = : Festlegen des Blocknamens durch Dateinamen

Für den Blocknamen wird der vorher eingegebene Dateiname übernommen.

Option *: Abspeichern der gesamten Zeichnung

Die gesamte Zeichnung wird auf einer Diskette oder Festplatte abgespeichert. Diese Option hat eine ähnliche Wirkung wie der Befehl SICHERN mit der Ausnahme, daß nicht benutzte Blöcke nicht abgespeichert werden. Mit dem Befehl BASIS sollte vorher für diese Zeichnung ein Einfüge-Basispunkt festgelegt worden sein.

Option Leereingabe: Festlegen der zusammenzufassenden Elemente

Nach dem Drücken der LEER- oder RETURN-Taste werden analog zum Befehl
BLOCK der Basispunkt und die zusammenfassenden Elemente im Dialog wie
folgt festgelegt:

```
Einfuege-Basispunkt:
Objekte waehlen:
```

Die ausgewählten Objekte werden nach Beendigung der Blockdefinition in der
Zeichnung gelöscht und sind mit dem Befehl HOPPLA wieder zu zeichnen.

Beispiel 15-4: Externen Block erzeugen

Ein Teil einer Zeichnung soll unter dem Namen "Stift" auf dem aktuellen Laufwerk abgespeichert werden.

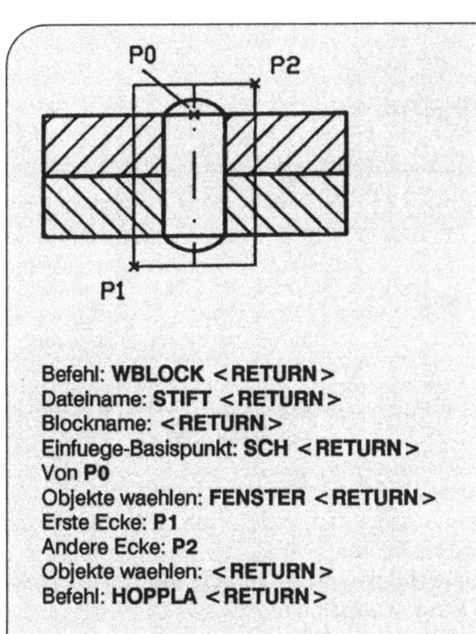

15.2 Das Einfügen von Blöcken

Das Einfügen von Blöcken in eine Zeichnung kann mit den Befehlen EINFUEGE
und MEINFUEG realisiert werden; dabei können interne Blöcke nur in die Zeichnung eingefügt werden, in der sie abgespeichert sind. Externe Blöcke können in beliebige andere Zeichnungen eingefügt werden.

Nach der Eingabe des Befehls EINFUEGE mit:

```
Befehl: EINFUEGE <RETURN>
Blockname (oder ?):
```

stehen zwei Optionen zur Auswahl.

Option ?: Auflisten aller verfügbaren Blöcke

Es werden alle verfügbaren internen Blöcke aufgelistet.

Option Name: Einfügen eines Blockes

Nach der Eingabe des Namens des einzufügenden internen oder externen
Blockes sind im Dialog der Einfügepunkt, die Maßstabsfaktoren und der Drehwinkel festzulegen:

```
Einfuegepunkt:
X Faktor <1> / Eckpunkt / XYZ:
Y Faktor <Vorgabe=X>:
Drehwinkel <0>:
```

Bei der Eingabe des X-Faktors bestehen dabei drei Möglichkeiten, und zwar:

-   direkte Eingabe eines Wertes,
-   indirekt über die Eingabe eines Eckpunkts, wobei dieser die rechte obere
    Ecke und der Einfügepunkt die linke untere Ecke eines Rechtecks festlegt,
    durch das die Maßstabsfaktoren bestimmt sind.
-   Auswahl für dreidimensionale Blöcke mit anschließender Eingabe von drei
    Maßstabsfaktoren und des Drehwinkels.
-

Hinweis: Interne Darstellung eines eingefügten Blocks

Nach dem Einfügen eines Blockes stellt dieser in der Zeichnung ein Element dar,
d.h., es können Teile des Blocks nicht einzeln gelöscht werden, sondern der
Block nur in seiner Gesamtheit.

Beispiel 15-5: Internen Block einfügen

Das Oberflächenzeichen aus Beispiel 15-2 soll an einer anderen Stelle der Zeichnung im Maßstab 2:1 und um 45° gedreht eingefügt werden.

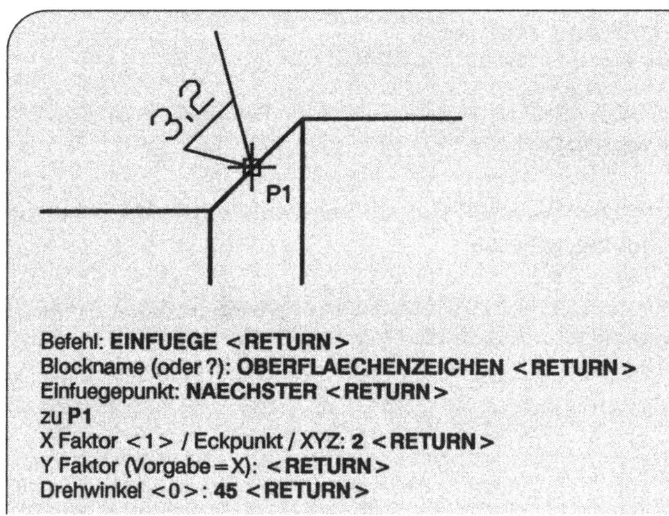

Hinweis: Spiegelung eines Blockes

Für negative Werte des X- oder Y-Faktors wird der Block gespiegelt eingefügt.

Beispiel 15-6: Internen Block gespiegelt einfügen

Das Oberflächenzeichen soll nun im Maßstab 1:1 und an der Y-Achse gespiegelt eingefügt werden.

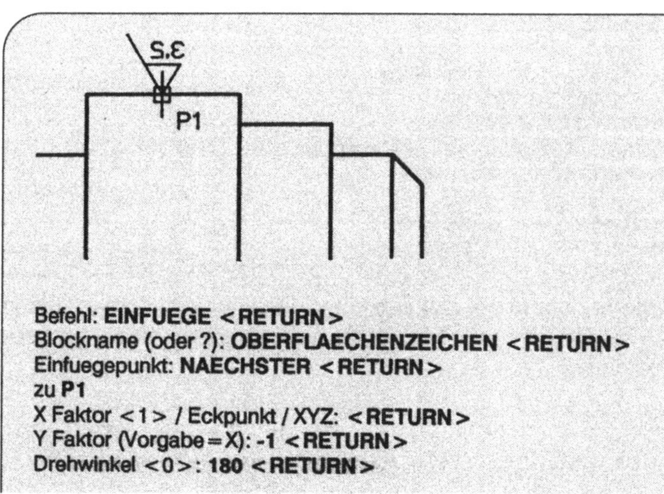

Hinweis: Einfügen im Originalzustand

Soll ein Block im Originalzustand eingefügt werden, so sind die Vorgaben für die
Maßstabsfaktoren und den Drehwinkel nur zu bestätigen. Man kann hier durch
Voranstellen des Sternzeichens vor dem Blocknamen:

```
Befehl: EINFUEGE  < RETURN >
Blockname (oder ?): *Name  < RETURN >
```

erreichen, daß nach dem Einfügen die Elemente des eingefügten Blockes einzeln
angesprochen werden können.

Beispiel 15-7: Internen Block einfügen mit anschließender Änderung von Blockelementen

Das Oberflächenzeichen soll zweimal in eine Zeichnung eingefügt werden. Im
Anschluß daran soll die waagerechte Linie im Oberflächenzeichen gelöscht und
der Text für das rechte Zeichen von 3.2 auf 6.4 geändert werden.

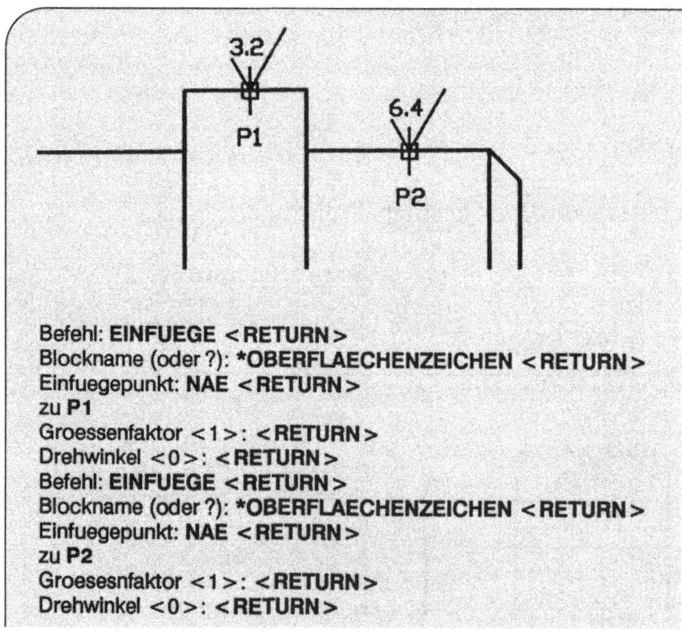

Danach sind die Elemente des eingefügten Blockes einzeln ansprechbar, und mit
dem Befehl LOESCHEN und TEXT können die vorgesehenen Änderungen vorgenommen werden.

Mit dem Befehl EINFUEGE können - wie bereits gesagt - auch externe Blöcke in eine Zeichnung eingefügt werden. Von großem Vorteil ist es, wenn man vollständige Zeichnungen für Norm- und Wiederholteile als externe Blöcke ablegt und sich auf diese Weise eine kleine Norm- und Wiederholteile-Bibliothek schafft. Beim Erstellen neuer Zeichnungen kann man dann auf diese zurückgreifen.

Beispiel 15-8: Externen Block einfügen

Eine Sechskantschraube M20, die in der Zeichnungsdatei SKS-M20 im Laufwerk B: abgelegt ist, soll in eine Zeichnung eingefügt werden.

Die Datei SKS-M20.DWG kann mit dem Befehl WBLOCK wie im vorangegangenen Unterabschnitt besprochen erzeugt werden oder mit dem Befehl SICHERN in folgender Weise:

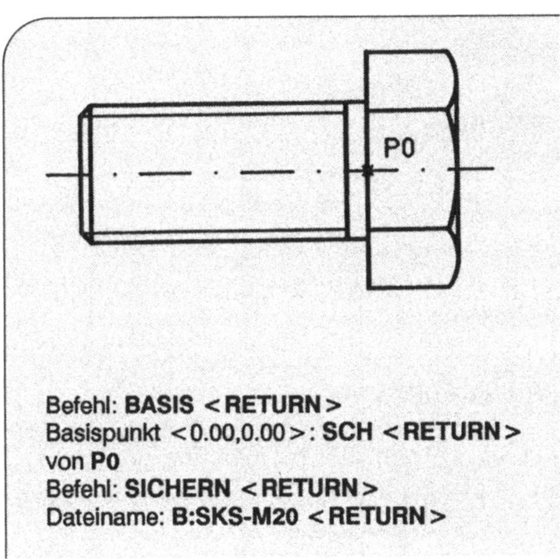

Hinweis: Festlegen eines Basispunktes

Es ist zweckmäßig, für abzulegende Zeichnungen mit dem Befehl BASIS einen Basispunkt für eventuelle spätere Einfügungen festzulegen. Automatisch wird als Basispunkt (0.00,0.00) gewählt.

Das eigentliche Einfügen der Sechskantschraube in die Zeichnung erfolgt mit:

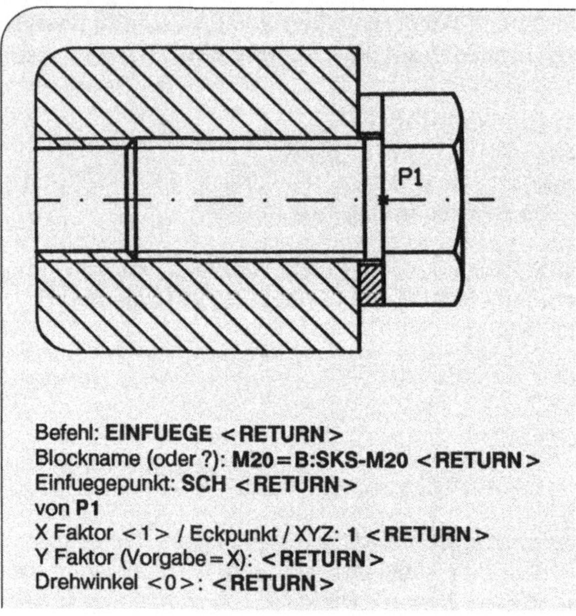

Nach dem Einfügen ist die Sechskantschraube als Block mit dem Namen M20 in der
Zeichnung vorhanden. Soll der Name des neuen Blockes gleich dem ursprünglichen
Dateinamen sein, so hätte man einzugeben:

> Befehl: EINFUEGE < RETURN >
> Blockname (oder ?): B:SKS-M20 < RETURN >

Die Laufwerks-Angabe wird dabei nicht für den Blocknamen übernommen, d.h. die
eingefügte Sechskantschraube wäre in diesem Fall in die Zeichnung als Block mit
dem Namen SKS-M20 eingefügt.

Hinweis: Norm- und Wiederholteile-Bibliothek

Zwecks Speicherplatzeinsparung ist es von Vorteil, die Norm- und Wiederholteile nicht als einzelne Dateien abzulegen, sondern sie gemeinsam in einer Datei abzuspeichern, z.B. in der Datei B:Normteile.

Falls eine solche umfassende Norm- und Wiederholteile-Datei existiert, könnte
das Einfügen prinzipiell wie folgt vorgenommen werden:

> Befehl: EINFUEGE < RETURN >
> Blockname (oder ?): B:NORMTEILE < RETURN >
> Einfuegepunkt: 0,0 < RETURN >
> Groessenfaktor < 1 >: < RETURN >
> Drehwinkel < 0 >: < RETURN >

Danach sind alle Norm- und Wiederholteile in der Zeichnung verfügbar und
können mit dem Befehl EINFUEGE aufgelistet und eingefügt werden. Nicht benötigte Blöcke können mit dem Befehl BEREINIG gelöscht werden.

Mit dem Befehl MEINFUEG können mehrfache Einfügungen eines Blockes vorgenommen werden. Da dieser Befehl sich auch durch die Kombination der Befehle
EINFUEGE und REIHE (siehe Abschnitt 16.2) realisieren läßt, wird auf ihn an
dieser Stelle nicht näher eingegangen.

Aufgabe 15-1: Verbindung zweier Platten

Die unten dargestellte Plattenverbindung mit zwei Sechskantschrauben M24x50
nach DIN 933 ist mit Hilfe der Block-Technik zu zeichnen. Man gehe dabei wie
folgt vor:

- Zeichnen einer Sechskantschraube M24x50 nach DIN 933 (siehe Tabellen-
  buch Metall) und Abspeichern unter dem Namen "SKS-M24"
- Zeichnen der beiden Platten im Schnitt ohne Bemaßung
- Löschen der Linien, die durch das Einfügen der Schraube verdeckt werden
- Einfügen der Schraube in das linke und rechte Gewinde und Abspeichern der
  Zeichnung unter dem Namen "Platten".

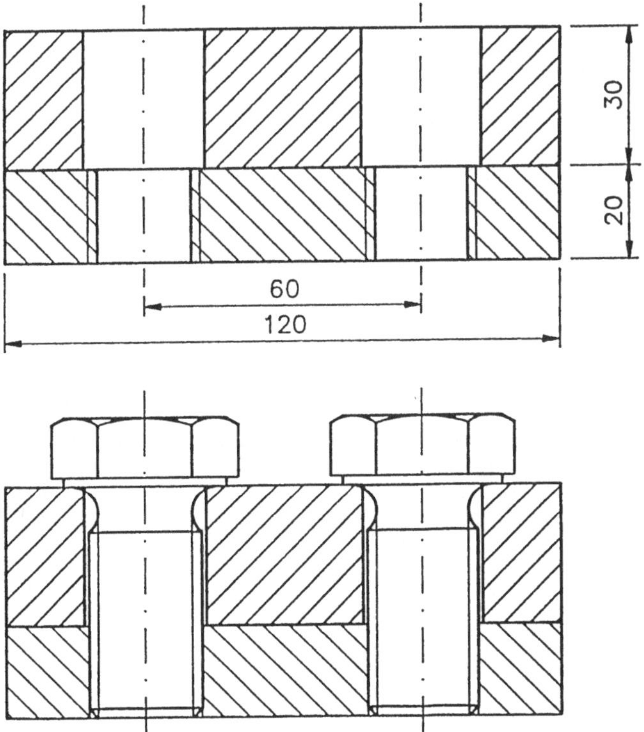

16 Das Manipulieren von Zeichnungen

16.1 Das Verschieben und Spiegeln von Objekten

Mit den Befehlen SCHIEBEN und SPIEGELN lassen sich beliebige Objekte einer
Zeichnung verschieben bzw. spiegeln. Man hat hiermit die Möglichkeit, an Zeichnun-
gen ohne großen Aufwand Änderungen vornehmen zu können. Mit dem Befehl
SCHIEBEN lassen sich z.B. Elemente, die in einer Zeichnung an einer falschen
Stelle gezeichnet worden sind, relativ einfach in die richtige Lage verschieben. Die
Eingabe erfolgt mit:

> **Befehl: SCHIEBEN <RETURN>**
> Objekte waehlen:
> Basispunkt oder Verschiebung:
> Zweiter Punkt der Verschiebung:

Es sind zunächst ein oder mehrere Objekte in üblicher Weise auszuwählen und anschließend die Art der Verschiebung festzulegen.

Für die Objektauswahl bestehen folgende Möglichkeiten:

- Einzelauswahl durch Anpicken eines Objektes,
- Auswahl aller Objekte, die vollständig innerhalb eines Fensters liegen, durch
  die Eingabe von F,
- Auswahl aller Objekte, die vollständig oder teilweise innerhalb eines Fensters
  liegen, durch die Eingabe von K,
- Übernahme der beim letzten Mal gewählten Objekte durch die Eingabe von
  Vorher und
- Übernahme des zuletzt bearbeiteten Objektes durch die Eingabe von Letztes.

Die Objektauswahl wird durch Drücken der RETURN-Taste beendet.

Die Verschiebung kann auf zwei Arten festgelegt werden, und zwar in folgender
Weise:

- direktes Festlegen des Verschiebungsvektors durch Eingabe der Werte für
  die Verschiebung in x- und y-Richtung oder
- indirektes Festlegen des Verschiebungsvektors durch Anpicken der Lage
  eines Punktes vor und nach der Verschiebung.

Beispiel 16-1: Verschieben mit Einzelauswahl

Verschieben eines Kreises um 20 nach rechts und um 30 nach unten.

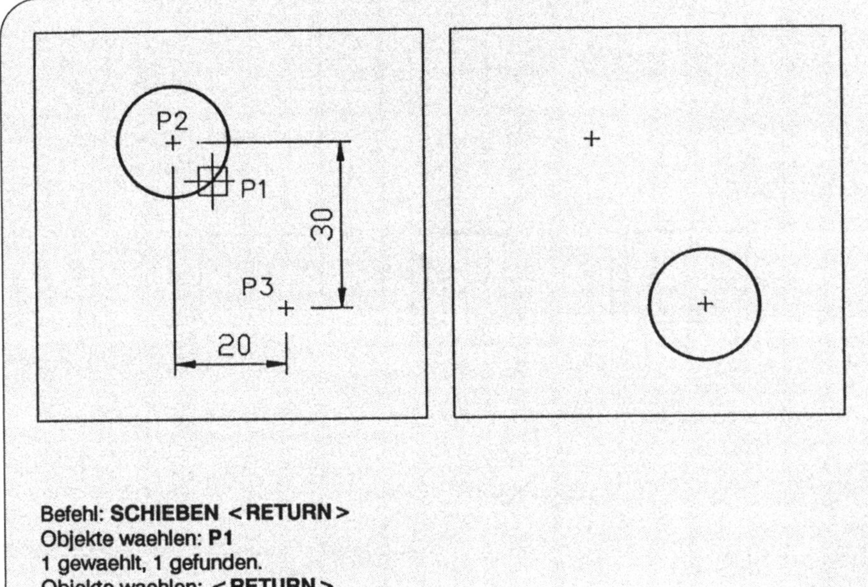

Befehl: SCHIEBEN <RETURN>
Objekte waehlen: **P1**
1 gewaehlt, 1 gefunden.
Objekte waehlen: **<RETURN>**
Basispunkt der Verschiebung: **20 <RETURN>**
Zweiter Punkt der Verschiebung: **-30 <RETURN>**

Beispiel 16-2: Verschieben mit Auswahl durch Fenster

Ein Drehmeißel ist wie abgebildet an das zu fertigende Drehteil zu verschieben.

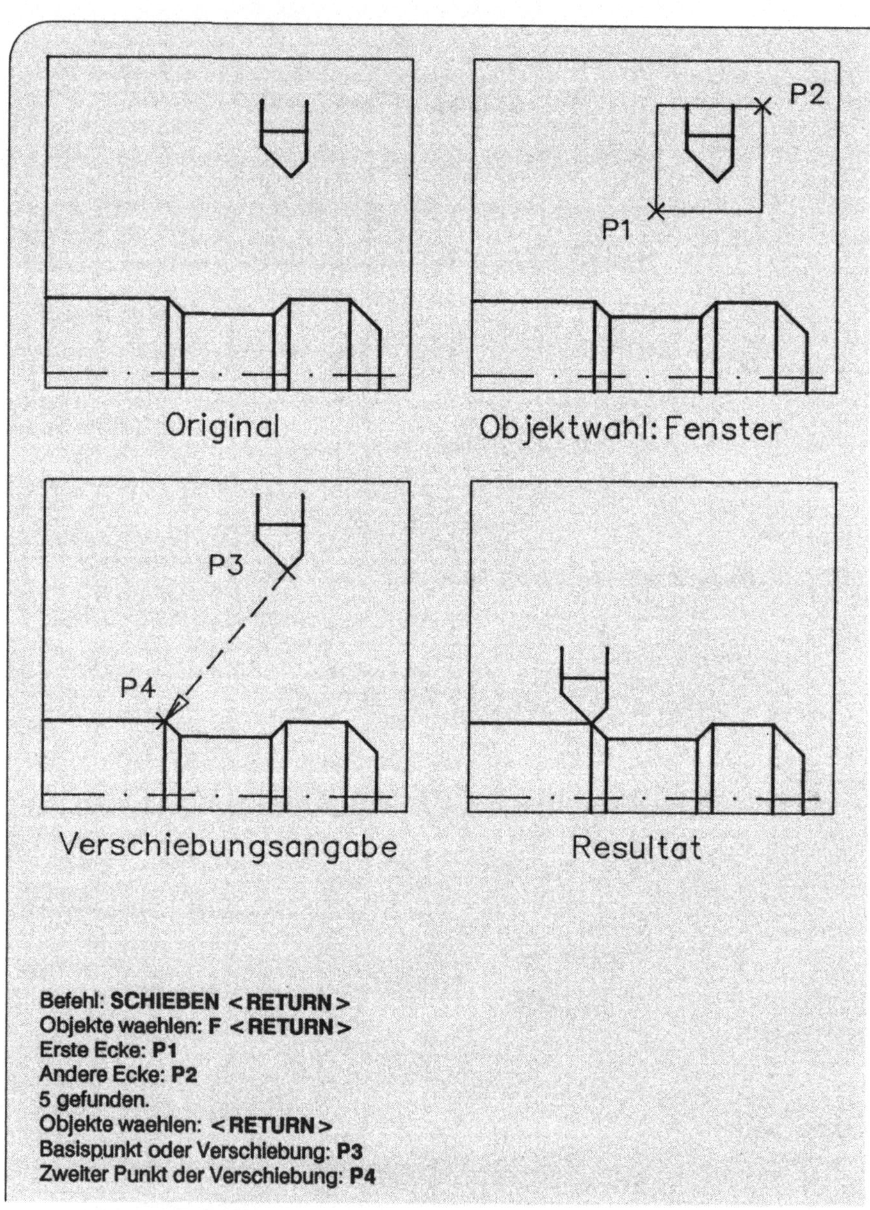

Hinweis: Ursprungslage eines Objektes nach dem Verschieben

Nach dem Verschieben ist das Objekt in seiner ursprünglichen Lage nicht mehr
vorhanden.

Aufgabe 16-1: Verschieben eines Quadrates

Ein Quadrat mit der Kantenlänge 20 ist zunächst in der Mitte des Zeichnungsbereiches zu zeichnen und dann wie unten angegeben in verschiedene Lagen zu verschieben. Zweckmäßigerweise verschiebe man das Quadrat vor einer weiteren
Verschiebung zunächst wieder in die Ursprungslage.

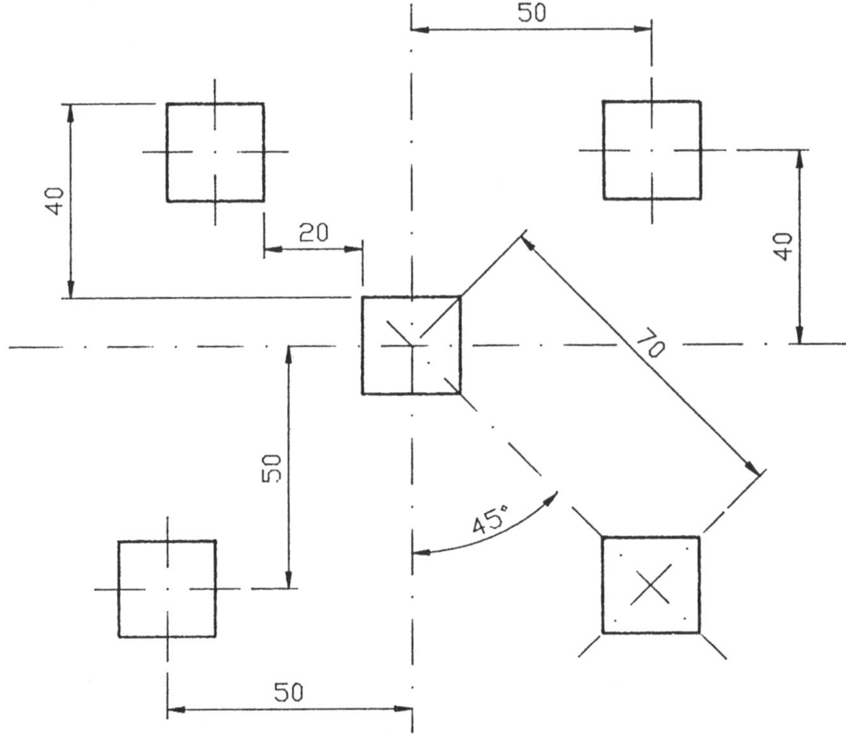

Mit dem Befehl SPIEGELN können Objekte an einer durch Eingabe festzulegenden
Achse gespiegelt werden; dabei können die Objekte nach der Spiegelung wahlweise
weiterhin in ihrer ursprünglichen Lage vorhanden sein oder nicht. Der Befehl
SPIEGELN ist beim Zeichnen symmetrischer Teile von besonderem Nutzen.

Das Arbeiten mit dem Befehl SPIEGELN erfolgt in der Form:

```
Befehl: SPIEGELN <RETURN>
Objekte waehlen:
Erster Punkt der Spiegelachse:
Zweiter Punkt:
Alte Objekte loeschen? <N>
```

Die Objektauswahl kann wie beim Befehl SCHIEBEN vorgenommen werden. Das Festlegen der beiden Punkte für die Spiegelachse kann erfolgen durch:

-   Anpicken der jeweiligen Punkte oder
-   Koordinateneingabe für die jeweiligen Punkte.

Anschließend kann gewählt werden, ob die Objekte nach der Spiegelung in ihrer ursprünglichen Lage vorhanden sein sollen oder nicht.

Hinweis: Spiegeln von Texten

Ein Text erscheint i.a. nach der Spiegelung in Spiegelschrift. Besitzt die Systemvariable MIRRTEXT den Wert Null, so erscheint ein Text nach dem Spiegeln in normaler Schrift.

Beispiel 16-3: Zeichnen eines symmetrischen Vollschnitts

Das unten abgebildete Drehteil ist im Vollschnitt darzustellen.

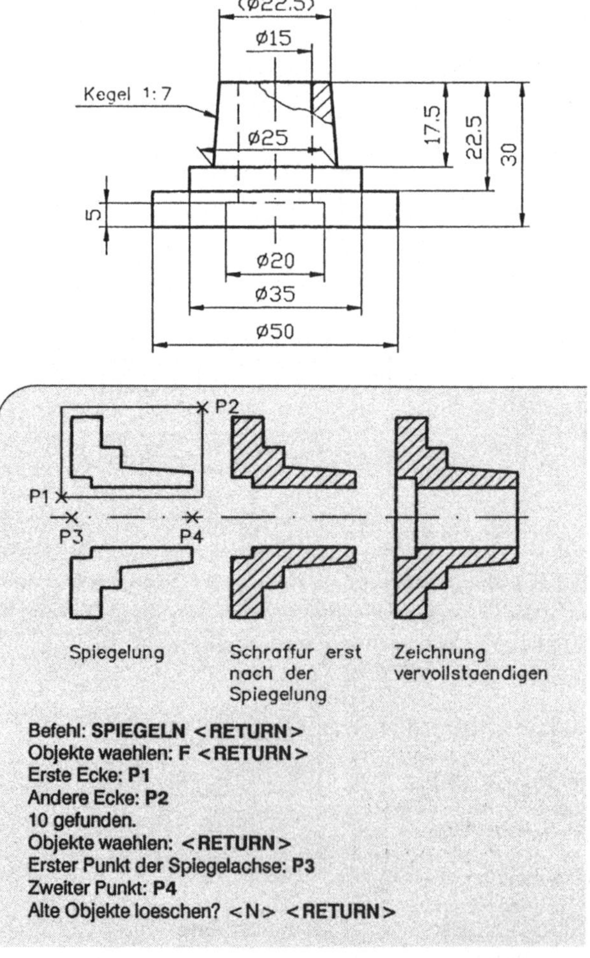

Aufgabe 16-2: Zeichnen eines Werkstücks

Die angegebenen Ansichten eines Werkstücks sind zu zeichnen und zu bemaßen.
Beim Erstellen der Zeichnung sollen die vorhandenen Symmetrieeigenschaften
sinnvoll zum Spiegeln benutzt werden. Die erstellte Zeichnung soll unter dem
Namen "W_Stück" abgespeichert werden.

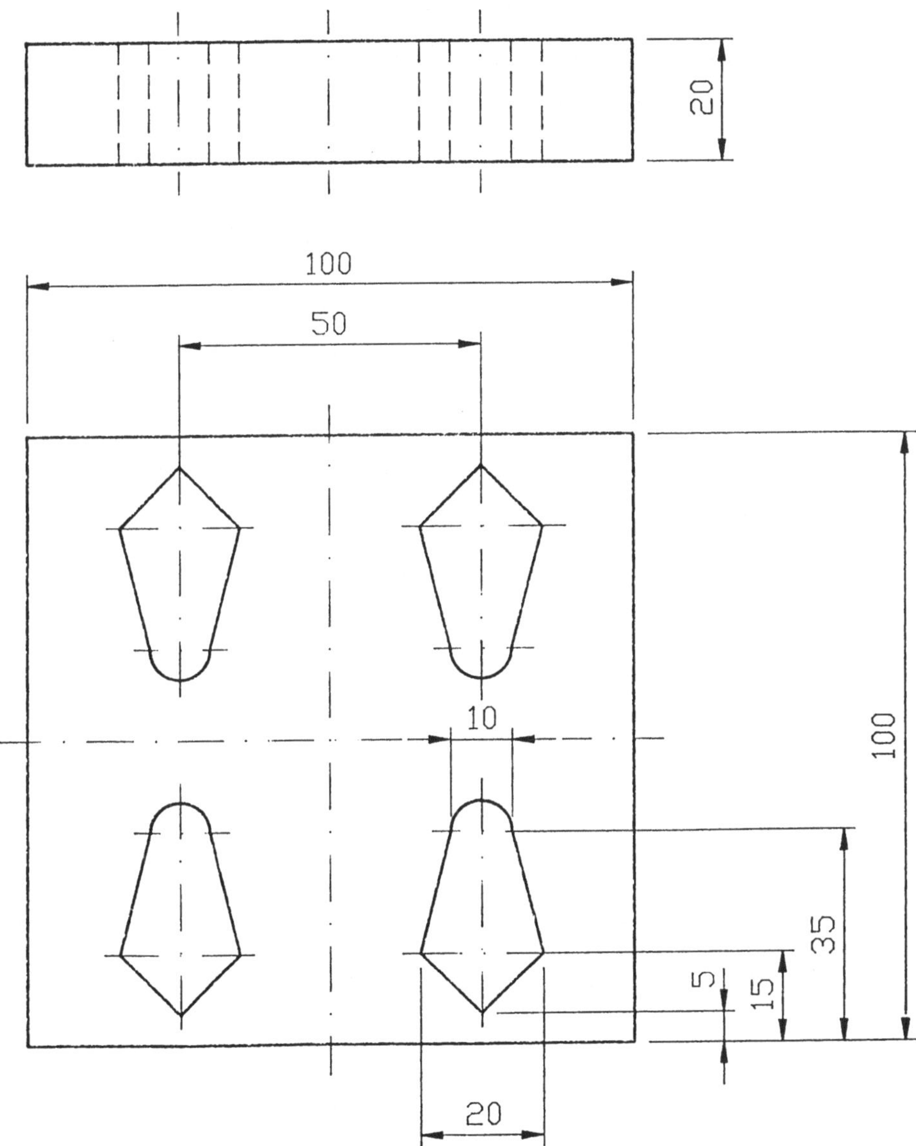

16.2 Das Kopieren von Objekten

Beim Kopieren eines Objektes wird dieses in einer anderen Lage neu gezeichnet und
bleibt in seiner Ursprungslage erhalten. Es ist einfaches und mehrfaches Kopieren
eines Objektes möglich. Zum Kopieren von Objekten stehen in AutoCAD die
Befehle KOPIEREN und REIHE zur Verfügung; dabei ermöglicht der Befehl
REIHE das Kopieren in eine bestimmte Anordnung.

Nach der Eingabe des Befehls KOPIEREN in der Form:

```
Befehl: KOPIEREN <RETURN>
Objekte waehlen:
 <Basispunkt oder Verschiebung>/Mehrfach:
```

und der anschließenden Objektwahl bestehen für die ausgewählten Objekte die
beiden Möglichkeiten:

- einfaches Kopieren durch das Anpicken des Basispunktes oder durch Eingabe
  der Verschiebung und
- mehrfaches Kopieren durch die Eingabe von M.

Der weitere Dialog entspricht dem beim Verschieben:

```
Zweiter Punkt der Verschiebung:
```

Nach der Eingabe des noch fehlenden Wertes für die neue Lage werden die ausgewählten Objekte an dieser Stelle neu gezeichnet.

Beim mehrfachen Kopieren sind folgende Eingaben erforderlich:

```
Basispunkt:
Zweiter Punkt der Verschiebung:
```

Es können nacheinander mehrere zweite Punkte festgelegt werden, für die jeweils
eine Kopie der gewählten Objekte erstellt wird. Durch Drücken der RETURN-Taste
erfolgt hier das Beenden des Kopierens.

Beispiel 16-4: Mehrfaches Kopieren eines Oberflächenzeichens

Ein vorhandenes Oberflächenzeichen soll an zwei Stellen durch Kopieren neu gezeichnet werden.

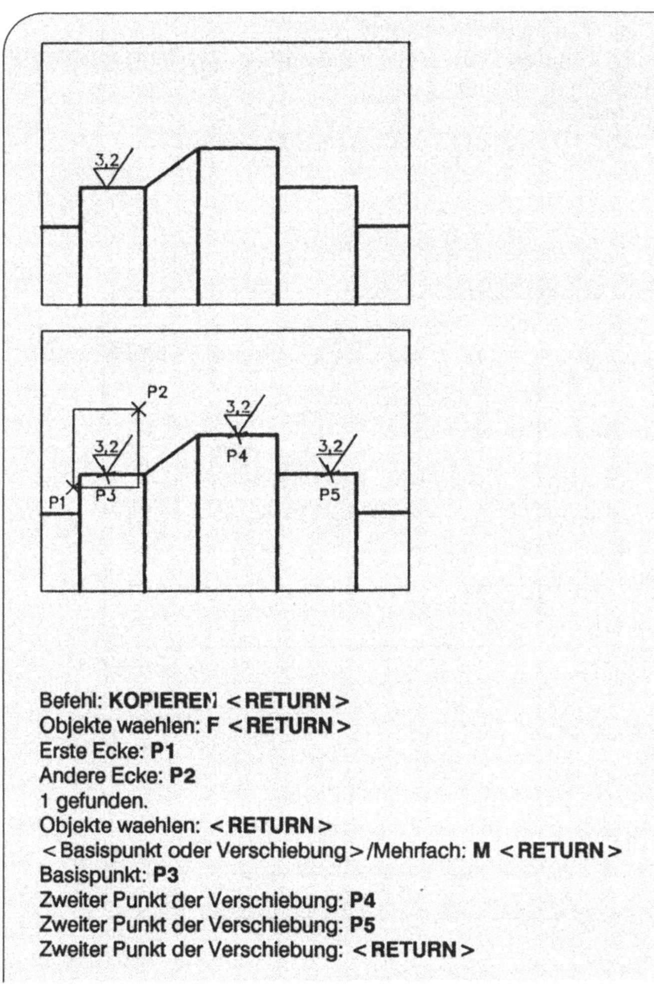

Hinweis: Original-Kopie

Nach Abschluß des Kopierens besteht zwischen Original und Kopie kein Zusam-
menhang. Die durch Kopieren neu erstellten Objekte werden wie "normal" gezeichnete Objekte behandelt.

Aufgabe 16-3: Zeichnen einer Platte mit Durchbrüchen

Zeichnen Sie die abgebildete Platte mit Bemaßung und Bohrung und gehen Sie
dabei wie folgt vor:

- Laden der Zeichnung mit dem Namen "F_Platte" aus Aufgabe 14-2
- Ausschalten des Layers BOHRUNG
- Zeichnen des rechten oberen Durchbruchs
- Zeichnen der weiteren Durchbrüche mit Hilfe des Befehls KOPIEREN
- Vervollständigen der Bemaßung
- Ändern des Textes
- Abspeichern der Zeichnung unter dem Namen "L_Platte"

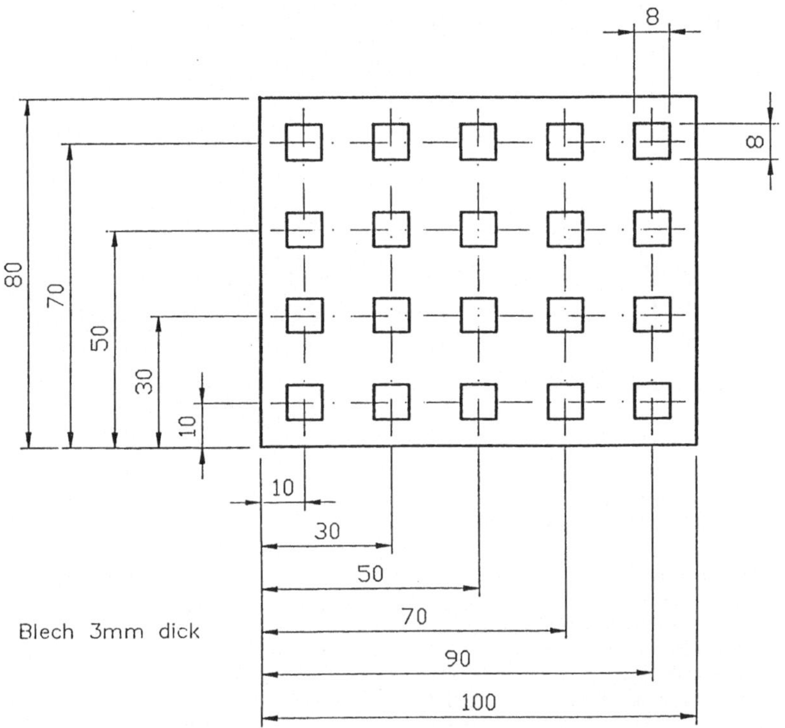

Im Gegensatz zum Befehl KOPIEREN ermöglicht der Befehl REIHE ein mehrfaches Kopieren von ausgewählten Objekten, so daß sich anschließend eine rechteckige oder kreisförmige Anordnung ergibt.

Nach der Eingabe des Befehls REIHE in der Form:

> Befehl: **REIHE <RETURN>**
> Objekte waehlen:
> Rechteckige oder polare Anordnung (R/P):

und der Objektauswahl kann durch die Eingabe von R oder P eine rechteckige bzw. kreisförmige (polare) Anordnung gewählt werden.

Für eine rechteckige Anordnung sind folgende Eingaben erforderlich:

> Anzahl Reihen (---) <1>:
> Anzahl Kolonnen (| | |) <1>:
> Zelle oder Abstand zwischen den Reihen (---):
> Abstand zwischen den Kolonnen (| | |):

Hiermit erfolgt die Festlegung der Anzahl der Zeilen (Reihen) und Spalten (Kolonnen) der Rechteckanordnung der kopierten Objekte und ferner die Festlegung der Abstände zwischen den Zeilen bzw. den Spalten. Anstelle der Eingabe von Werten für die Abstände können diese indirekt durch das Anpicken zweier diagonaler Eckpunkte festgelegt werden.

Beispiel 16-5: Erzeugen einer Rechteckanordnung mit direkter Eingabe der Abstände

Ein Kreis ist wie unten angegeben mehrfach zu kopieren, so daß sich eine Rechteckanordnung mit zwei Zeilen und fünf Spalten ergibt; dabei sind der Zeilenabstand 20 und der Spaltenabstand 25.

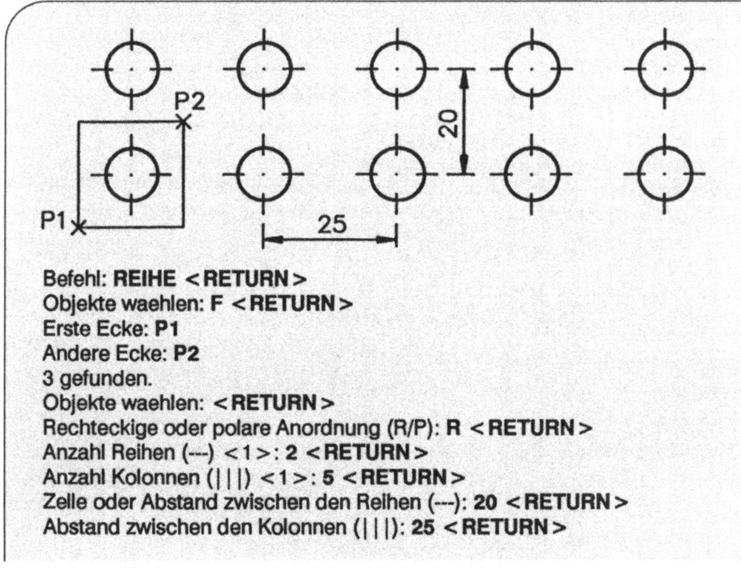

> Befehl: **REIHE <RETURN>**
> Objekte waehlen: **F <RETURN>**
> Erste Ecke: **P1**
> Andere Ecke: **P2**
> 3 gefunden.
> Objekte waehlen: **<RETURN>**
> Rechteckige oder polare Anordnung (R/P): **R <RETURN>**
> Anzahl Reihen (---) <1>: **2 <RETURN>**
> Anzahl Kolonnen (| | |) <1>: **5 <RETURN>**
> Zelle oder Abstand zwischen den Reihen (---): **20 <RETURN>**
> Abstand zwischen den Kolonnen (| | |): **25 <RETURN>**

Hinweis: Eingabe der Zeilen- und Spaltenabstände

Für positive Werte der Abstände wird das zu kopierende Objekt als linke untere
Ecke angenommen, und der Aufbau der Rechteckanordnung erfolgt für die
Zeilen von unten nach oben und für die Spalten von links nach rechts.

Bei der Eingabe von negativen Werten erfolgt der Aufbau entsprechend von
oben nach unten bzw. von rechts nach links.

Beispiel 16-6: Erzeugen einer Rechteckanordnung mit indirektem Festlegen der Abstände

Es ist die gleiche Rechteckanordnung von Kreisen wie im Beispiel 16-5 zu zeichnen, und zwar sollen die Abstände indirekt über zwei diagonale Eckpunkte festgelegt werden.

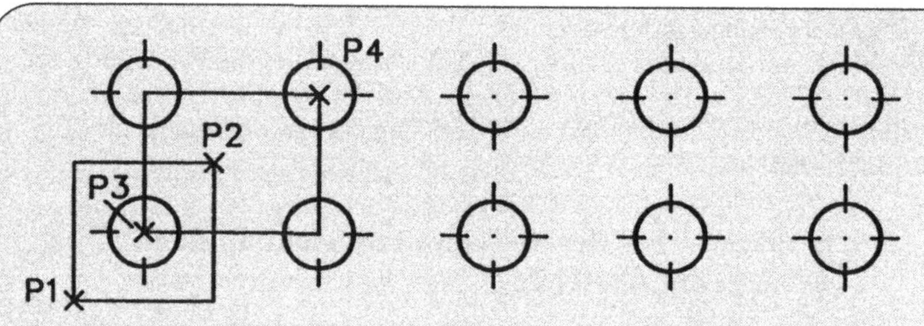

Aufgabe 16-4: Zeichnen einer Platte mit Durchbrüchen

Die Zeichnung aus Aufgabe 16-3 ist zu erstellen, indem Sie beim Kopieren des
Ausgangsquadrates anstelle des Befehls KOPIEREN den Befehl REIHE benutzen. Ansonsten ist wie in Aufgabe 16-3 vorzugehen.

Für eine kreisförmige Anordnung hat man im Dialog:

```
Mittelpunkt der Anordnung:
Anzahl der Elemente:
Auszufuellender Winkel (+ =GUZ, -=UZ) <360>:
```

zunächst den Mittelpunkt der Kreisanordnung und die Anzahl der Objekte - ein-
schließlich des Ausgangsobjekts - festzulegen. Durch den Wert des auszufüllenden
Winkels wird der Sektor für die Kreisanordnung festgelegt. Sind die eingegebenen
Werte für die Anzahl der Elemente und den auszufüllenden Winkel beide ungleich
Null, so wird der Winkel zwischen den Objekten automatisch berechnet. Ist eine der
beiden Werte Null, so muß dieser Winkel im Dialog:

```
Winkel zwischen den Objekten (+ = GUZ, - = UZ):
```

eingegeben werden. In beiden Fällen kann man anschließend mit der Eingabe:

```
Objekte drehen beim Kopieren? <J>
```

entscheiden, ob die kopierten Objekte entsprechend des vorher festgelegten Winkels
gedreht oder nicht gedreht gezeichnet werden sollen.

Hinweis: Winkeleingaben

Winkel werden im mathematisch positiven Sinn (Gegenuhrzeigersinn) als positiv
eingeben.

Beispiel 16-7: Kreisförmige Anordnung eines Quadrates mit Drehung

Ein vorgegebenes Quadrat ist mit seinen Mittellinien achtfach auf einem Vollkreis anzuordnen, dabei soll es beim Kopieren entsprechend seiner Lage gedreht
werden.

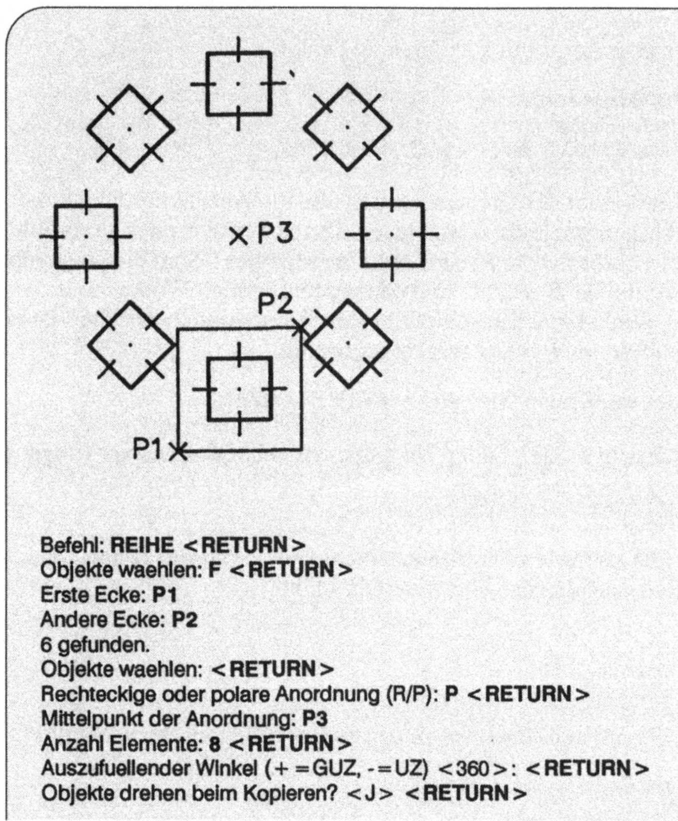

Beim Zeichnen einer kreisförmigen Anordnung von Objekten wird von AutoCAD zunächst für die zu kopierenden Objekte jeweils ein Bezugspunkt und sein Abstand zum
Mittelpunkt ermittelt. Die Wahl des Bezugspunktes hängt von der Art der Objekte
wie folgt ab:

- Einfügepunkt für Punkte,
- Mittelpunkt für Kreise und Kreisbögen,
- Einfügepunkt für Blöcke und Symbole,
- Startpunkt für Texte,
- Endpunkt für Linien und Bänder.

Die einzelnen generierten Objekte werden dann im entsprechenden Abstand zum
Mittelpunkt und im festgelegten Winkel zum vorherigen Objekt angeordnet. Beim

Kopieren ohne Drehung kann es dabei zu nicht befriedigenden Lösungen kommen.
Dies soll mit dem nächsten Beispiel veranschaulicht werden.

Beispiel 16-8: Kreisförmige Anordnung eines Quadrates ohne Drehung

Ein vorgegebenes Quadrat soll mit seinen Mittellinien ohne Drehung achtfach
auf einem Vollkreis angeordnet werden.

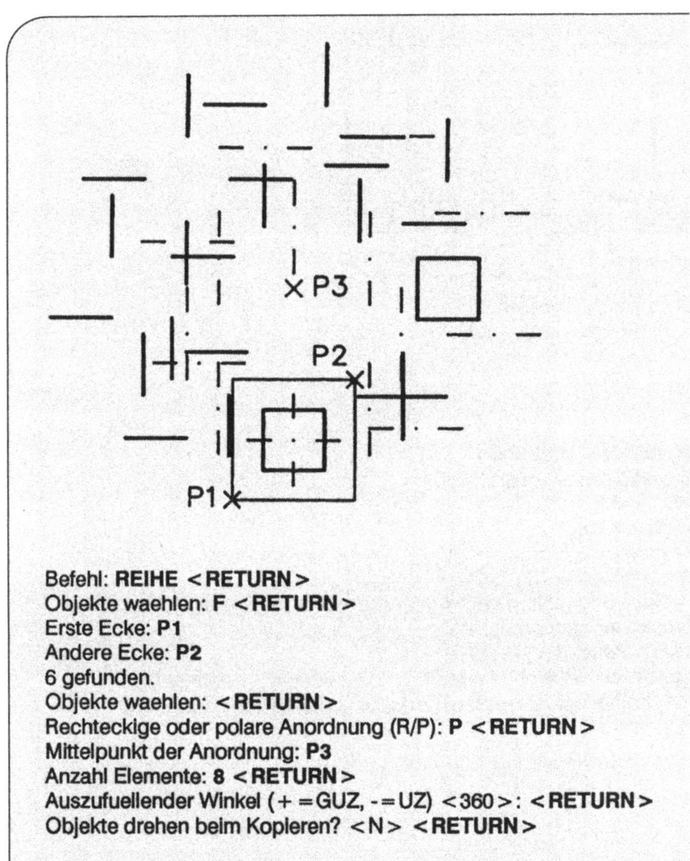

Hinweis: Kopieren ohne Drehung

Beim Kopieren ohne Drehung werden Darstellungen, die sich aus mehreren Objekten zusammensetzen und die nicht als Block definiert sind, u. U. nicht abbil-
dungstreu kopiert. In einem solchen Fall ist es erforderlich, daß die jeweilige
Darstellung als ein Block festgelegt wird.

Beispiel 16-9: Kreisförmige Anordnung eines Quadrates ohne Drehung

Unter der Annahme, daß das zu kopierende Quadrat mit seinen Mittellinien als Block festgelegt ist, soll die gleiche Aufgabenstellung wie in Beispiel 16-8 gelöst werden.

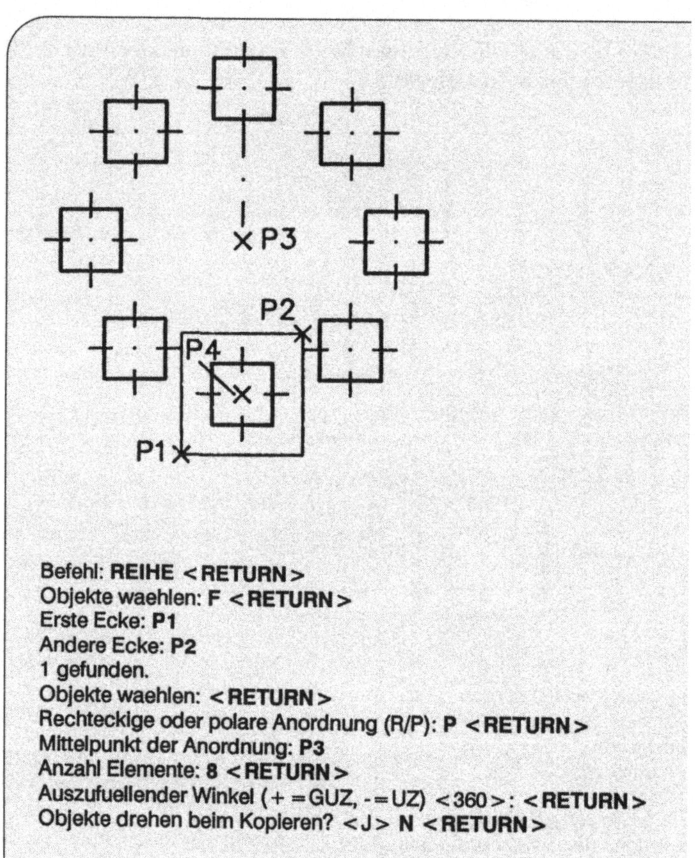

Aufgabe 16-5: Zeichnen einer Bohrplatte

Die untenstehende Bohrplatte ist mit Bemaßung zu zeichnen und unter dem Namen "B_Platte" abzuspeichern.

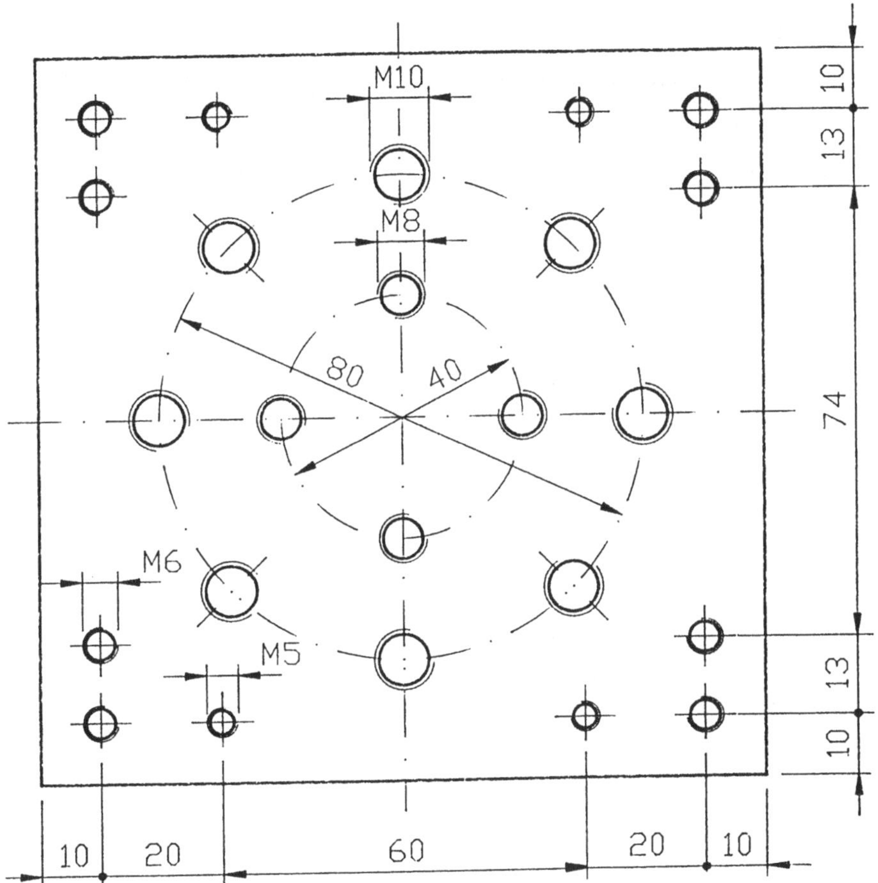

16.3   Das Ändern von Objekten

Weitere Möglichkeiten zum Manipulieren einer Zeichnung sind durch den Befehl
AENDERN gegeben. Mit diesem Befehl können Eigenschaften und Positionen von
Objekten geändert werden.

Nach der Eingabe des Befehles mit:

> Befehl: **AENDERN** < RETURN >
> Objekte waehlen:
> Eigenschaften/ < Modifikationspunkt > :

und der anschließenden Objektwahl stehen zwei Optionen zur Verfügung.

Option EI: Ändern der Eigenschaften von Objekten

Die Auswahl der zu ändernden Eigenschaft erfolgt im Dialog:

> Welche Eigenschaft aendern (Farbe/Erhebung/Layer/LTyp/Objekthoehe)?

Für die Manipulation der ausgewählten Objekte bestehen folgende Eingabemöglichkeiten:

- F   für Ändern der Farbe,
- E   für Ändern der Erhebung,
- LA   für Verschieben von einem Layer auf einen anderen Layer,
- LT   für Ändern des Linientyps und
- O   für Ändern der Objekthöhe.

Die Option LA soll näher durch ein Beispiel behandelt werden, da das Verschieben
von Objekten von einem Layer zu einem anderen Layer für das im nächsten Abschnitt behandelte Erstellen von Zusammenbau-Zeichnungen von Wichtigkeit ist.

Beispiel 16-10: Verschieben von Objekten zwischen Layern

Eine Schraube und eine Mutter sind auf den Layern SCHRAUBE bzw.
MUTTER gezeichnet. Auf dem Layer VERBINDUNG soll die Verbindung der
beiden Teile abgelegt werden, dabei gehe man wie folgt vor:

- Kopieren der beiden Teile in eine Zeichnung
- Definieren des Layers VERBINDUNG
- Verschieben der zusammengesetzten Teile auf den Layer VERBINDUNG

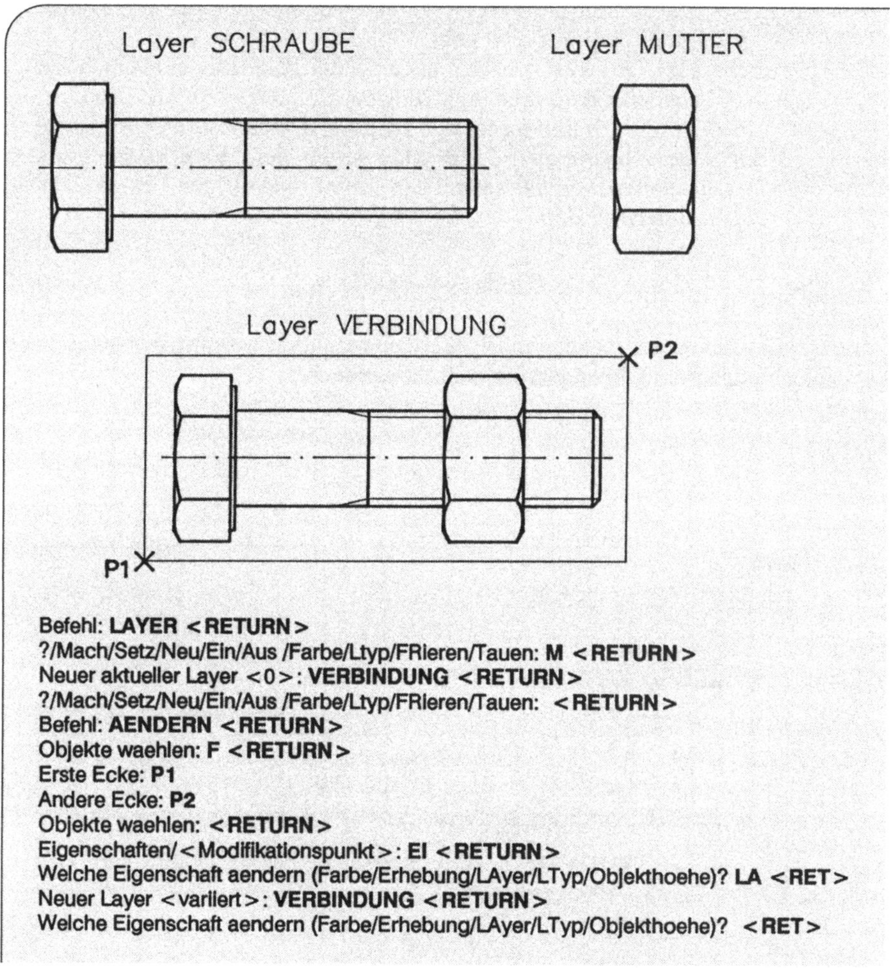

Hinweis: Ändern von Layern

Das Verschieben von einem Layer auf den anderen funktioniert nur, wenn beide
Layer auch vorher definiert worden sind.

Option Modifikationspunkt: Ändern der Lage eines Objektes

Diese Option wird durch die Eingabe eines Punktes ausgewählt. Der eingegebene Punkt wird als Modifikationspunkt für die gewünschten Änderungen der Lage des Objektes benutzt; dabei hängen diese Änderungen im wesentlichen vom Typ des ausgewählten Objektes ab. In Abhängigkeit vom Objekttyp sind folgende Änderungen möglich:

- Linie: Der nächstgelegene Endpunkt der Linie wird in den Modifikationspunkt verschoben.
- Kreis: Der Radius des Kreises wird so geändert, daß der Kreis durch den Modifikationspunkt geht.
- Text: Der Text wird zunächst in den Modifikationspunkt verschoben. Anschließend können im Dialog der Stil, die Höhe und der Drehwinkel des Textes und ferner der Text selbst geändert werden.
- Block: Der Bezugspunkt des Blockes wird in den Modifikationspunkt verschoben, und dann kann der Drehwinkel für den Text im Dialog geändert werden.

Beispiel 16-11: Lage eines Blockes verändern

Die Lage eines vorgegebenen Blockes soll verändert werden. Ferner soll der Block um 45° im Uhrzeigersinn gedreht werden.

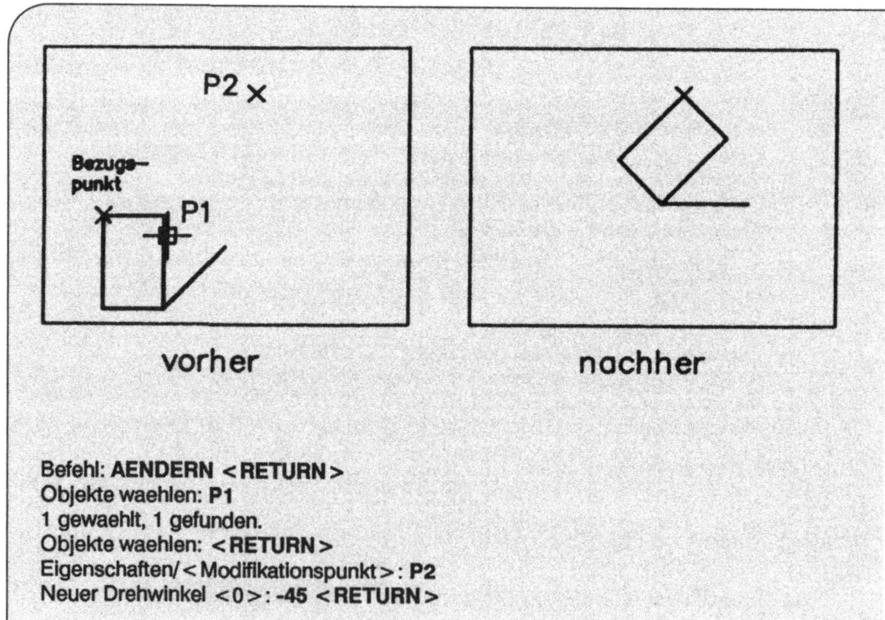

17 Das Erstellen von Zusammenbau-Zeichnungen

In diesem abschließenden Abschnitt sollen die bisher behandelten Befehle und Fertigkeiten beim Erstellen von Zusammenbau-Zeichnungen angewandt werden. Ziel ist es dabei, mit möglichst wenig Aufwand aus einer erstellten Einzelteil-Zeichnung eine Zusammenbau-Zeichnung zu erhalten.

Aufgrund der Art der Abspeicherung der Zeichnungen gibt es die folgenden beiden Möglichkeiten:

- eine Zeichnungsdatei oder
- verschiedene Zeichnungsdateien

für Einzelteil- und Zusammenbau-Zeichnungen.

Werden sowohl Einzelteil- als auch Zusammenbau-Zeichnung in einer Zeichnungsdatei abgespeichert, sollte man konsequent die im Kapitel 14 besprochene Layertechnik anwenden. Der Vorteil beim Arbeiten mit nur einer Datei besteht im relativ geringen Speicherbedarf. Nachteilig bei dieser Vorgehensweise ist es, daß beim Anzeigen der Zeichnungen auf dem Bildschirm oder beim Ausplotten beachtet werden muß, die jeweiligen Layer ein- bzw. auszuschalten. Hierbei kann es leicht zu Fehlern kommen.

Aufgabe 17-1: Zusammenbau-Zeichnung für eine Aufnahme

Eine Aufnahme ist - wie auf den nächsten Seiten angegeben - mit Bemaßung und Beschriftung auf ein DIN A3-Blatt zu zeichnen und in einer Zeichnungsdatei mit dem Namen "Aufnahme" abzuspeichern. Gehen Sie dabei wie folgt vor:

- Zeichnen der Einzelteile auf ein DIN A3-Blatt in verschiedenen Layern, z.B.

      Vollinien für Einzelteil 1 in Layer 1
      Mittellinien für Einzelteil 1 in Layer 1a
      Schraffur für Einzelteil 1 in Layer 1b
      Bemaßung für Einzelteil 1 in Layer 1c

  und entsprechend für die Einzelteile 2, 3 und 4
- Aktivieren aller Vollinien, d.h. der Layer 1, 2, 3 und 4
- Zusammenfügen der Einzelteile durch Kopieren und Erstellen eines neuen Layers 5
- Entsprechende Vorgehensweise für Mittellinien, Schraffur und Bemaßung zum Erstellen der neuen Layer 5a, 5b und 5c
- Ausplotten der Einzelteil-Zeichnung auf ein DIN A3-Blatt unter Ausblenden der Layer 5, 5a, 5b und 5c
- Ausplotten der Zusammenbau-Zeichnung auf eine DIN A3-Blatt unter Ausblenden der Layer für die Einzelteile.

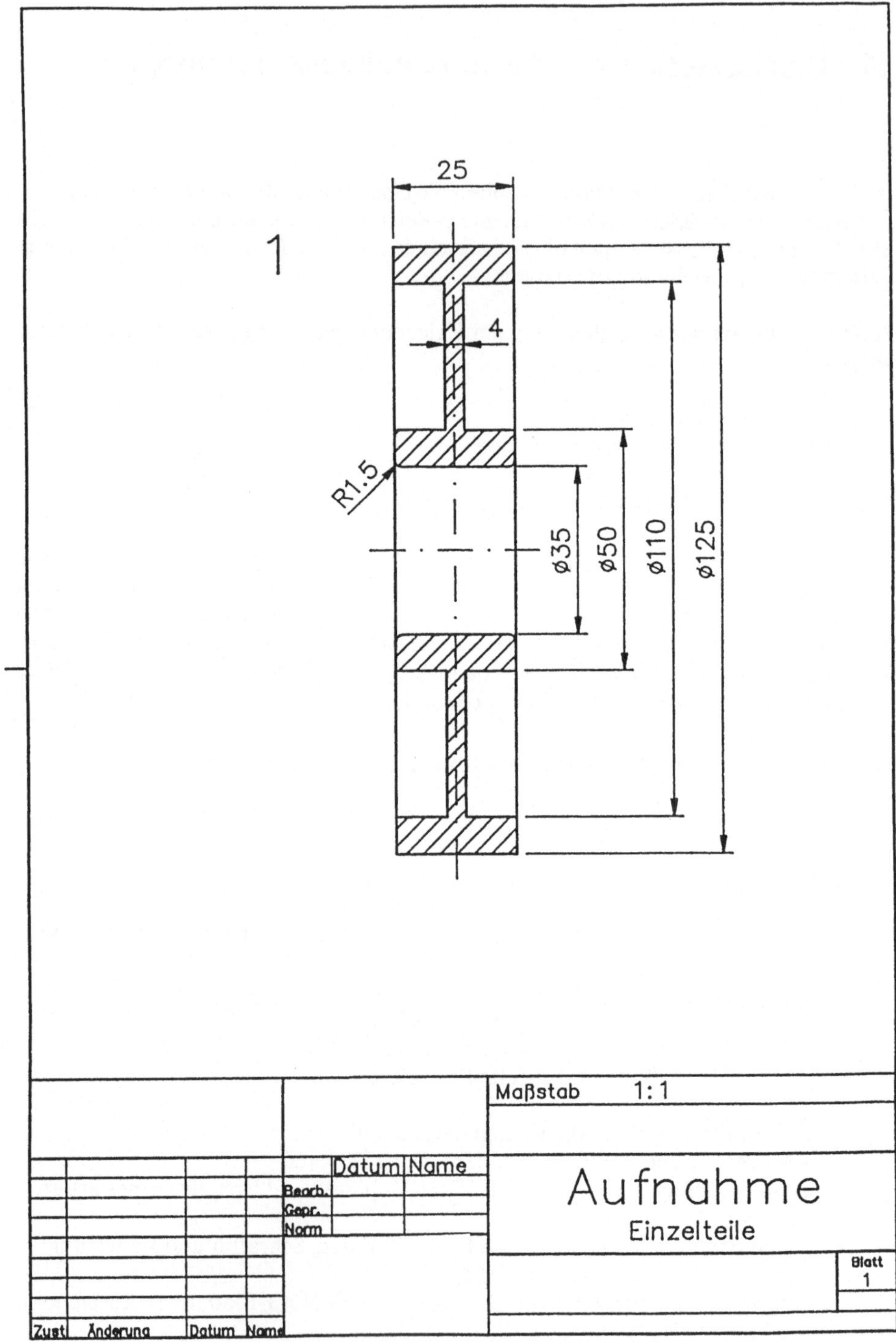
1
25
4
R1.5
⌀35
⌀50
⌀110
⌀125
Maßstab 1:1
Datum Name
Bearb.
Gepr.
Norm
Aufnahme
Einzelteile
Blatt
1
Zust Änderung Datum Name

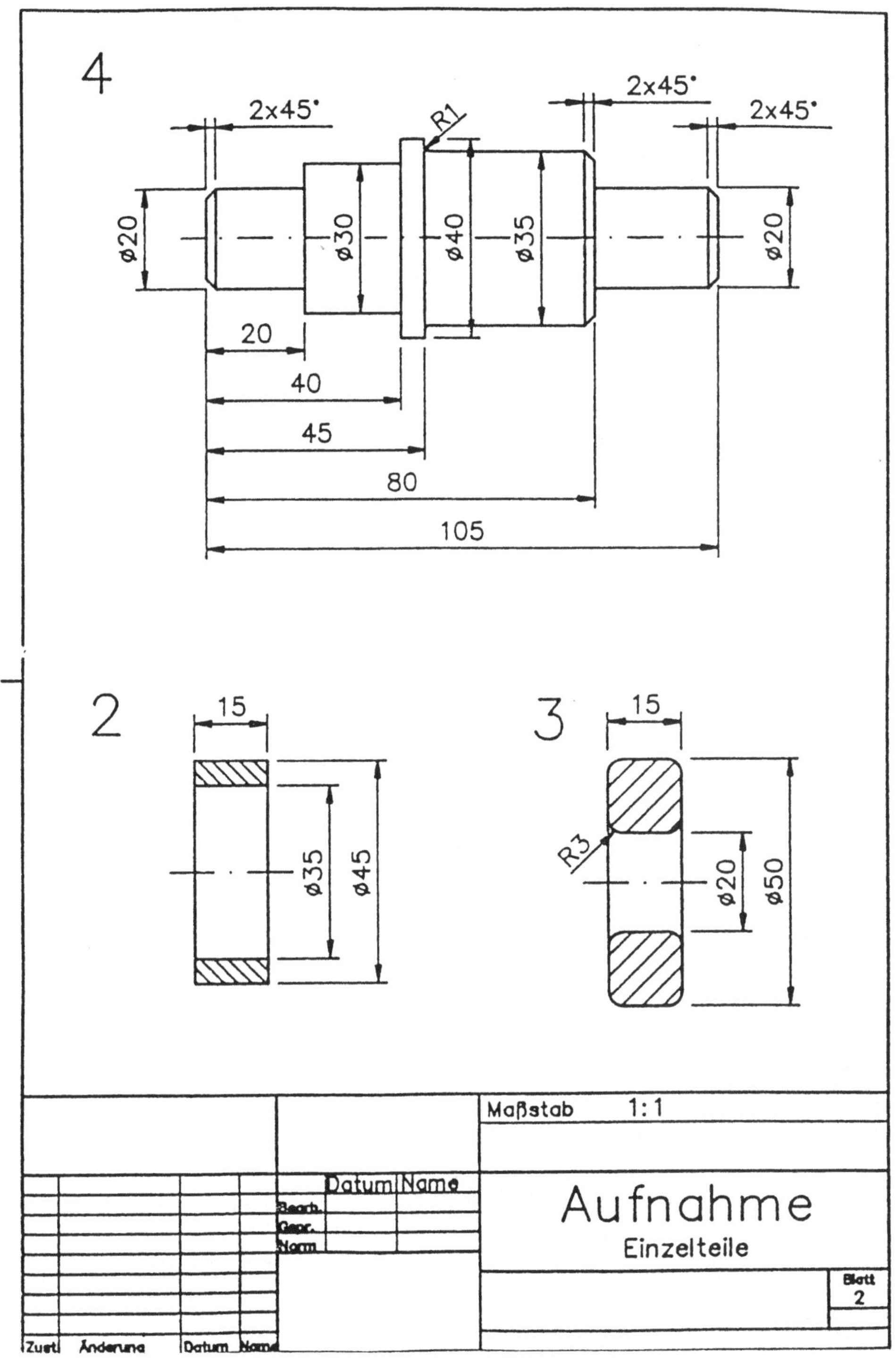

		Maßstab	1:1

Datum	Name	**Aufnahme**
Bearb.		Einzelteile
Gepr.		
Norm		Blatt 2

Zust. | Änderung | Datum | Name

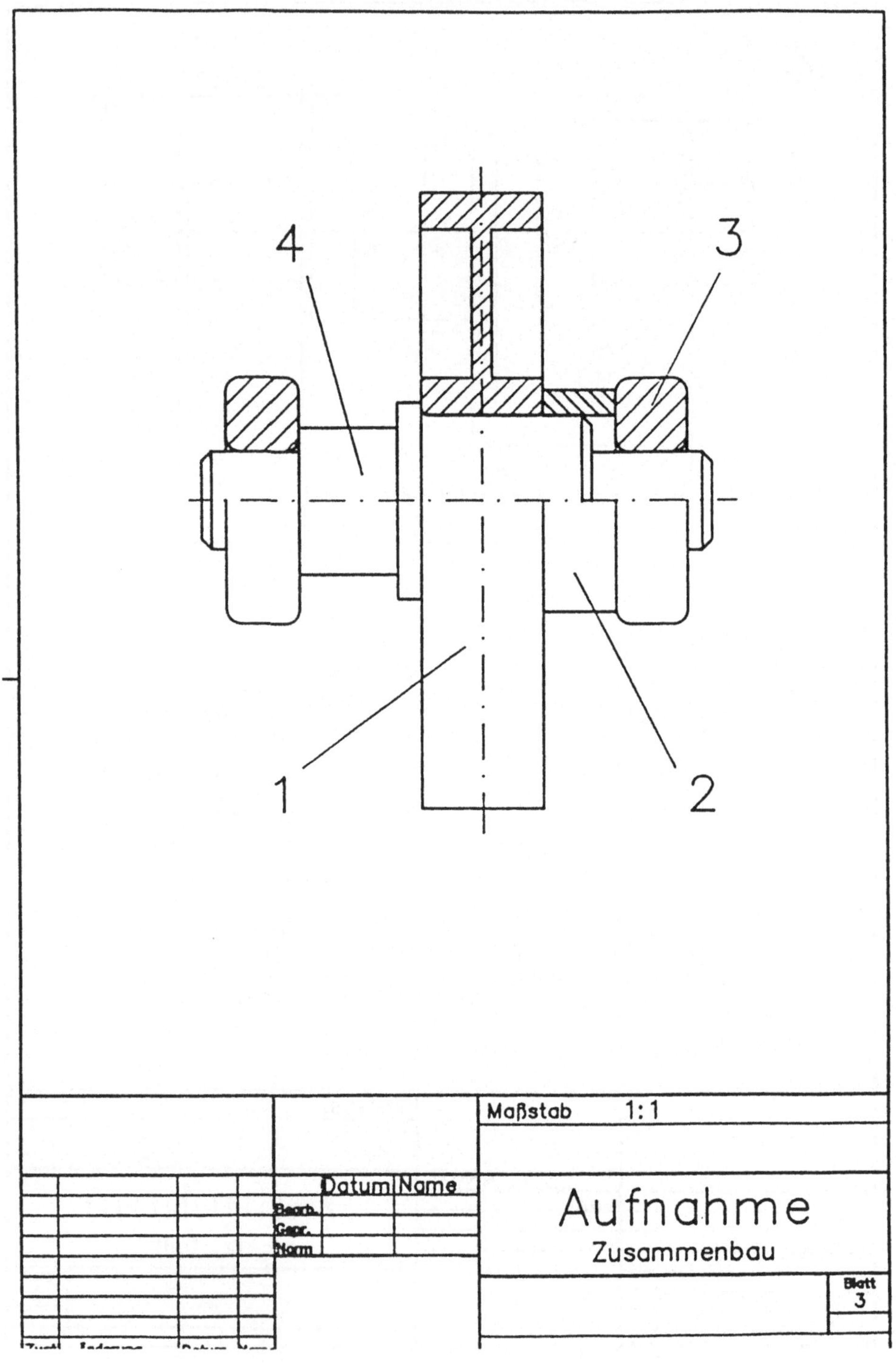
4
3
1
2
Maßstab   1:1
Datum Name
Bearb.
Gepr.
Norm
Aufnahme
Zusammenbau
Blatt
3
Zust.   Änderung   Datum Name

Werden Einzelteil- und Zusammenbau-Zeichnungen in verschiedenen Dateien abgespeichert, spricht man von Blocktechnik und unterscheidet hier zwischen zwei Möglichkeiten:

(1) Einzelteil- und Zusammenbau-Zeichnung werden in jeweils einer Zeichnungsdatei abgespeichert bzw.

(2) Zusammenbau-Zeichnung und jedes Einzelteil werden in jeweils einer Datei abgespeichert.

Im Fall (1) wird zunächst die Einzelteil-Zeichnung erstellt, in einer Datei abgespeichert und beim Erstellen der Zusammenbau-Zeichnung als Ganzes wieder eingefügt. Vorteilhaft ist hier weiterhin der relativ geringe Speicherbedarf, da nur zwei Dateien benötigt werden. Von Nachteil ist es, daß in der eingefügten Einzelteil-Zeichnung zunächst die für die Zusammenbau-Zeichnung nicht benötigten Elemente gelöscht werden müssen.

Im Fall (2) wird jedes Einzelteil als einzelner externer Block, d.h. in einer Zeichnungsdatei, abgespeichert und beim Erstellen der Zusammenbau-Zeichnung einzeln eingefügt. Das Erstellen der externen Blöcke erfolgt mit dem Befehl WBLOCK, dabei werden von einem Einzelteil nur die später für den Zusammenbau benötigten Elemente abgespeichert. Der Vorteil dieser Variante der Blocktechnik liegt in der noch konsequenteren Trennung der einzelnen Zeichnungen. Nachteilig ist der damit verbundene große Speicherbedarf, da eine Vielzahl von Zeichnungsdateien vorliegen.

Aufgabe 17-2: Zusammenbau-Zeichnung für einen Werkzeughalter

Die auf den nächsten Seiten dargestellten Einzelteile eines Werkzeughalters sind mit Hilfe der Blocktechnik zu einer Zusammenbau-Zeichnung zusammenzufügen. Gehen Sie dabei folgendermaßen vor:

- Zeichnen der Einzelteile komplett mit Bemaßung und Abspeichern unter dem Namen "Wzh_einz"
- Einzelteile, - ohne Bemaßung und nicht benötigte Elemente - als externe Blöcke definieren und unter geeigneten Namen abspeichern
- Einfügen dieser Einzelteile in die Zusammenbau-Zeichnung und Abspeichern unter dem Namen "Wzh_ges"
- Ausplotten der Einzelteil-Zeichnung
- Ausplotten der Zusammenbau-Zeichnung

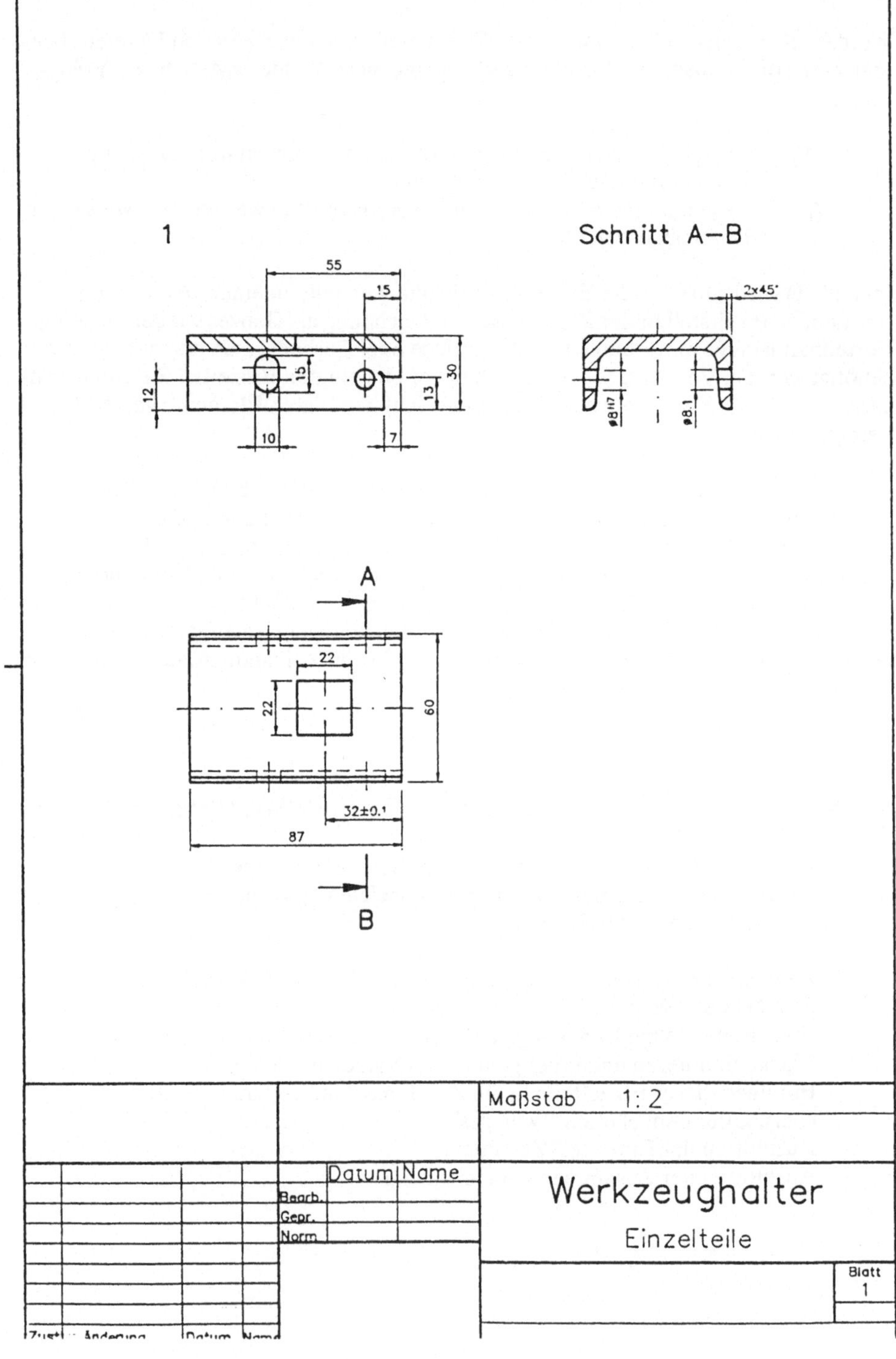

1
Schnitt A−B
55
15
2x45°
15
30
12
13
Ø8H7
Ø8.1
10
7
A
22
22
60
32±0.1
87
B
Maßstab　1:2
Datum　Name
Bearb.
Gepr.
Norm
Werkzeughalter
Einzelteile
Blatt
1
Zust.　Änderung　Datum　Name

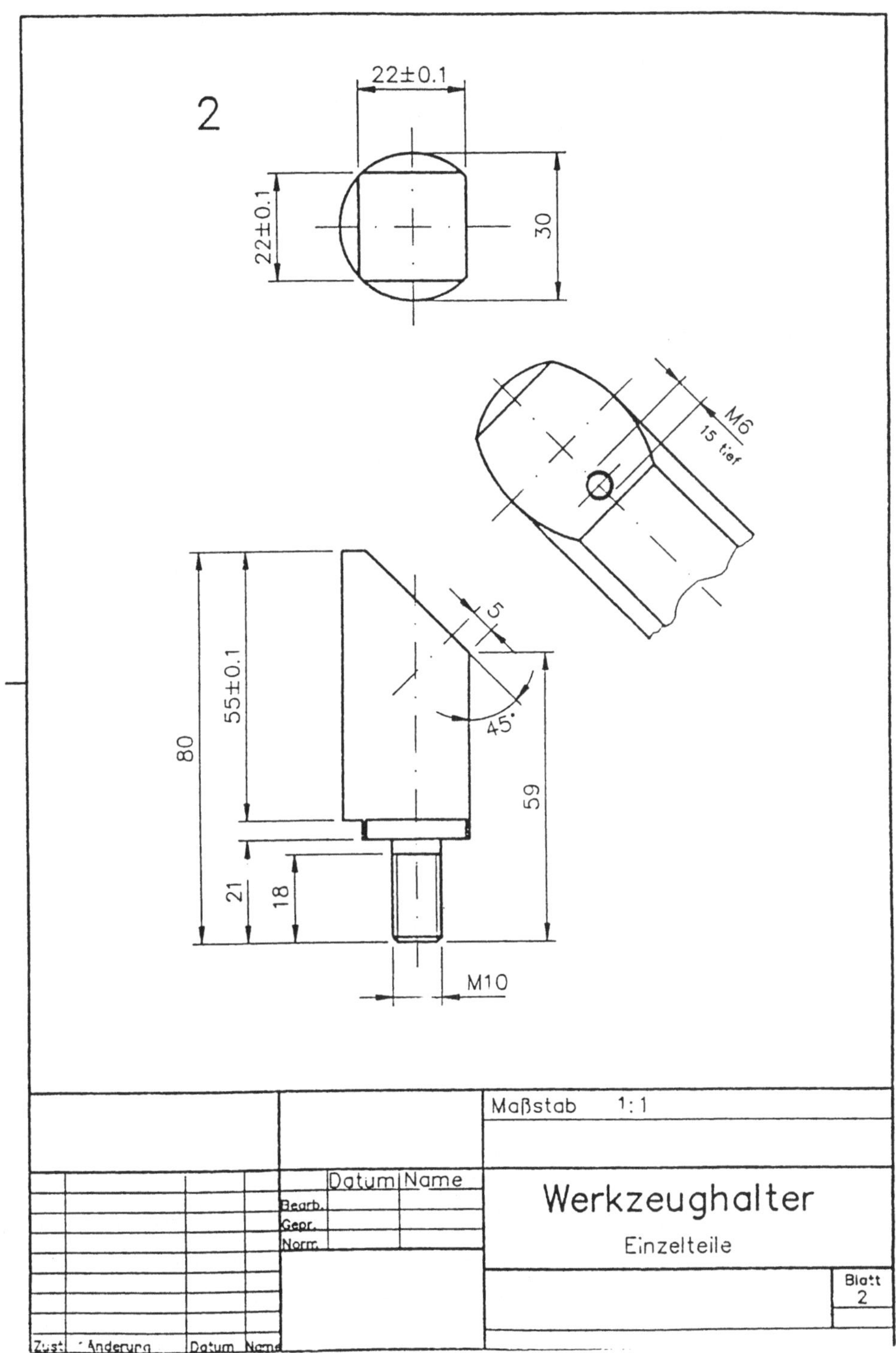
2
22±0.1
22±0.1
30
M6
15 tief
5
55±0.1
80
45°
59
21
18
M10
Maßstab   1:1
Datum Name
Bearb.
Gepr.
Norm.
Werkzeughalter
Einzelteile
Blatt
2
Zust. Änderung   Datum Name

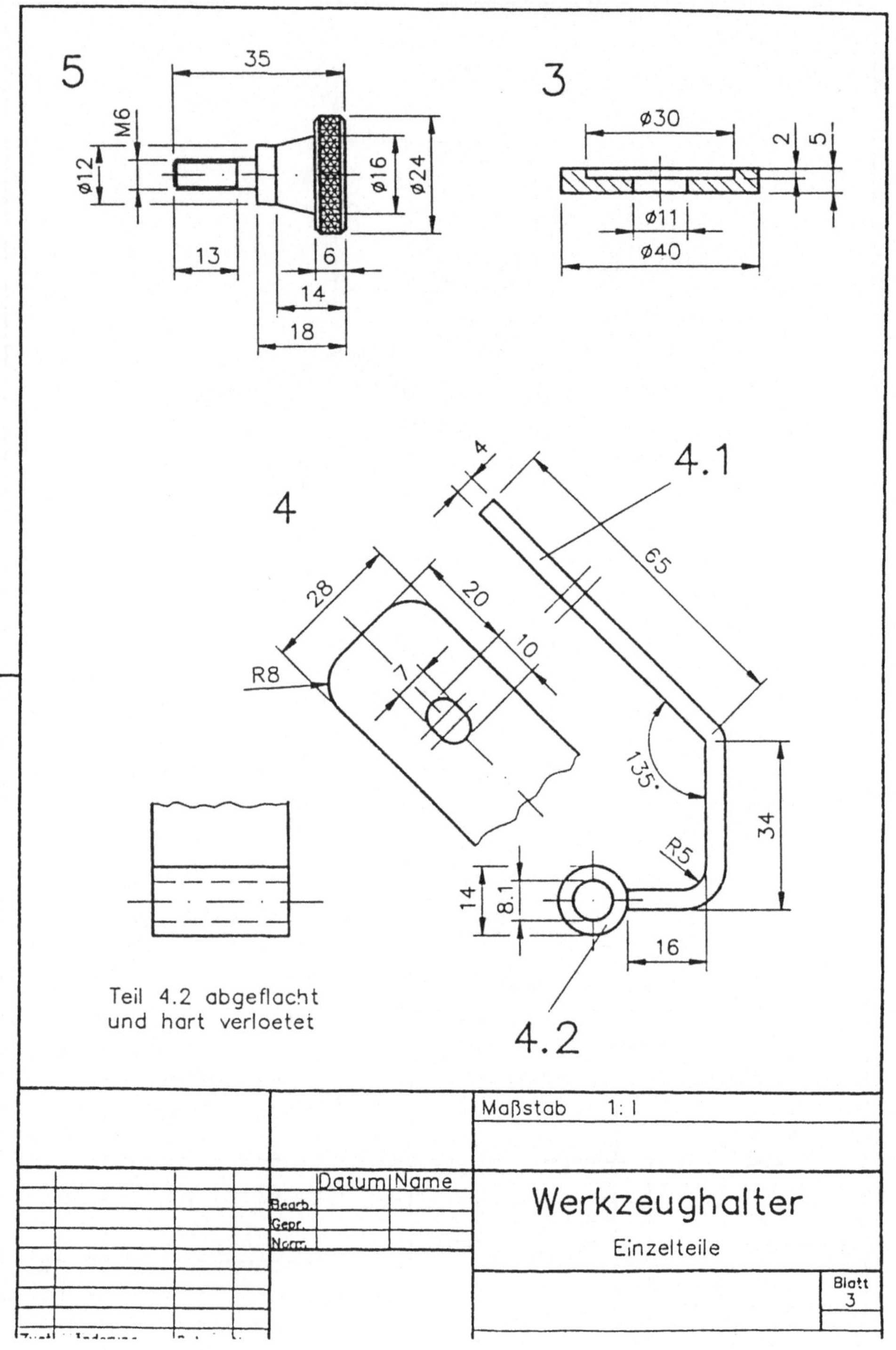
5
35
M6
Ø12
Ø16
Ø24
13
6
14
18
3
Ø30
2
5
Ø11
Ø40
4
4.1
28
20
10
65
R8
7
135°
R5
34
14
8.1
16
4.2
Teil 4.2 abgeflacht
und hart verloetet
Maßstab　1:1
Datum Name
Bearb.
Gepr.
Norm.
Werkzeughalter
Einzelteile
Blatt
3

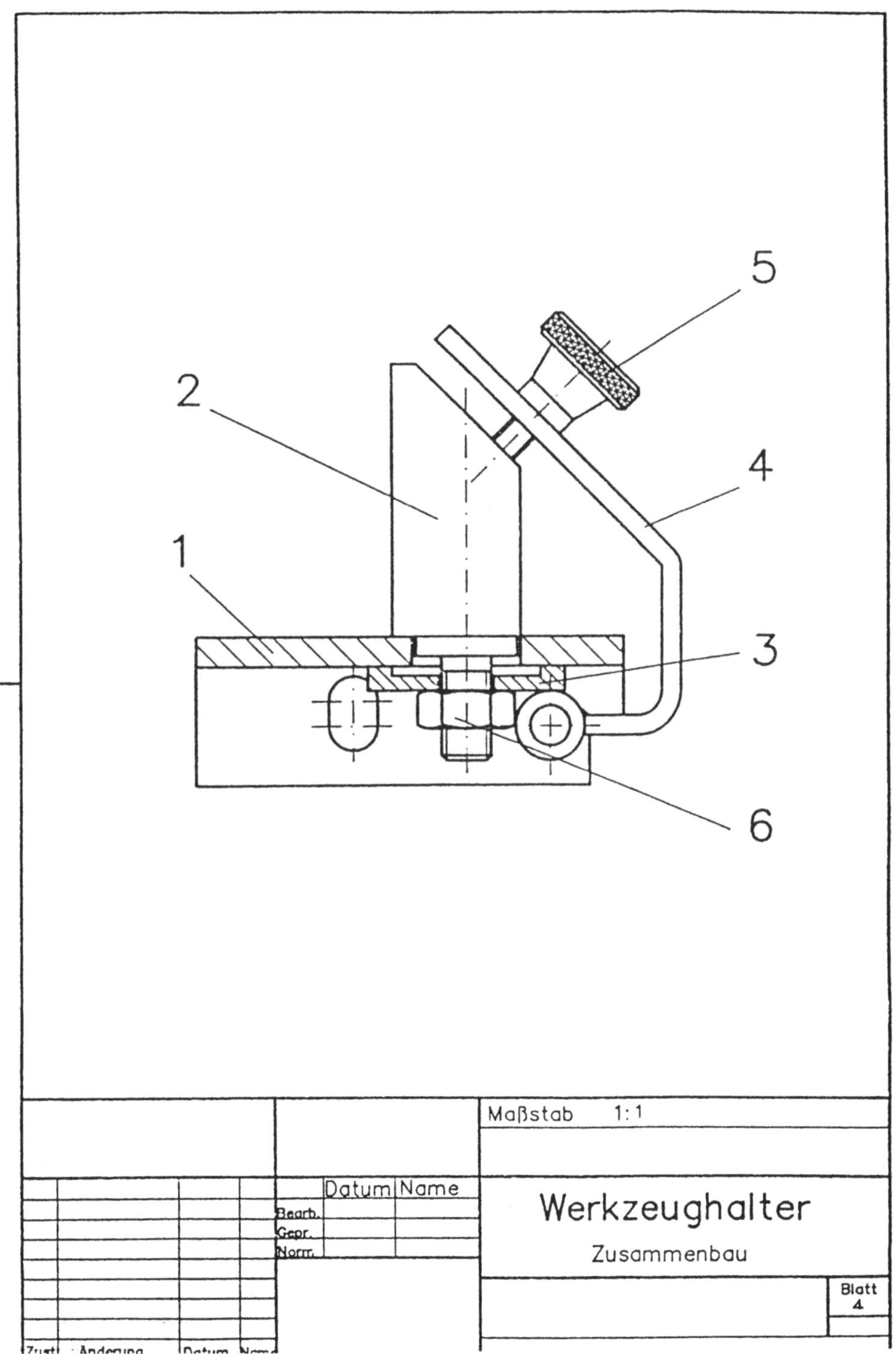

2
5
4
1
3
6
Maßstab   1:1
Datum Name
Bearb.
Gepr.
Norm.
Werkzeughalter
Zusammenbau
Blatt
4
Zust. Änderung Datum Name

Anhang

A   Lösungen

Aufgabe 3-1:

Einstellen der Zeichnungsgröße:
Befehl: **LIMITEN** <RETURN>
Ein/Aus/<linke untere Ecke> <0.00,0.00>: <RETURN>
Rechte obere Ecke <410.00,287.00>: **198,285** <RETURN>

✦ Zeichnen der Körperkanten:
Befehl: **LINIE** <RETURN>
Von Punkt: **P1**   (zeigen mit Touchpen oder Maus)
Nach Punkt: **@70<90** <RETURN>
Nach Punkt: **@61<125** <RETURN>   oder @61<-55
Nach Punkt: **@61<235** <RETURN>   oder @61<-125
Nach Punkt: **@70<-90** <RETURN>   oder @70<270
Nach Punkt: **@70<0** <RETURN>
Nach Punkt: **@98<135** <RETURN>
Nach Punkt: **@70<0** <RETURN>
Nach Punkt: **@98<-135** <RETURN>
Nach Punkt: <RETURN>

Aufgabe 3-2:

a)

Befehl: **LINIE** <RETURN>
Von Punkt: ...   (linke untere Ecke von Linie 1 festlegen)
Nach Punkt: ...   (Endpunkt von Linie 1 festlegen)
Nach Punkt: ...   (Endpunkt von Linie 2 festlegen)
Nach Punkt: ...   (Endpunkt von Linie 3 festlegen)
Nach Punkt: ...   (Endpunkt von Linie 4 festlegen)
Nach Punkt: **Z** <RETURN>
Nach Punkt: **Z** <RETURN>
Nach Punkt: ...   (Endpunkt von Linie 5 festlegen)
Nach Punkt: **S** <RETURN>

b)

Befehl: **LINIE** <RETURN>
Von Punkt: ...   (linke untere Ecke von Linie 1 festlegen)
Nach Punkt: ...   (Endpunkt von Linie 1 festlegen)
Nach Punkt: ...   (Endpunkt von Linie 2 festlegen)
Nach Punkt: ...   (Endpunkt von Linie 3 festlegen)
Nach Punkt: ...   (Endpunkt von Linie 4 festlegen)
Nach Punkt: <RETURN>
Befehl: **LOESCHEN** <RETURN>
Objekte waehlen: ...   (Linie 4 anpicken)
Objekte waehlen: ...   (Linie 3 anpicken)
Objekte waehlen: <RETURN>

Befehl: **LINIE** **<RETURN>**
Von Punkt: ...   (Endpunkt von Linie 2)
Nach Punkt: ...   (Endpunkt von Linie 5 festlegen)
Nach Punkt: ...   (Endpunkt von Linie S Festlegen)
Nach Punkt: **<RETURN>**

Der Befehl SCHLIESSEN funktioniert in diesem Fall nicht, weil der Linienzug 1-2-5-S nicht unmittelbar hintereinander gezeichnet wurde.

Aufgabe 3-3:

Zeichnen der Umrisse:
Befehl: **LINIE** **<RETURN>**
Von Punkt: ...   (linke untere Ecke)
Nach Punkt: **@0,50** **<RETURN>**
Nach Punkt: **@90,0** **<RETURN>**
Nach Punkt: **@0,-40** **<RETURN>**
Nach Punkt: **@-70,-10** **<RETURN>**
Nach Punkt: **S** **<RETURN>**
Befehl: **LINIE** **<RETURN>**
Von Punkt: ...   (linke untere Ecke)
Nach Punkt: **@0,60** **<RETURN>**
Nach Punkt: **@20,0** **<RETURN>**
Nach Punkt: **@0,-25** **<RETURN>**
Nach Punkt: **@15,0** **<RETURN>**
Nach Punkt: **@0,-15** **<RETURN>**
Nach Punkt: **@25,0** **<RETURN>**
Nach Punkt: **S** **<RETURN>**
Abspeichern der Zeichnung:
Befehl: **SICHERN** **<RETURN>**
Dateiname <...>: **Blech_1** **<RETURN>**

Aufgabe 3-4:

Zeichnen der Körperkanten (Befehl: LINIE)
Ändern der Linienart:
Befehl: **LINENTP** **<RETURN>**
?/Erzeugen/Laden/Setzen: **S** **<RETURN>**
Neuer Elementlinientyp (oder ?) <von Layer>: **STRICHPUNKT** **<RETURN>**
?/Erzeugen/Laden/Setzen: **<RETURN>**
Zeichnen der Mittellinien (Befehl: LINIE)
Abspeichern der Zeichnung (Befehl: SICHERN)

Aufgabe 4-1:

Einschalten des Ortho-Modus:
Befehl: **ORTHO** **<RETURN>**
EIN/AUS <Aus>: **EIN** **<RETURN>**
Zeichnen der Körperkanten (Befehl: LINIE)
Abspeichern der Zeichnung (Befehl: SICHERN)

Aufgabe 4-2:

Einstellen des Fangwertes:
    Befehl: **FANG** **< RETURN >**
    Fangwert oder Ein/Aus/ASpekt/Drehen/Stil < 1.00 > : **5** **< RETURN >**
Einstellen des Rasterwertes:
    Befehl: **RASTER** **< RETURN >**
    Rasterwert(x) oder Ein/Aus/Fang/ASpekt < A > : **F** **< RETURN >**
Zeichnen der Körperkanten (Befehl: LINIE)
Abspeichern der Zeichnung (Befehl: SICHERN)

Aufgabe 4-3:

Einstellen des RASTER- und FANG-Wertes auf 5 mm
Zeichnen der Mittellinien (Befehl: LINIENTP, LINIE)
Zeichnen der Körperkanten (Befehl: LINIE)
Abspeichern der Zeichnung (Befehl: SICHERN)

Die Diagonale des zweiten Absatzes besitzt eine Länge von 110,308 mm.

Aufgabe 4-4:

Zeichnen aller sichtbaren Körperkanten (Befehl: LINIE)
Zeichnen der Mittellinien (Befehl: LINIENTP, LINIE)
Zeichnen der verdeckten Körperkanten:
    Befehl: **LINIENTP** **< RETURN >**
    ?/Erzeugen/Laden/Setzen: **S** **< RETURN >**
    Neuer Elementlinientyp (oder ?) < von Layer > : **VERDECKT** **< RETURN >**
    ?/Erzeugen/Laden/Setzen: **< RETURN >**
    Befehl: **LINIE** **< RETURN >**
    Von Punkt: **END** **< RETURN >**
    von ...   (gemeinsamer Endpunkt der zwei Körperkanten)
    Nach Punkt: ...   (mit ORTHO nach links bzw. rechts bis zur
    Nach Punkt: **< RETURN >**   Körperkante)

Aufgabe 6-1:

a) Zeichnen der Mittellinien (Befehl: LINIENTP, LINIE)
   Zeichnen der Kreise:
    Befehl: **KREIS** **< RETURN >**
    3P/2P/TTR/ < Mittelpunkt > : **SCH**
    von...   (Schnittpunkt der beiden langen Mittellinien)
    Durchmesser/ < Radius > : **D** **< RETURN >**
    Durchmesser: **60** **< RETURN >**

    Befehl: **< RETURN >**
    3P/2P/TTR/ < Mittelpunkt > : **SCH**
    von...   (Schnittpunkt der langen und kurzen Mittellinie)
    Durchmesser/ < Radius > : **7.5** **< RETURN >**

b) Zeichnen der geraden Mittellinien (Befehl: LINIENTP, LINIE)
   Zeichnen des Teilkreises (Befehl: KREIS)
   Zeichnen der Bohrungsmittellinien auf dem Teilkreis (Befehl: LINIE)
   Zeichnen aller Kreise (Befehl: LINIENTP, KREIS)

Für das Zeichnen der Bohrungsmittellinien ist es zweckmäßig sich vorher einige
Hilfslinien zu definieren, die anschließend zu löschen sind.

Aufgabe 6-2:

Zeichnen der Mittellinien (Befehl: LINIENTP, LINIE)
Zeichnen der Kreise (Befehl: LINIENTP, KREIS)
Zeichnen der Tangenten:
```
Befehl: LINIE <RETURN>
Von Punkt: TAN <RETURN>
von ...                              (mit Fangraster unteren Kreis links waehlen)
Nach Punkt: TAN <RETURN>
von ...                              (mit Fangraster oberen Kreis links waehlen)
Nach Punkt: <RETURN>
```
Zeichnen der zweiten Tangente analog!

Aufgabe 6-3:

Einstellen des RASTER- und FANG-Wertes auf 5 mm
Zeichnen der Mittellinien (Befehl: LINIENTP, LINIE)
Zeichnen der Vollinien (Befehl: LINIENTP, LINIE, KREIS)
Zeichnen des verdeckten Kreises (Befehl: LINIENTP, KREIS)

Aufgabe 6-4:

Zeichnen der 45 und 80 mm langen Körperkanten (Befehl: LINIE)
Zeichnen einer Hilfsgeraden der Länge 60 mm unter einem Winkel von -30°

Zeichnen des 65°-Bogens:
```
Befehl: KREIS <RETURN>
Mittelpunkt/<Startpunkt>: END <RETURN>
von ...                              (dem oberen Ende der Hilfslinie)
Mittelpunkt/Endpunkt/<zweiter Punkt>: M <RETURN>
Mittelpunkt: END <RETURN>
von ...                              (dem unteren Ende der Hilfslinie)
Winkel/Sehnenlänge/<Endpunkt>: W <RETURN>
eingeschlossener Winkel: 65 <RETURN>
```
Zeichnen des 35°-Bogens analog
Vervollständigen der Außenkontur
Zeichnen des Durchbruches (Befehl: LINIE)
Zeichnen der Mittellinien (Befehl: LINIENTP, LINIE)
Löschen der Hilfslinien (Befehl: LOESCHEN)

Aufgabe 6-5:

Zeichnen der Außenkontur (Befehl: LINIE, BOGEN)
Zeichnen der Mittellinien (Befehl: LINIENTP, LINIE, BOGEN)
Zeichnen der Innenkontur (Befehl: LINIENTP, LINIE, BOGEN)

Für die Ermittlung des rechten Eckpunktes der Außenkontur ist es zweckmäßig,
mit Hilfslinien zu arbeiten!

Aufgabe 6-6:

Einstellen des RASTER- und FANG-Wertes auf 5 mm
Zeichnen der Mittellinien beider Ansichten (Befehl: LINIE)
Zeichnen der Vollinien (Befehl: LINIE)
Zeichnen des Bogens (Befehl: BOGEN)
Zeichnen des Kreises (Befehl: KREIS)
Zeichnen der verdeckten Körperkanten (Befehl: LINIENTP, LINIE)

Aufgabe 6-7:

Einstellen des RASTER- und FANG-Wertes auf 5 mm
Zeichnen der Bügelkontur in eckiger Form (Befehl: LINIE)
Abrunden der Bügelkontur:
> Befehl: **ABRUNDEN <RETURN>**
> Polylinie/Radius/<Zwei Objekte waehlen>: **R <RETURN>**
> Rundungsradius eingeben <3.00>: **5 <RETURN>**
> Befehl: **<RETURN>**
> Polylinie/Radius/<Zwei Objekte waehlen>: ... (1. Linie)
> Polylinie/Radius/<Zwei Objekte waehlen>: ... (2. Linie)
Abrunden der weiteren Ecken analog!

Aufgabe 6-8:

Zeichnen der Mittellinien (Befehl: LINIENTP, LINIE)
Zeichnen der Außenkontur in eckiger Form (Befehl: LINIE)
Zeichnen der Innenkontur (Befehl: KREIS, LINIE)
Abrunden der entsprechenden Ecken (Befehl: ABRUNDEN)
Vor dem Abrunden können sich die abzurundenden Körperecken ruhig ein
wenig überschneiden!

Aufgabe 7-1:

a) Aufrufen der existierenden Zeichnung "G_Platte"
   Bemaßen der Vorderansicht:
> Befehl: **BEM <RETURN>**
> Bem: **VER <RETURN>**
> Anfangspunkt der ersten Hilfslinie oder RETURN fuer Auswahl: ... (untere linke Ecke)
> Ausgangspunkt der zweiten Hilfslinie: ...   (obere rechte Ecke)
> Standort der Masslinie: ...   (zeigen mit Touch-Pen oder Maus)
> Bemassungs-Text <10.00>: **10 <RETURN>**

Bemaßen der Draufsicht:
    Befehl: **BEM** < RETURN >
    Bem: **VER** < RETURN >
    Anfangspunkt der ersten Hilfslinie oder RETURN fuer Auswahl: ... (untere linke Ecke)
    Ausgangspunkt der zweiten Hilfslinie: ...   (obere Ecke des Maßes 30)
    Standort der Masslinie: ...   (zeigen mit Touch-Pen oder Maus)
    Bemassungs-Text < 30.00 > : **30** < RETURN >
    Bem: **BAS** < RETURN >
    Ausgangspunkt der zweiten Hilfslinie: ...   (obere Ecke des Maßes 40)
    Bemassungs-Text < 40.00 > : **40** < RETURN >
    Bem: **BAS** < RETURN >
    Ausgangspunkt der zweiten Hilfslinie: ...   (obere linke Ecke)
    Bemassungs-Text < 100.00 > : **100** < RETURN >
Die horizontale Bemaßung analog!

Passen die Maßlinie, die Maßpfeile und der Bemaßungs-Text nicht zwischen die
Hilfslinien, so werden sie außerhalb dieser gezeichnet. Der Text wird dann nahe
der zweiten Hilfslinie positioniert.

Bei den in diesem Buch abgebildeten Zeichnungen wurden diese Bemaßungen
nachträglich manipuliert mit den Befehlen SCHIEBEN und DREHEN.

b) Aufrufen der existierenden Zeichnung "Sockel"
   Bemaßen der horizontalen Körperkanten (Bem: HOR)
   Bemaßen der vertikalen Körperkanten (Bem: VER, BAS)
   Bemaßen der schrägen Körperkanten:
       Befehl: **BEM** < RETURN >
       Bem: **AUS** < RETURN >
       Anfangspunkt der ersten Hilfslinie oder RETURN fuer Auswahl: ... (linke Ecke des
       Maßes 78)
       Ausgangspunkt der zweiten Hilfslinie: ...   (obere Ecke des Maßes 78)
       Standort der Masslinie: ...   (zeigen mit Touch-Pen oder Maus)
       Bemassungs-Text < 78.00 > : **78** < RETURN >
   Anderes Maß 78 analog!

Aufgabe 8-1:

a) Aufrufen der existierenden Zeichnung "Konsole"
   Bemaßen der vertikalen Körperkanten (Bem: VER, BAS)
   Bemaßen der horizontalen Körperkanten (Bem: HOR, BAS)
   Schreiben des Textes:
       Befehl: **DTEXT** < RETURN >
       Startpunkt oder Ausrichten/Zentrieren/Einpassen/Mitte/Rechts/Stil: **Z** < RETURN >
       Zentrieren Punkt: ...   (zeigen mit Touch-Pen oder Maus)
       Hoehe < 5.00 > : **7.5** < RETURN >
       Drehwinkel < 0 > : < RETURN >
       Text: **Konsole** < RETURN >
       Text: **aus** < RETURN >
       Text: **St 37** < RETURN >
       Text: < RETURN >

b) Aufrufen der existierenden Zeichnung "Gelenk"
   Bemaßen der horizontalen Körperkanten (Bem: HOR, BAS, WEI)
   Bemaßen der vertikalen Körperkanten:

    Befehl: **BEM** **<RETURN>**
    Bem: **VER** **<RETURN>**
    Anfangspunkt der ersten Hilfslinie oder RETURN fuer Auswahl: ... (untere Ecke des
    Maßes M20)
    Ausgangspunkt der zweiten Hilfslinie: ...   (obere Ecke)
    Standort der Masslinie: ...   (zeigen mit Touch-Pen oder Maus)
    Bemassungs-Text <20.00>: **M20** **<RETURN>**
    Bem: **VER** **<RETURN>**
    Anfangspunkt der ersten Hilfslinie oder RETURN fuer Auswahl: ...   (untere Ecke des
                                                                          Maßes 30)
    Ausgangspunkt der zweiten Hilfslinie: ...   (obere Ecke)
    Standort der Masslinie: ...   (zeigen mit Touch-Pen oder Maus)
    Bemassungs-Text <30.00>: **%%c30** **<RETURN>**

   Die anderen vertikalen Körperkanten analog!
   Bemaßen des Kreises:

    Befehl: **BEM** **<RETURN>**
    Bem: **DUR** **<RETURN>**
    Bogen oder Kreis waehlen: ...   (zeigen auf Kreis)
    Bemassungs-Text <30.00>: **30** **<RETURN>**

Aufgabe 10-1:

   Stempel:
   Zeichnen der Mittellinien (Befehl: LINIENTP, LINIE)
   Zeichnen des Achteckstempels:

    Befehl: **FUELLEN** **<RETURN>**
    Ein/Aus <E>: **A** **<RETURN>**
    Befehl: **BAND** **<RETURN>**
    Bandbreite <4.00>: **3** **<RETURN>**
    Von Punkt: ...   (25.5 mm links der Mitte)
    Nach Punkt: **@10.562<90** **<RETURN>**   (halbe Länge eines Bandes)
    Nach Punkt: **@21.124<45** **<RETURN>**
    Nach Punkt: **@21.124<0**
    Nach Punkt: **@21.124<-45**
    Nach Punkt: **@21.124<-90**
    Nach Punkt: **@21.124<225**
    Nach Punkt: **@21.124<180**
    Nach Punkt: **@21.124<135**
    Nach Punkt: **@10.562<90**

   Zeichnen der Bohrungen (Befehl: KREIS)
   Gegenplatte:
   Zeichnen der Außenkontur (Befehl: BAND)
   Zeichnen der Innenkontur (Befehl: BAND)
   Zeichnen der Bohrungen (Befehl: KREIS)
   Bemaßen beider Teile (Bem: HOR, VER, DUR)
   Beschriften der Zeichnung (Befehl: DTEXT)
   Abspeichern der Zeichnung (Befehl: SICHERN)

Aufgabe 11-1:

a) Zeichnen der Vollinien:
Zwei Rechtecke 5x15 als Umschließung der Schraffur (Befehl: LINIE)
Zwei Linien der Länge 35 als Verbindung der Rechtecke (Befehl: LINIE)
Zeichnen der Mittellinie (Befehl: LINIENTP, LINIE)
Schraffieren des Bauteils:

    Befehl: **SCHRAFFUR** **<RETURN>**
    Muster (? oder Name/B,Stil): **B** **<RETURN>**
    Winkel für Doppelschraffurlinien <0>: **45** **<RETURN>**
    Abstand zwischen den Linien <1.0000>: **2** **<RETURN>**
    Doppelschraffurbereich? <N>: **<RETURN>**
    Objekte wählen: **FEN** **<RETURN>**
    Erster Punkt: ...   (oberes Rechteck)
    Zweiter Punkt: ...
    Objekte wählen: **FEN** **<RETURN>**
    Erster Punkt: ...   (unteres Rechteck)
    Zweiter Punkt: ...
    Objekte wählen: **<RETURN>**
Bemaßen des Bauteils (Bem: VER, HOR)

b) Zeichnen der Vollinien:
Zeichnen der beiden Quadrate 15x15 (Befehl: LINIE)
Abrunden der Ecken (Befehl: ABRUNDEN)
Zeichnen der Verbindungslinien (Befehl: LINIE)
Zeichnen der Mittellinie (Befehl: LINIENTP, LINIE)
Schraffieren des Bauteils:
siehe a)
Bemaßen des Bauteils (Bem: VER, HOR, RAD)

Aufgabe 11-2:

Zeichnen der Mittellinien (Befehl: LINIENTP, LINIE)
Zeichnen der Konturen beider Ansichten (Befehl: LINIE, KREIS, BOGEN)
Brechen einzelner Linien für die Schraffur:

    Befehl: **BRUCH** **<RETURN>**
    Objekt wählen: ...   (linke Körperkante der Seitenansicht)
    Eingabe des zweiten Punktes (oder E für ersten Punkt): **E** **<RETURN>**
    Eingabe des ersten Punktes: **SCH** **<RETURN>**
    von ...   (oberer Punkt des Durchmessers 30)
    Eingabe des zweiten Punktes: @ **<RETURN>**
Für die anderen Linien analog!
Schraffieren des Bauteils (Befehl: SCHRAFFUR)
Bemaßen beider Ansichten (Bem: HOR, BAS, VER)

Aufgabe 11-3:

Zeichnen der Vorderansicht:
Zeichnen der Schraffur umschließenden Linien (Befehl: LINIE)
Vervollständigen der Außenkontur (Befehl: LINIE)
Abrunden der Innenkontur (Befehl: ABRUNDEN)
Schraffieren der Gußform (Befehl: SCHRAFFUR)

Zeichnen der Draufsicht (Befehl: LINIE, KREIS, ABRUNDEN)
Bemaßen beider Ansichten (Bem: HOR, VER, RAD, WIN)

Aufgabe 11-4:

Zeichnen der Mittellinie
Zeichnen der Konturen beider Bauteile
Löschen der verdeckten Linien:
> Befehl: **BRUCH <RETURN>**
> Objekt wählen: ...   (linke Kante des Ringes)
> Eingabe des zweiten Punktes (oder E für ersten Punkt): **E <RETURN>**
> Eingabe des ersten Punktes: **SCH <RETURN>**
> von ...   (oberer Konuslinie und gewählter Linie)
> Eingabe des zweiten Punktes: **SCH <RETURN>**
> von ...   (unterer Konuslinie und gewählter Linie)

Für die rechte Kante des Ringes analog!
Brechen der oberen Konuslinie für die Schraffur:
> Befehl: **BRUCH <RETURN>**
> Objekt wählen: ...   (obere Konuslinie)
> Eingabe des zweiten Punktes (oder E für ersten Punkt): **E <RETURN>**
> Eingabe des ersten Punktes: **SCH <RETURN>**
> von ...   (oberer Konuslinie und linker Ringkante)
> Eingabe des zweiten Punktes: **@ <RETURN>**

Analog dazu die anderen Schnittpunkte!
Schraffieren des Ringes (Befehl: SCHRAFFUR)

Aufgabe 11-5:

Zeichnen der Kugellagerkontur als Vollinie
Entfernen der verdeckten Kante in der Lagerstelle:
> Befehl: **STUTZEN <RETURN>**
> Schnittkante(n) wählen...
> Objekte wählen: ...   (obere Linie der Lagerstelle)
> Objekte wählen: ...   (untere Linie der Lagerstelle)
> Objekte wählen: **<RETURN>**
> Objekt wählen, das gestutzt werden soll: ...   (verdeckte Linie)
> Objekt wählen, das gestutzt werden soll: **<RETURN>**

Analog dazu die verdeckten Kanten innerhalb der Kreise!
Brechen der Kreise in vier Teilkreise (Befehl: BRUCH)
Schraffieren des Kugellagers (Befehl: SCHRAFFUR)

Aufgabe 12-1:

Zeichnen der Außenkontur beider Ansichten (Befehl: LINIE)
Zeichnen der Mittellinien (Befehl: LINIENTP, LINIE)
Zeichnen der Innenkontur (Befehl: LINIE, BOGEN)
Zeichnen der verdeckten Kanten (Befehl: LINIENTP, LINIE)
Zeichnen der Freihandlinie:
> Befehl: **SKIZZE <RETURN>**
> Skizziergenauigkeit <1.00>: **<RETURN>**
> Skizze. Feder eXit Quit Speichern Loeschen Verbinden .

Fadenkreuz auf linken Punkt fixieren und F drücken (senken)

Linie bis rechten Punkt skizzieren und F drücken (heben)
Beenden des Befehls mit X
Die anderen Freihandlinien analog!
Bemaßen des Winkels (Bem: HOR, VER, BAS)

Aufgabe 14-1:

Zeichnen der Vollinien auf dem Standard-Layer (Befehl: LINIE)
Erzeugen des Layers MITTELLINIE:
    Befehl: **LAYER** **< RETURN >**
    ?/Mach/Setz/Neu/Ein/Aus/Farbe/Ltyp/FRieren/Tauen: **M** **< RETURN >**
    Neuer aktueller Layer <0>: **MITTELLINIE** **< RETURN >**
    ?/Mach/Setz/Neu/Ein/Aus/Farbe/Ltyp/FRieren/Tauen: **F** **< RETURN >**
    Farbe: **rot** **< RETURN >**   (oder 1 <RETURN>)
    ?/Mach/Setz/Neu/Ein/Aus/Farbe/Ltyp/FRieren/Tauen: **L** **< RETURN >**
    Linientyp (oder ?) <AUSGEZOGEN>: **STRICHPUNKT** **< RETURN >**
    ?/Mach/Setz/Neu/Ein/Aus/Farbe/Ltyp/FRieren/Tauen: **< RETURN >**
Zeichnen der Mittellinie (Befehl: LINIE)
Erzeugen des Layers SCHRAFFUR
Zeichnen der Schraffur (Befehl: SCHRAFFUR)
Erzeugen des Layers BEMASSUNG
Bemaßen des Bauteils (Bem: HOR, BAS, VER)

Aufgabe 14-2:

Erzeugen des Layers RAHMEN
Zeichnen der Außenkontur und der Mittellinien (Befehl: LINIE, LINIENTP)
Erzeugen des Layers BOHRUNG
Zeichnen der Einfräsungen (Befehl: LINIE, BOGEN, BRUCH)
Schreiben des Textes (Befehl: DTEXT)
Setzen des Layers BEMASSUNG:
    Befehl: **LAYER** **< RETURN >**
    ?/Mach/Setz/Neu/Ein/Aus/Farbe/Ltyp/FRieren/Tauen: **S** **< RETURN >**
    Neuer aktueller Layer <BOHRUNG>: **BEMASSUNG** **< RETURN >**
    ?/Mach/Setz/Neu/Ein/Aus/Farbe/Ltyp/FRieren/Tauen: **< RETURN >**
Bemaßen der Fräsplatte (Bem: VER, HOR, BAS)

Aufgabe 15-1:

Zeichnen einer Sechskantschraube M24x50
Ablegen dieser Schraube als Block:
    Befehl: **BLOCK** **< RETURN >**
    Blockname (oder ?): **SKS-M24** **< RETURN >**
    Basispunkt der Einfügung: **SCH** **< RETURN >**
    von ...   (Mittellinie und Auflagefläche)
    Objekte wählen: **FEN** **< RETURN >**
    Erste Ecke: ...   (ganze Schraube im Fenster)
    Andere Ecke: ...
    Objekte wählen: **< RETURN >**
Zeichnen der beiden Platten im Schnitt
Löschen bzw. Brechen der Linien, die durch die Schraube verdeckt werden
Löschen der Schraffur in unterer Platte

Einfügen der Sechskantschraube:
    Befehl: **EINFUEGE** **<RETURN>**
    Blockname (oder ?): ***SKS-M24** **<RETURN>**
    Einfuegepunkt: **SCH** **<RETURN>**
    von ...   (Mittellinie und oberer Plattenkante)
    Groessenfaktor **<1>**: **<RETURN>**
    Drehwinkel **<0>**: **-90** **<RETURN>**
Teilen der Gewindeaußendurchmesserlinie (Befehl: BRUCH)
Schraffieren der unteren Platte (Befehl: SCHRAFFUR)

Aufgabe 16-1:

Zeichnen des Quadrats mit Mittellinien
Verschieben des Objektes in den ersten Quadranten:
    Befehl: **SCHIEBEN** **<RETURN>**
    Objekte wählen: **F** **<RETURN>**
    Erste Ecke: ...   (ganzes Quadrat im Fenster)
    Andere Ecke: ...
    Objekte wählen: **<RETURN>**
    Basispunkt oder Verschiebung: **SCH** **<RETURN>**
    von ...   (beiden Mittellinien des Quadrats)
    Zweiter Punkt der Verschiebung: **50,40** **<RETURN>**
Verschieben des Objektes in den vierten Quadranten:
    Befehl: **SCHIEBEN** **<RETURN>**
    Objekte wählen: **F** **<RETURN>**
    Erste Ecke: ...   (ganzes Quadrat im Fenster)
    Andere Ecke: ...
    Objekte wählen: **<RETURN>**
    Basispunkt oder Verschiebung: **SCH** **<RETURN>**
    von ...   (beiden Mittellinien des Quadrats)
    Zweiter Punkt der Verschiebung: **70<-45** **<RETURN>**

Aufgabe 16-2:

Vorderansicht:
Zeichnen des Werkstücks bis zur Spiegelachse
Spiegeln der gezeichneten Objekte:
    Befehl: **SPIEGELN** **<RETURN>**
    Objekte wählen: **F** **<RETURN>**
    Erste Ecke: ...   (ganze linke Hälfte im Fenster)
    Andere Ecke: ...
    Objekte wählen: **<RETURN>**
    Erster Punkt der Spiegelachse: **END** **<RETURN>**
    von ...   (der oberen waagerechten Linie)
    Zweiter Punkt: **END** **<RETURN>**
    von ...   (der unteren waagerechten Linie)
    Alte Objekte Löschen? **<N>**: **<RETURN>**
Zeichnen der Mittellinie
Draufsicht:
Zeichnen des linken oberen Viertels
Spiegeln dieser Objekte nach rechts
Spiegeln der oberen Hälfte nach unten
Zeichnen der Mittellinien
Bemaßen beider Ansichten

Aufgabe 16-3:

Aufrufen der existierenden Zeichnung "F_Platte"
Ausschalten des Layers BOHRUNG:
    Befehl: **LAYER < RETURN >**
    ?/Mach/Setz/Neu/Ein/Aus/Farbe/Ltyp/FRieren/Tauen: **A < RETURN >**
    Layername(n), zum Ausschalten: **BOHRUNG < RETURN >**
    ?/Mach/Setz/Neu/Ein/Aus/Farbe/Ltyp/FRieren/Tauen: **< RETURN >**
Zeichnen des rechten oberen Quadrates 8x8 mm
Kopieren dieses Quadrates:
    Befehl: **KOPIEREN < RETURN >**
    Objekte wählen: **F < RETURN >**
    Erste Ecke: ...   (ganzes Quadrat 8x8 im Fenster)
    Andere Ecke: ...
    Objekte wählen: **< RETURN >**
    < Basispunkt oder Verschiebung >/Mehrfach: **M < RETURN >**
    Basispunkt: **SCH < RETURN >**
    von ...   (Mittellinien im rechten oberen Quadrat)
    Zweiter Punkt der Verschiebung: **SCH < RETURN >**
    von ...   (nächstem Mittellinien-Schnittpunkt)
    Zweiter Punkt der Verschiebung: **SCH < RETURN >**
    von ...

    .

    .
    Zweiter Punkt der Verschiebung: **< RETURN >**
Eintragen der fehlenden Maße (Bem: HOR, VER)
Löschen des alten Textes (Befehl: LOESCHEN)
Schreiben des neuen Textes (Befehl: DTEXT)
Abspeichern der Zeichnung:
    Befehl: **SICHERN < RETURN >**
    Dateiname < F_PLATTE >: **MATRIZE < RETURN >**

Aufgabe 16-4:

Aufrufen der existierenden Zeichnung "F_Platte"
Ausschalten des Layers BOHRUNG:
Zeichnen des rechten oberen Quadrates 8x8 mm
Kopieren dieses Quadrates:
    Befehl: **REIHE < RETURN >**
    Objekte wählen: **F < RETURN >**
    Erste Ecke: ...   (ganzes Quadrat 8x8 im Fenster)
    Andere Ecke: ...
    Objekte wählen: **< RETURN >**
    Rechteckige oder polare Anordnung (R/P): **R < RETURN >**
    Anzahl Reihen (---) < 1 >: **4 < RETURN >**
    Anzahl Kolonnen (| | |) < 1 >: **5 < RETURN >**
    Zelle oder Abstand zwischen den Reihen (---): **-20 < RETURN >**
    Zelle oder Abstand zwischen den Kolonnen (| | |): **-20 < RETURN >**
Eintragen der fehlenden Maße (Bem: HOR, VER)
Löschen des alten Textes (Befehl: LOESCHEN)
Schreiben des neuen Textes (Befehl: DTEXT)
Abspeichern der Zeichnung:
    Befehl: **SICHERN < RETURN >**
    Dateiname < F_PLATTE >: **L_PLATTE < RETURN >**

Aufgabe 16-5:

Zeichnen des Quadrates 120 mm Seitenlänge
Zeichnen des Mittellinien-Kreuzes
Zeichnen der Gewindebohrungen M5 und M6 oben links
Brechen des Gewindeaußendurchmessers
Kopieren der M6-Gewindebohrung:
    Befehl: **KOPIEREN** <RETURN>
    Objekte wählen: **F** <RETURN>
    Erste Ecke: ...   (ganze Gewindebohrung im Fenster)
    Andere Ecke: ...
    Objekte wählen: <RETURN>
    <Basispunkt oder Verschiebung>/Mehrfach: **MIT** <RETURN>
    von ...   (Mittelpunkt von M6)
    Zweiter Punkt der Verschiebung: **@13<-90** <RETURN>
Spiegeln der Gewindebohrungen nach rechts und nach unten
Zeichnen der Mittellinien-Kreise
Zeichnen einer Gewindebohrung M8
Kopieren der M8-Gewindebohrung:
    Befehl: **REIHE** <RETURN>
    Objekte wählen: **F** <RETURN>
    Erste Ecke: ...   (ganze Gewindebohrung im Fenster)
    Andere Ecke: ...
    Objekte wählen: <RETURN>
    Rechteckige oder polare Anordnung (R/P): **P** <RETURN>
    Mittelpunkt der Anordnung: **SCH** <RETURN>
    von ...   (dem Mittellinen-Kreuz)
    Anzahl Elemente: **4** <RETURN>
    Auszufüllender Winkel (+ =GUZ, -=UZ) <360>: <RETURN>
    Objekte drehen beim Kopieren? <J>: <RETURN>
Analoges Verfahren bei M10
Vervollständigen der Mittellinien
Bemaßen des Bauteils

Aufgabe 17-1:

Zeichnen des Einzelteils 1:
Erzeugen des Layers 1
Zeichnen der Vollinien (Befehl: LINIE, ABRUNDEN)
Erzeugen des Layers 1a
Zeichnen der Mittellinien (Befehl: LINIE)
Erzeugen des Layers 1b
Zeichnen der Schraffur (Befehl: SCHRAFFUR, BRUCH)
Erzeugen des Layers 1c
Bemaßen des Einzelteils (Bem: VER, HOR, RAD)
Schreiben der Positionsnummer (Befehl: DTEXT)
Analoges Vorgehen bei den Einzelteilen 2, 3 und 4
Erstellen der Zusammenbau-Zeichnung:
Ausblenden der Bemaßung (Layer 1a, 2a ...)
Kopieren der Achse an eine freie Stelle des Zeichenblattes (Befehl: KOPIEREN)
Anfügen der Einzelteile 1, 2 und 3 (Befehl: KOPIEREN)
Löschen der überflüssigen Linien (Befehl: LOESCHEN)

Kennzeichnen der Einzelteile (Befehl: DTEXT, LINIE)
Erzeugen der Layer 5, 5a, 5b und 5c
Ablegen dieses Zusammenbaus unter diesen neuen Layern:
```
Befehl: AENDERN <RETURN>
Objekte wählen: ...                                    (alle Vollinien)
Eigenschaften/<Modifikationspunkt>: EI <RETURN>
Welche Eigenschaft aendern (Farbe/Erhebung/Layer/LTyp/Objekthöhe)? L <RET.>
Neuer aktueller Layer <4>: 5 <RETURN>
```
Analoges Vorgehen bei den Mittellinien, Schraffur und Bemaßung
Ausplotten beider Zeichnungen:
Einstellen der Limiten auf DIN A3 bzw. DIN A4 (Befehl: LIMITEN)
Ausblenden der nicht benötigten Teile (Befehl: LAYER)
Verschieben der einzelnen Teile zwecks Blattaufteilung (Befehl: SCHIEBEN)
Ausplotten der Zeichnungen (Befehl: PLOT oder PRPLOT)

Aufgabe 17-2:

Zeichnen der Einzelteile mit Hilfe der Layer
    0
    MITTELLINIE
    BEMASSUNG
    SCHRAFFUR
    VERDECKT
Ausblenden des Layers BEMASSUNG
Ablegen der für die Zusammenbau-Zeichnung benötigten Einzelteile:
```
Befehl: WBLOCK <RETURN>
Dateiname: A:TEIL-1 <RETURN>            (auf Diskette abgelegt)
Blockname: <RETURN>
Basispunkt der Einfügung: ...           (rechte obere Ecke der Vorderansicht)
Objekte wählen: ...                     (alle Objekte der Vorderansicht)
```
Wiederherstellen der Vorderansicht (Befehl: HOPPLA)
Analoges Vorgehen bezüglich der Teile 2, 3, 4 und 5
Abspeichern der Einzelteil-Zeichnung(en) (Befehl: SICHERN)
Erstellen der Zusammenbau-Zeichnung:
Einfügen der Einzelteile:
```
Befehl: EINFUEGE <RETURN>
Blockname (oder ?): *A:TEIL-1 <RETURN>
Einfuegepunkt: ...
Groessenfaktor: <1>: 2 <RETURN>
Drehwinkel <0>: <RETURN>
```
Analoges Vorgehen bezüglich der Teile 2, 3, 4 und 5
Zeichnen der Sechskantmutter (Befehl: LINIE, BOGEN)
Löschen überflüssiger bzw. verdeckter Linien (Befehl: LOESCHEN, BRUCH,
STUTZEN)
Kennzeichnen der Einzelteile (Befehl: DTEXT, LINIE)
Ausplotten der Zeichnungen (Befehl: PLOT, PRPLOT)

B   Zusätzliche Übungsaufgaben

B.1   Bolzen

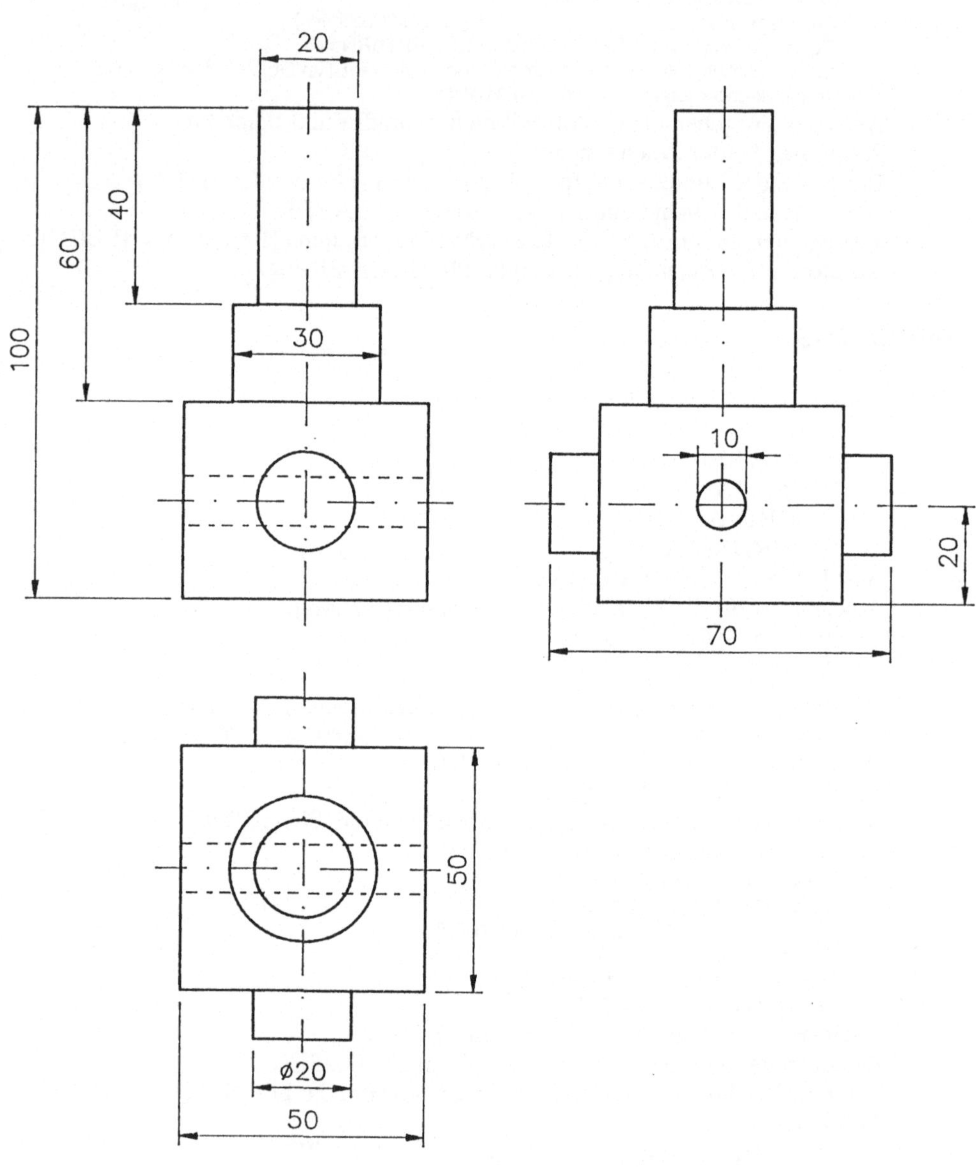

B.2   Blech

Alle Boegen,
Radien und
Kreise:
R=10mm
Blech 2x110x200
80
10
40
30
30
50
100
40
5
40
90
110

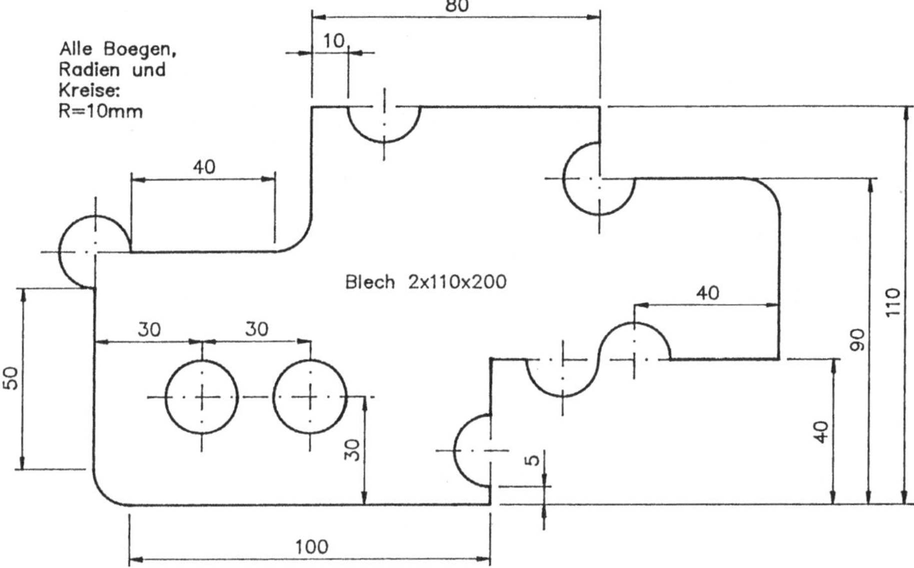

B.3 Blech

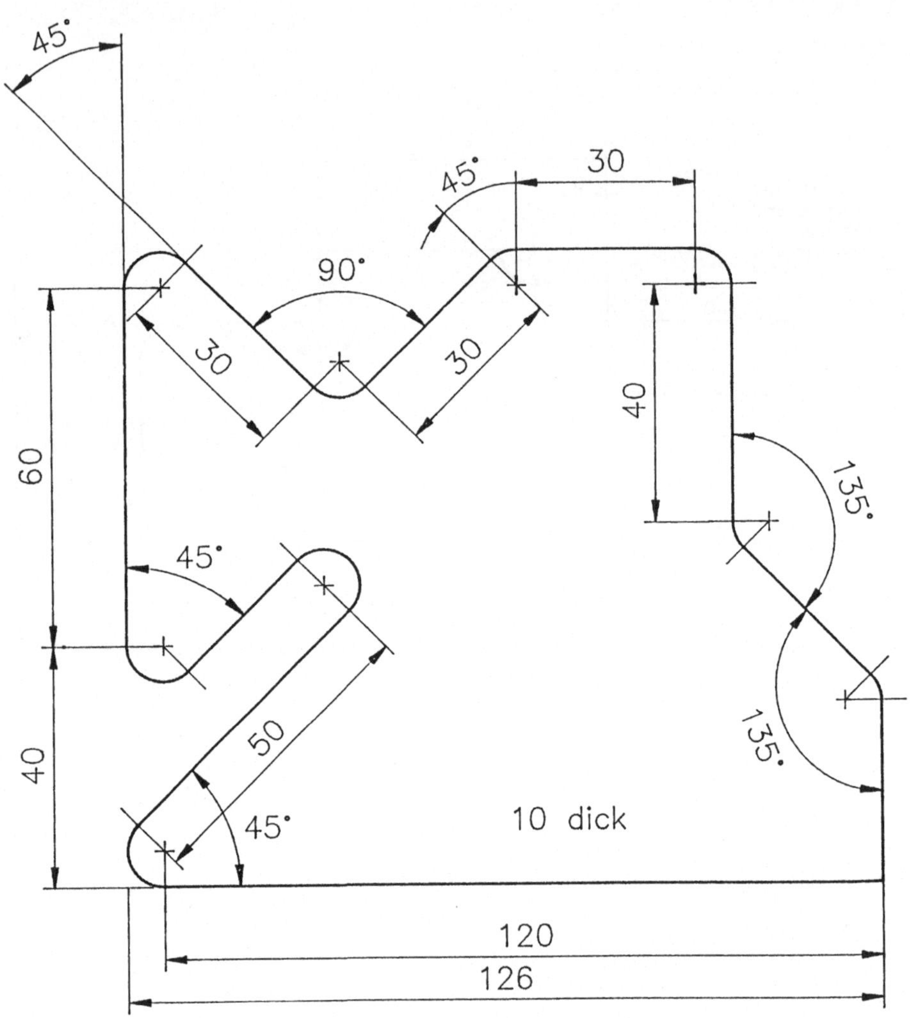

Alle Radien R6

B.4   Hebel

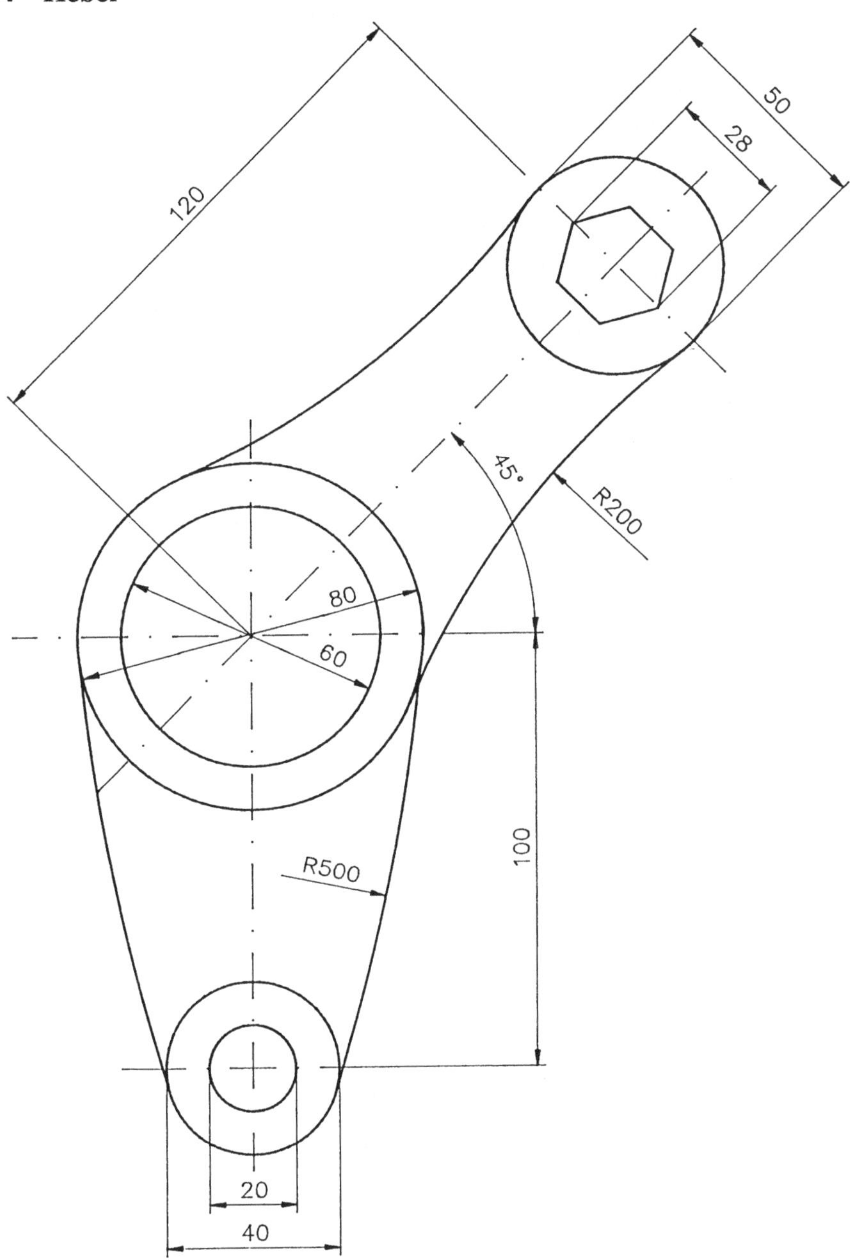

B.5 Fräser

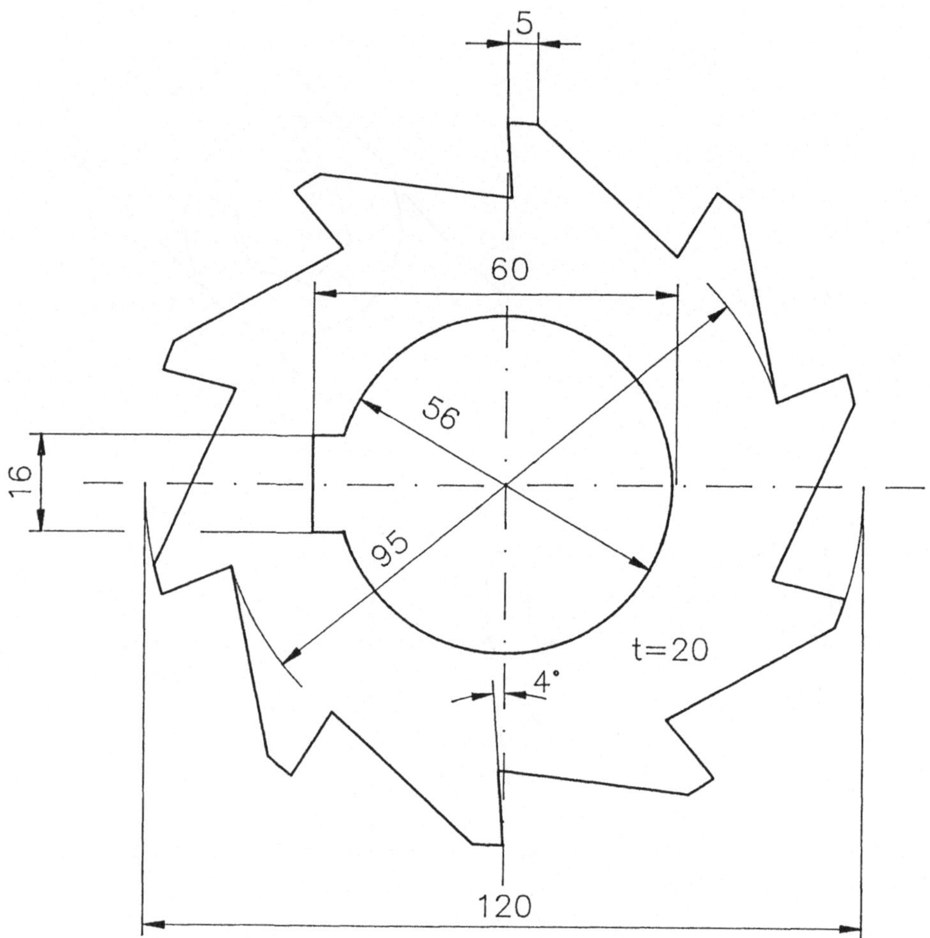

B.6   Riemenscheibe

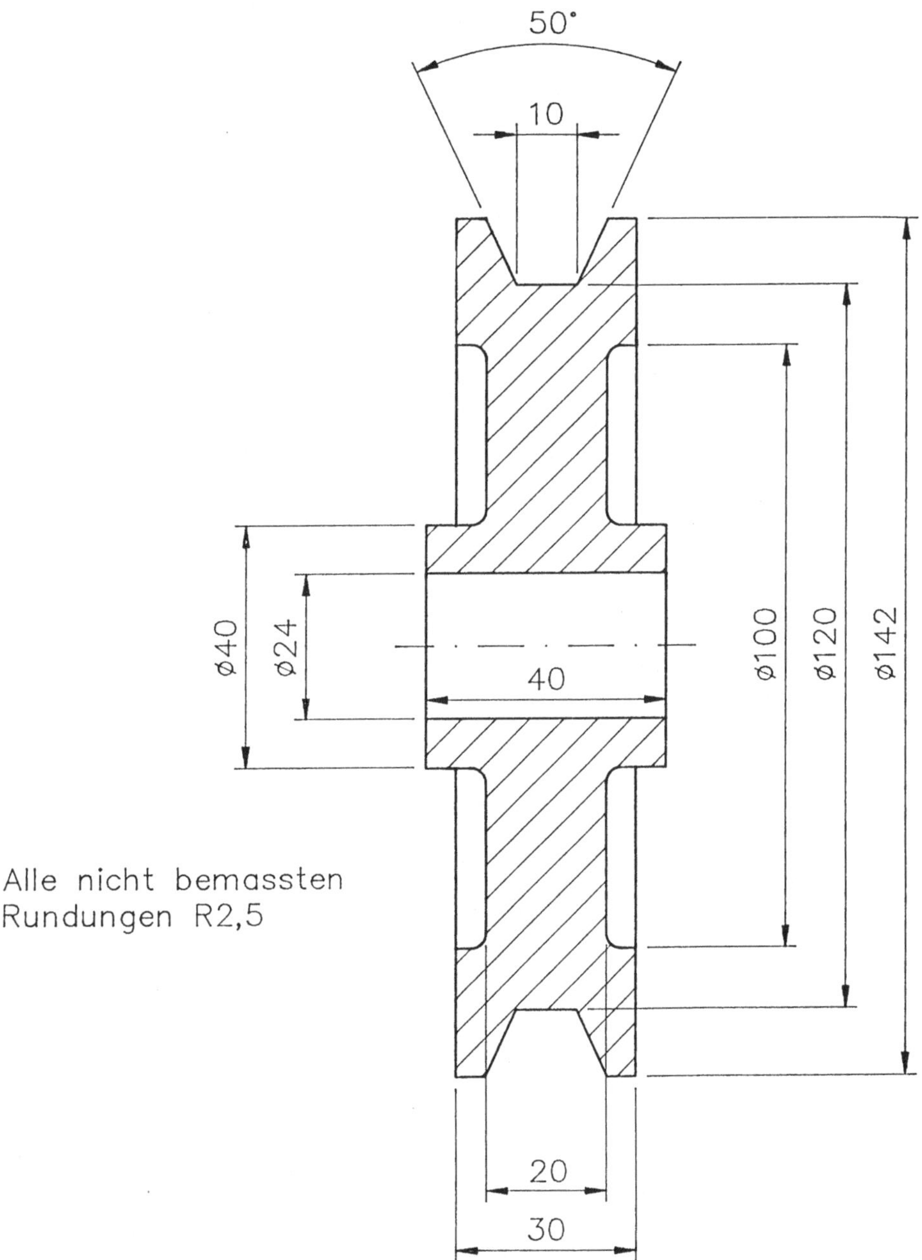

Alle nicht bemassten
Rundungen R2,5

B.7　Hebel

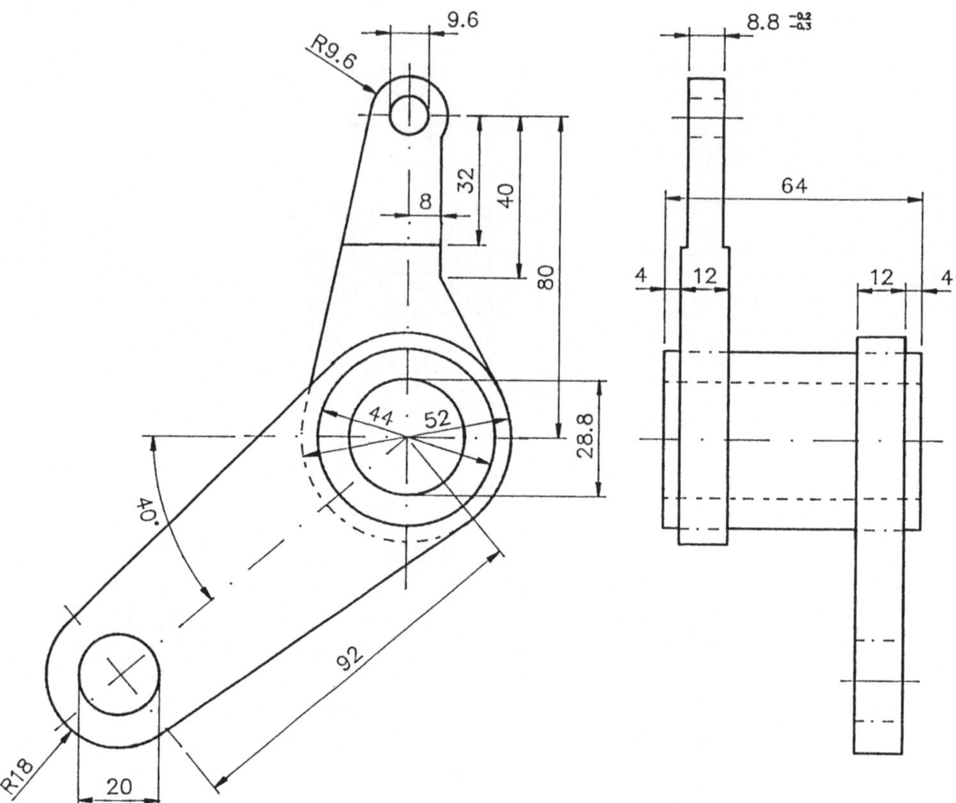

B.8   Stern

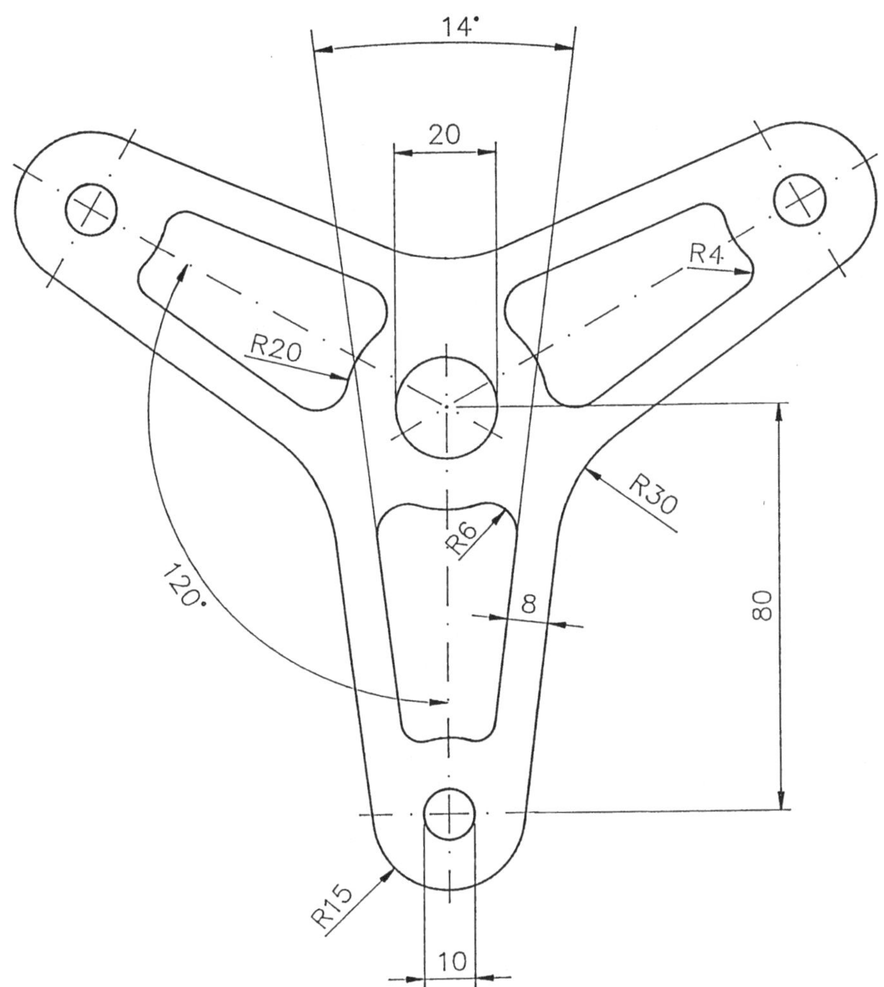

B.9 Laufrad

EINZELHEIT X (ohne 4)
M 1:5
EINZELHEIT Y (ohne 4)
M 1:5
45°
45°
ø202
ø668
1
2
3
4
30
60
30
230
30
102
Maßstab 1:10 1:5
LAUFRAD
(Rohteil)
Datum Name
Bearb.
Gepr.
Norm
Zust Änderung Datum Name
Alle 12 Rippen
5 2 x 40 (75)
5 2 x 40 (75)
AK- DIN 8563 T3
12
4
ø130
ø200
ø670
ø860
220
140
180±1
250
16
1
2
3
4
SCHWEISSVERFAHREN : 111
ZUSATZWERKSTOFF : EKb/Xs
NACHBEHANDLUNG : spannungsfrei geglueht
PRUEFUNG : DOPPEL-HY NAHT u.
DOPPEL-KEHLNAHT
100% US-GEPRUEFT

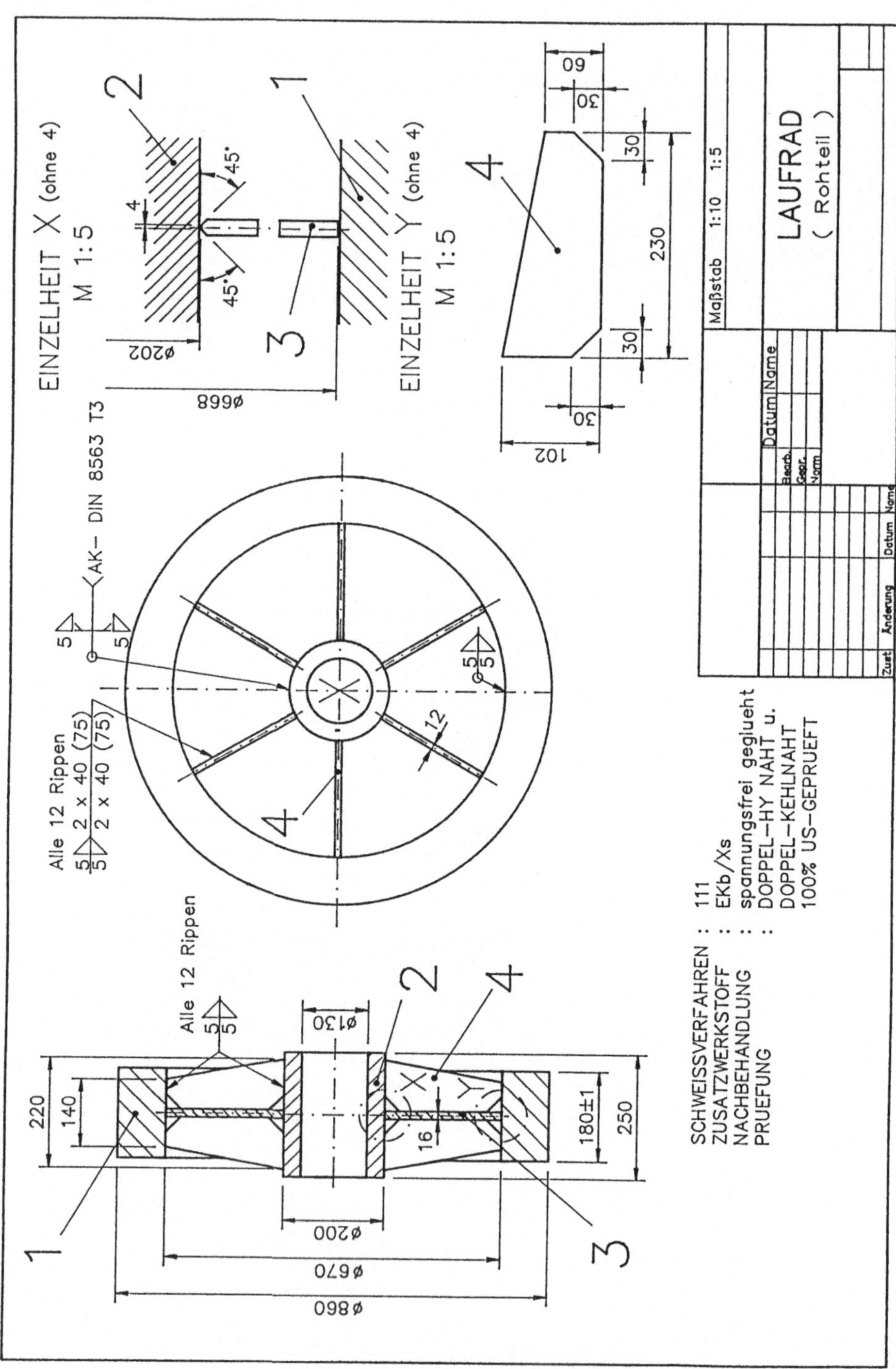

C Standard-Schraffuren

BOX	BRASS	BRICK
CLAY	CORK	CROSS
DASH	DOLMIT	DOTS

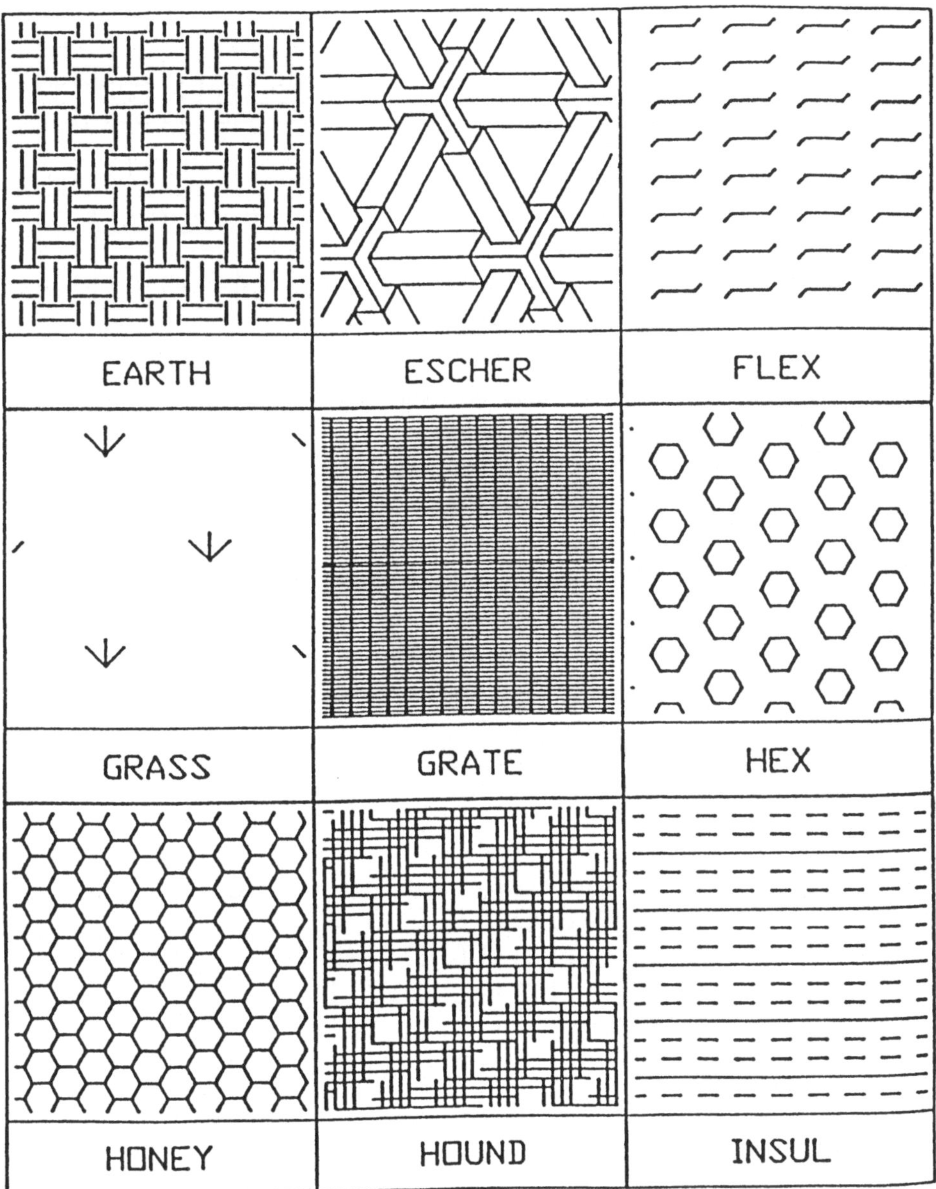

EARTH
ESCHER
FLEX
GRASS
GRATE
HEX
HONEY
HOUND
INSUL

LINE	MUDST	NET
NET3	PLAST	PLASTI
SACNCR	SQUARE	STARS

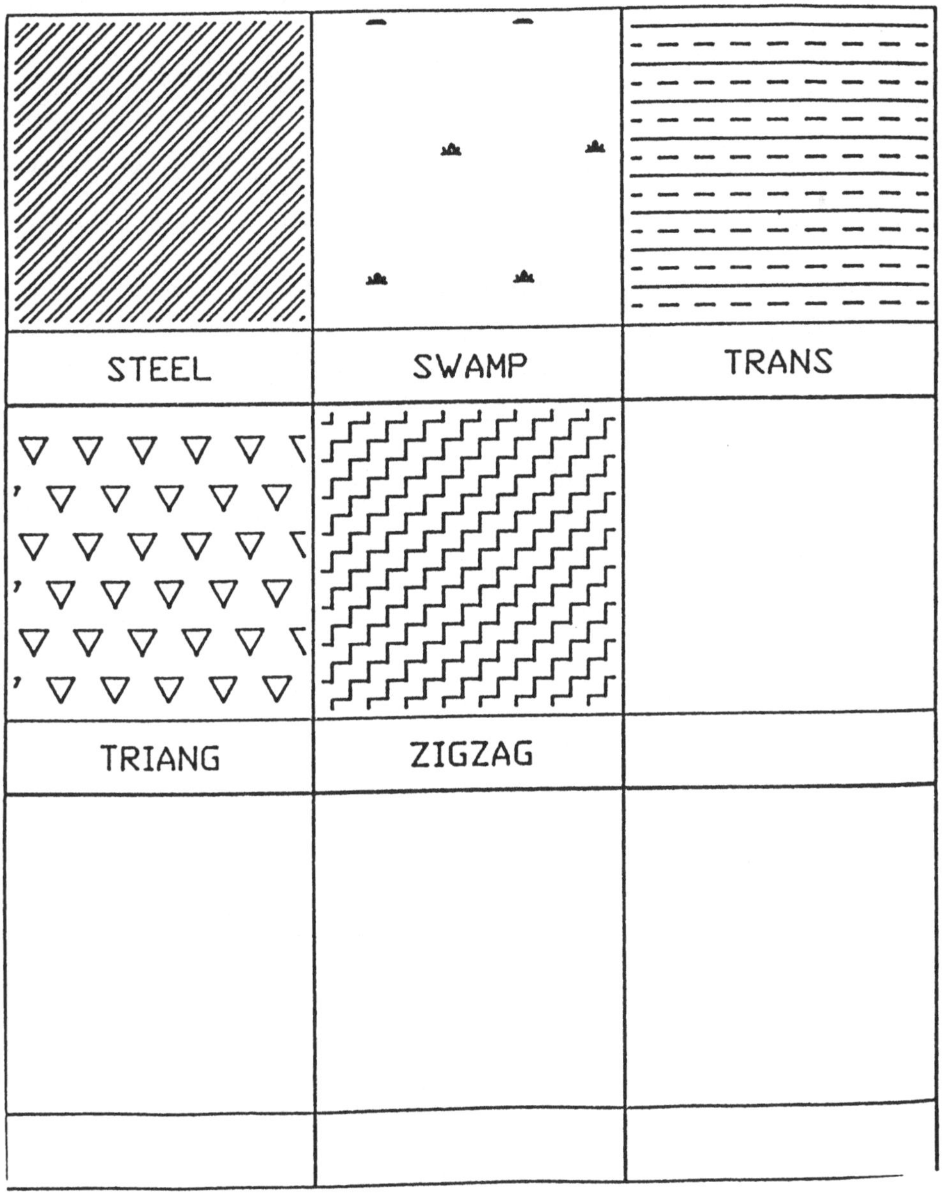

STEEL	SWAMP	TRANS
TRIANG	ZIGZAG	

D Referenzliste

D.1 Befehle

Befehl	Optionen	Wirkung	ADE	Seite
ABRUNDEN		Abrunden von zwei Linien		72
	P	gesamte Polylinie abrunden	+3	
	R	Rundungsradius bestimmen	+1	
	Objektwahl	zwei Objekte wählen	+1	
ABSTAND		Ermitteln des Abstands und Winkels zwischen zwei Punkten		125
AENDERN		Änderung von Objekte		166
	EI	Ändern von Eigenschaften		166
	F	Farbe		
	LA	Layer		
	LT	Linientyp		
	E	Erhebung	+3	
	O	Objekthöhe	+3	
	Punkt	Ändern des Modifikationspunktes		168
	Linie	neuer Modifikationspunkt		
	Kreis	neuer Radius		
	Block	neuer Einfügepunkt oder Drehung		
	Text	neuer Texteinfügepunkt, Textstil, Höhe, Winkel oder Texteingabe		
	Attribut	neuer Attributtext (wie Text) oder Attributbezeichnung		
APUNKT		Ansichtspunkt für 3D-Zeichnung festlegen	+3	
	X,Y,Z	Punkteingabe		
	D	Winkeleingabe		
ATTDEF		Festlegen von Attributen	+2	
	U	Attribute nicht sichtbar		
	K	Attribut mit konstantem Wert		
	P	Zu prüfendes Attribut		
	V	Vorgewähltes Attribut		

Befehl	Optionen		Wirkung	ADE	Seite
ATTEDIT			Ändern von Attributen	+2	
	W		Wert		
		A	Wert verändern		
		E	Wert ersetzen		
	P		Position		
	H		Höhe		
	I		Winkel		
	S		Textstil		
	L		Layer		
	F		Farbe		
		VONBLOCK	Aus Block benutzen		
		VONLAYER	Aus Layer benutzen		
	N		Nächstes Attribut		
ATTEXT			Ausgabe von Attributen	+2	
	C		CDF-Format		
	D		DXF-Format		
	S		SDF-Format		
	E		Einzel-Ausgabe		
ATTZEIG			Sichtbarkeit von Attributen wählen	+2	
	E		alle Attribute sichtbar		
	A		alle Attribute unsichtbar		
	N		Sichtbarkeit nach Vorgabe		
AUFLOES			Festlegen der Darstellungs- genauigkeit von Kreisen und Kreisbögen		
'AUSSCHNT			Arbeiten mit benannten Bild- ausschnitten	+2	
	?		Auflisten aller Ausschnittsnamen		
	L		Löschen eines Ausschnitts		
	H		Holen eines Ausschnitts		
	S		Sichern des aktuellen Ausschnitts		
	F		Ausschnitt mit Fenster bestimmen		
BAND			Zeichnen von Bändern		99
BASIS			Festlegen eines Referenzpunktes einer abzulegenden Zeichnung für spätere Einfügung		147

Befehl	Optionen	Wirkung	ADE	Seite
BEM		Bemaßungsmodus aktivieren	+1	76
	AUS	Parallele Linienbemaßung		79
	BAS	Bezugsbemaßung		81
	DRE	Gedrehte Linearbemaßung		80
	DUR	Durchmesserbemaßung		84
	EXIT	Ausstieg aus Bemaßungsmodus		87
	FUE	Zeichnen einer Führungslinie		87
	HOM	Verschobener Maßtext an Ausgangsposition zurück		88
	HOR	Horizontale Linearbemaßung		78
	LOE	Löschen des letzten Bemaßungtextes		88
	NEUZ	Neuzeichnen einer Zeichnung		87
	NEUT	Ersetzen eines Bemaßungstextes		88
	RAD	Radienbemaßung		85
	STA	Auflisten der aktuellen Werte der Bemaßungsvariablen		76
	STI	Neuer Stil für Bemaßungstext		88
	UPD	Anpassen von Bemaßungen		88
	VER	Vertikale Linearbemaßung		79
	WEI	Kettenbemaßung		82
	WIN	Winkelbemaßung		83
	ZEN	Zentrumsmarkierung für Kreise und Kreisbögen		86
BEM1		Ausführen einen Bemaßungsbefehls analog zum Befehl BEM	+1	76
BEREINIG		Löschen von Objekttypen		138
	B	Blöcke		
	LA	Layer		
	LT	Linientypen		
	S	Symboldateien		
	T	Textstile		
	A	Alles nach Abfrage		
BFLOESCH		Ausschalten eines AutoCAD-Befehls	+3	
BFRUECK		Reaktivieren eines ausgeschalteten AutoCAD-Befehls	+3	
BLOCK		Zusammenfassen von Objekten zu einem Block		139
	?	Auflisten aller Blocknamen		139
	Blockname	Erzeugen eines Blocks		140

Befehl	Optionen	Wirkung	ADE	Seite
BOGEN		Zeichnen von Kreisbögen		62
	S	Startrichtung		
	E	Endpunkt		
	L	Länge der Sehne		
	M	Mittelpunkt		
	R	Radius		
	W	eingeschlossener Winkel		
	Leereingabe	Tangentiales Ansetzen an letzte Linie		
BRUCH		Löschen von Elementen aus Objekten bzw. Aufspalten von Objekten	+ 1	111
	E	ersten und zweiten Punkt eingeben		112
DATEIEN		Aufruf des Datei-Dienstmenüs		9
DBLISTE		Auflisten aller Elemente der aktuellen Zeichnung		
'DDATTE		Ändern von Attributen im Dialogfenster	+ 3	
'DDLMODI		Ändern und Erstellen von Layern im Dialogfenster	+ 3	
'DDOMODI		Festlegen von Objektmodi im Dialogfenster	+ 3	
'DDRMODI		Festlegen von Zeichenhilfen (Raster, Fang, Isoebene) im Dialogfenster	+ 3	
DEHNEN		Verlängern von Objekten bis zu vorgegebenen Grenzkanten	+ 3	
DREHEN		Drehen von Objekten um einen Basispunkt und einen Winkel	+ 3	
	Wert	Zahlenwerteingabe für Winkel		
	B	Bestimmen des Drehwinkels durch geometrische Eigenschaften		
DTEXT		Dynamische Anpassung von Texten Optionen wie beim Befehl TEXT	+ 3	
DXBIN		Einlesen einer Binärdatei	+ 3	
DXFIN		Einlesen einer DXF-Datei		

Befehl	Optionen	Wirkung	ADE	Seite
DXFOUT		Ausgabe einer DXF-Datei		
	E	Ausgabe nur für einzelne Elemente		
EINFUEGE		Einfügen von Blöcken in eine Zeichnung		144
	?	Auflisten aller Blocknamen		144
	Name	Festlegen des einzufügenden Blocks		144
	Punkt	Festlegen des Einfügepunkts für den Basispunkt des Blocks		
	X Faktor	Festlegen des Faktors für Größenveränderung in X-Richtung		
	Y Faktor	Festlegen des Faktors für Größenveränderung in Y-Richtung		
	Drehwinkel	Festlegen des Drehwinkels, um den der Block beim Einfügen gedreht wird, dabei ist der Einfügepunkt das Drehzentrum		
EINHEIT		Festsetzen der Formate für die Maße der Koordinaten und Winkel	+1	126
ELLIPSE		Zeichnen einer Ellipse	+3	
	Punkt	Festlegen der Endpunkte der großen Halbachse		
	Wert	Kleine Halbachsenlänge festsetzen		
	D	Drehwinkel zur Darstellung eines verzerrten Kreises		
	M	Große Halbachse über Mittelpunkt und einen Endpunkt festlegen Kleine Halbachse wie oben		
	I	Zeichnen eines Isokreises bei aktiviertem Isomodus		
ENDE		Verlassen des Zeichnungseditors mit Abspeichern der aktuellen Zeichnung		10
ERHEBUNG		Erhebung und Objekthöhe in Z-Richtung festlegen	+3	
FACETTE		Zeichnen einer Fase an zwei sich schneidende Linien	+1	
	A	Fasenabstände wählen		
	P	Fasen an gesamter Polylinie		

Befehl	Optionen	Wirkung	ADE	Seite
FANG		Fangraster festlegen		37
	Wert	Festlegen des Rasterabstands		37
	E	Einschalten der Fangraster		37
	A	Ausschalten des Fangrasters		37
	AS	Festlegen unterschiedlicher Raster-abstände	+2	37
	D	Drehen des Fangrasters		38
	S	Festlegen des Fangstiles		38
FARBE		Farbe festlegen und Elementen (VONBLOCK) oder Ebenen (VONLAYER) zuordnen		
	Wert	Farbnummer wählen		
	Name	Farbbezeichnung wählen		
FLAECHE		Ermitteln des Inhalts und des Umfangs einer Fläche		124
	Punkt	Fläche ist durch einen Polygonzug begrenzt		124
	Objekt	Kreis oder Polylinie		125
	A	Addier-Modus einschalten		125
	S	Subtrahier-Modus einschalten		125
FUELLEN		Füllmodus festsetzen		99
	E	Einschalten		
	A	Ausschalten		
'GRAPHBLD		Umschalten auf Grafikbildschirm		
'HILFE oder ?		Ausgabe von Hilfsinformationen über AutoCAD-Befehle		15
HOPPLA		Rückgängigmachen unmittelbar vorausgegangener Löschungen		28
ID		Koordinaten eines Punktes ermitteln		123
IGESIN		Einlesen einer IGES-Datei im ASCII-Format	+3	
IGESOUT		Erzeugen einer IGES-Datei im ASCII-Format	+3	

Befehl	Optionen	Wirkung	ADE	Seite
ISOEBENE		Wahl der aktuellen isometrischen Ebene beim Arbeiten im Isomodus	+2	
	L	Linke Ebene		
	R	Rechte Ebene		
	O	Obere Ebene		
	Leereingabe	Nächste Ebene nach zyklischer Reihenfolge		
KOPIEREN		Kopieren von Objekten		156
	M	Mehrfaches Kopieren sonst einzelnes Kopieren		156
KREIS		Zeichnen eines Kreises		54
	3P	Drei Punkte gegeben		56
	2P	Zwei Punkte auf einem Durchmesser gegeben		57
	TTR	Radius und zwei Tangenten gegeben		58
	Punkt	Mittelpunkt gegeben		55
	D	Durchmesser		
	R	Radius		
KPMODUS		Anzeigemodus für Konstruktionspunkte festsetzen		
	E	Einschalten		
	A	Ausschalten		
LADEN		Laden einer Symboldatei		
	Name	Auswahl der Symboldatei		
	?	Auflisten aller geladenen Symboldateien		
LAYER		Arbeiten mit Layern (Ebenen)		130
	?	Auflisten von Layer-Informatinen		130
	M	Erzeugen und aktivieren eines neuen Layers		131
	S	Festsetzen des aktuellen Layers		132
	N	Erzeugen mehrerer neuer Layer		132
	E	Einschalten mehrerer Layer		133
	A	Ausschalten mehrerer Layer		132
	F	Farbe für Layer festlegen		133
	L	Linientyp für Layer festlegen		134
	FR	Einfrieren mehrerer Layer		134
	T	Auftauen eingefrorener Layer		135

Befehl	Optionen	Wirkung	ADE	Seite
LIMITEN		Festlegen der Zeichnungsgröße		17
	EIN	Einschalten der Koordinatenüberprüfung		17
	AUS	Ausschalten der Koordinatenüberprüfung		17
	Punkt	Festlegen der Zeichnungsgröße durch Eingabe der linken unteren und rechten oberen Ecke		17
LINIE		Zeichnen einer Linie		19
	S	Schließen eines Linienzuges		22
	Z	Löschen der zuletzt gezeichneten Teillinie		23
LINIENTP		Arbeiten mit Linienarten		30
	?	Auflisten aller geladenen Linienarten		30
	E	Erzeugen einer Linienart		30
	L	Laden einer Linienart		31
	S	Setzen einer Linienart		31
LISTE		Ausgabe von Informationen für im Dialog auszuwählende Objekte		122
LOESCHEN		Löschen von zu wählenden Objekten		25
	Objektwahl	Auswahl durch Zeigen auf ein Objekt		25
	F	Setzen eines Fensters		26
	K	Kreuzen eines Fensters		26
	L	Letztes gezeichnetes Objekt		27
LTFAKTOR		Festlegen des Größenfaktors für Linienarten		
MACHDIA		Aktuellen Bildschirminhalt als Dia in einer SLD-Datei (Dia-Datei) abspeichern	+2	
MEINFUEG		Mehrfaches Einfügen eines Blockes in rechteckiger oder aneinandergereihter Anordnung		
MENUE		Menüdatei festlegen		
	Name	Neue Menüdatei laden		
	.	Keine Menüdatei laden		
MESSEN		Setzen von Markierungen an ein Objekt		
	S	Segmentlänge festsetzen durch Eingabe eines Wertes oder Zeigen auf zwei Punkte		
	B	Block für Markierung wählen		

Befehl	Optionen	Wirkung	ADE	Seite
'NEUZEICH		Neuaufbau einer Zeichnung mit Löschen der Konstruktionspunkte		98
NOCHMAL		Wiederholung des anschließend einzugebenden Befehls bis zum Drücken der Tasten CTRL+C		
OEFFNUNG		Ändern der Größe des Fangfensters	+2	46
OFANG		Arbeiten in einem Objektfang-Modus		40
	BAS	Basispunkt (Einfügepunkt) von Blöcken, Symbolen und Texten		43
	END	Endpunkt einer Linie oder eines Bogens		40
	KEI	Ausschalten der Objektfang-Modi		44
	LOT	Lotfußpunkt einer Linie, eines Kreises oder eines Bogens		43
	MIT	Mittelpunkt einer Linie oder eines Bogens		41
	NAE	Nächster Punkt einer Linie, eines Kreises oder eines Bogens		44
	PUN	Nächstliegender Einzelpunkt		44
	QUA	Quadrantenpunkt eines Bogens oder eines Kreises		42
	QUI	Quick(Schnell)-Fang-Modus mit Übernahme des ersten gefundenen Punktes		44
	SCH	Schnittpunkt zweier Objekte		41
	TAN	Tangentenberührungspunkt eines Kreises oder Bogens		42
	ZEN	Zentrumspunkt eines Kreises oder Bogens		42
ORTHO		Arbeiten im Ortho-Modus mit nur orthogonalen Linien		29
	EIN	Einschalten		29
	AUS	Ausschalten		29
'PAN		Aktuelles Ausschnittsfenster für eine Zeichnung verschieben		52
PAUSE		Realisierung einer Pause bei verketteten Befehlsabläufen		

Befehl	Optionen	Wirkung	ADE	Seite
PEDIT		Erzeugen und Ändern von Polylinien	+3	
	A	Angleichen einer Kurve an existierende Scheitelpunkte		
	B	Festlegen der Breite einer Polylinie		
	E	Verschieben oder Hinzufügen von Scheitelpunkten		
	K	Kurve an existierende Scheitelpunkte in Abhängigkeit von einer Anziehungskraft anpassen		
	L	Entfernen zusätzlich hinzugefügter Scheitelpunkte		
	O	Öffnen einer geschlossenen Polylinie		
	S	Schließen einer Polylinie		
	V	Verbinden von Teilen zu einer Polylinie		
	X	Beenden des Arbeitens mit dem PEDIT-Befehl		
	Z	Rückgängigmachen der letzten Änderung		
PLINIE		Zeichnen einer Polylinie	+3	
	B	Festlegen der Breite des folgenden Segments		
	H	Festlegen der Halbbreite des Segments		
	K	Kreisbogen-Modus einschalten		
	L	Länge des Segments festsetzen		
	S	Schließen einer Polylinie		
	Z	Löschen des letzten Segments		
PLOT		Plotter-Ausgabe einer Zeichnung		
	A	Ausschnitt		
	F	Aktuelles Fenster		
	G	Alle Zeichnungselemente wie im Status festgelegt		
	L	Gesamter Zeichnungsbereich		
	S	Sichtbarer Zeichnungsausschnitt		
POLYGON		Zeichnen eines Polygons (Vieleck) mit maximal 1024 Seiten	+3	
	I	Polygon liegt innerhalb eines durch seinen Radius festzulegenden Inkreises		
	U	Polygon liegt außerhalb eines Umkreises		
	S	Polygon durch Seitenlänge festgelegt		
PRPLOT		Printer-Plotter-Ausgabe einer Zeichnung, d.h. Ausgabe über einen grafikfähigen Drucker , z.B. einen Laser-Drucker Optionen wie beim PLOT-Befehl		

Befehl	Optionen	Wirkung	ADE	Seite
PUNKT		Zeichnen eines Punktes in Abhängigkeit von den Systemvariablen PDMODE und PDSIZE für die Art bzw. Größe der Punktanzeige		
QTEXT		Quick-Darstellung von Texten und Attributen als leere Rechtecke auf dem Bildschirm		
	E	Einschalten		
	A	Ausschalten		
QUIT		Verlassen des Zeichnungseditors ohne Abspeichern der Änderungen		10
	J	Bestätigung für Verlassen des Zeichnungseditors		
RASTER		Arbeiten mit einem Punkteraster		34
	Wert	Rasterabstand festlegen, für den Wert Null wird das Punktraster dem Fangraster überlagert		34
	WertX	Rasterabstand ist entsprechendes Vielfaches des Fangrasterabstands		34
	E	Einschalten (Sichtbarmachen)		35
	A	Ausschalten (Unsichtbarmachen)		35
	F	Punkteraster dem Fangraster überlagern		35
	AS	Punkteraster mit unterschiedlichen Rasterabständen in X- und Y-Richtung festlegen		35
REGEN		Neuaufbau einer Zeichnung unter Berücksichtigung eventuell geänderter Zeichnungsmodi		98
REGENAUTO		Automatischer Zeichnungsneuaufbau		98
	E	Einschalten		
	A	Ausschalten		
REIHE		Mehrfaches Kopieren von Objekten in einer wählbaren Anordnung		159
	R	Rechteckige Anordnung		159
	P	Kreisförmige (polare) Anordnung		161
'RESUME		Fortsetzen nach Abbruch eines Befehlsablaufs mit CTRL + C		
RING		Zeichnen von ausgefüllten Kreisen und Ringen	+3	

Befehl	Optionen	Wirkung	ADE	Seite
RSCRIPT		Neustart einer in einer Script-Datei abgespeicherten Befehlsfolge		
SCHIEBEN		Verschieben von Objekten in einer Zeichnung durch direktes oder indirektes Festlegen des Verschiebungsvektors		150
SCHRAFF		Schraffieren von Flächen mit vordefinierten oder vom Benutzer definierbaren Mustern	+ 1	103
	?	Auflisten aller Schraffurmuster		103
	Name	Auswahl einer Standardschraffur		104
	B	Festlegen einer Benutzer-definierten Schraffur		104
		Schraffur-Stil festlegen		
	N	Normales Schraffieren		105
	A	Äußere Fläche schraffieren		105
	I	Ignorieren eingeschlossener Flächen		106
SCRIPT		Anstarten einer in einer Script-Datei abgespeicherten Befehlsfolge		
'SETVAR		Arbeiten mit Systemvariablen		
	?	Auflisten aller Systemvariablen mit ihren aktuellen Werten		
	Name	Ändern des aktuellen Wertes der angegebenen Systemvariablen		
SHELL		Aufrufen von Betriebssystem-Befehlen aus AutoCAD	+ 3	
SICHERN		Abspeichern einer Zeichnung mit Änderungen ohne Verlassen des Zeichnungseditors		10
SKALA		Arbeiten mit einer Hilfsskala am Zeichnungsrand	+ 1	
	E	Einschalten (Sichtbarmachen)	+ 1	
	A	Ausschalten (Unsichtbarmachen)	+ 1	
	Wert	Skala-Abstand festlegen	+ 1	
	WertX	Skala-Abstand ist entsprechendes Vielfaches des Fangrasterabstandes	+ 1	
	F	Skalaabstände sind gleich den Abständen des Fangrasters	+ 1	
	AS	Unterschiedliche Skala-Abstände in X- und Y-Richtung festlegen	+ 2	

Befehl	Optionen	Wirkung	ADE	Seite
SKIZZE		Zeichnen von Freihandlinien (Skizzieren) mit festzulegender Skizziergenauigkeit	+1	117
	F	Feder heben bzw. senken		117
	X	Beenden des Skizzierens mit Abspeichern		117
	Q	Beenden des Skizzierens ohne Abspeichern		118
	S	Speichern von Freihandlinien		118
	L	Löschen von Freihandlinien		118
	V	Verbinden mit dem Endpunkt der zuletzt gezeichneten Freihandlinie		119
	.	Zeichnen einer Linie vom Endpunkt der zuletzt gezeichneten Freihandlinie zur aktuellen Position des Fadenkreuzes		117
SOLID		Zeichnen von aus Vier- und Dreiecken zusammengesetzten Flächen		101
SPIEGELN		Spiegeln von Objekten an einer durch Eingabe festzulegenden Achse	+2	153
STATUS		Anzeige des aktuellen Status für die Zeichnung		128
STIL		Textstil festlegen		96
	?	Auflisten aller Textstile		96
	Name	Definieren und Setzen eines neuen Textstiles		96
STRECKEN		Strecken von Objekten durch Verschieben unter Beibehaltung der Verbindung und automatisches Anpassen der Bemaßung	+3	
STUTZEN		Kürzen (Stutzen) von Linien, Polylinien, Kreisen und Bögen bis zu vorgegebenen Schnittkanten	+3	
SYMBOL		Symbole (definierte Zeichen) werden aus einer Symboldatei geladen und in die Zeichnung eingefügt		
	?	Auflisten aller zur Verfügung stehenden Symbole		
	Name	Auswahl eines Symbols zum Laden und Einfügen		

Befehl	Optionen	Wirkung	ADE	Seite
TABLETT		Arbeiten mit einem Digitalisiertablett		
	E	Einschalten des Tablett-Modus		
	A	Ausschalten des Tablett-Modus		
	KA	Kalibrieren (Einrichten) des Tabletts für die Übernahme einer Papierzeichnung auf den Bildschirm		
	KF	Konfigurieren von Tablettmenüs und Bildschirmzonen		
TEILEN		Aufteilung eines Objektes in eine bestimmte Anzahl gleich großer Teile mit Markierung der Trennstellen, an die Blöcke eingefügt werden können	+3	
	Wert	Eingabe der Anzahl der Segmente zwischen 2 und 32767		
	B	Einfügen von Blöcken		
TEXT		Arbeiten mit Texten		89
	Punkt	Festlegen des Startpunktes		89
	A	Ausrichten zwischen zwei Punkten		89
	Z	Zentrieren		90
	E	Einpassen zwischen zwei Punkte		90
	M	Vollständiges Zentrieren		91
	R	Rechtsbündiges Schreiben zu einem Punkt		91
	S	Ändern des Textstiles		93
	Leereingabe	Mehrzeiligen Text verarbeiten		93
'TEXTBLD		Umschalten auf Textbildschirm		
UMBENENN		Umbenennen von benannten Objekttypen		137
	B	Blöcke		
	LA	Layer		
	LT	Linientypen		
	T	Textstil		
	A	Ausschnitt		
URSPRUNG		Zerlegen von Blöcken, Bemaßungen und Polylinien in ihre ursprünglichen Teile	+3	
VARIA		Größe von Objekten aufgrund eines gewählten Größenfaktors ändern	+3	
	Wert	Direkte Eingabe des Größenfaktors (Maßstabsfaktor)		
	B	Indirektes Festlegen des Faktors durch Eingabe einer Bezugslänge und einer neuen Länge		

Befehl	Optionen	Wirkung	ADE	Seite
VERDECKT		Neuaufbau einer 3D-Zeichnung ohne Zeichnen der verdeckten Linien	+3	
VERSETZ		Neuzeichnen eines Elementes parallel zu seiner Ausgangslage	+3	
WAHL		Zusammenfassen von verschiedenen Objekten zu einem Objektauswahlsatz zur weiteren gemeinsamen Bearbeitung		
WBLOCK		Abspeichern von Zeichnungen oder Teilen davon als externe Blöcke in einer Zeichnungsdatei		142
	Name	Festlegen des Blocks		142
	=	Blockname ist gleich Dateiname		142
	*	Abspeichern der gesamten Zeichnung		142
	Leereingabe	Festlegen der zusammenzufassenden Elemente		143
Z		Rückgängigmachen des zuletzt ausgeführten Befehls		
ZEIGDIA		Ausgabe eines in einer Dia-Datei abgespeicherten Dias auf dem Bildschirm	+2	
	Name	Auswahl der Dia-Datei und Zeigen des Dias		
	*Name	Auswahl der Dia-Datei und Zwischenspeichern ohne Zeigen auf dem Bildschirm. Dieses Dia steht als nächstes zur Verfügung und kann mit ZEIGDIA ausgegeben werden.		
ZEIT		Ausgabe der aktuellen Zeit und Zeitangaben zur Bearbeitung der Zeichnung		
	D	Anzeige der Zeitinformationen		
	E	Einschalten der Stoppuhr		
	A	Ausschalten der Stoppuhr		
	Z	Zurücksetzen der Stoppuhr auf Null		
ZLOESCH		Wiederholen von Befehlen, die mit Z oder ZURUECK rückgängig gemacht worden sind		

Befehl	Optionen	Wirkung	ADE	Seite
'ZOOM		Bildausschnitte vergrößern oder verkleinern		47
	A	Ausgabe der gesamten Zeichnung auf dem Bildschirm		49
	M	Fenster über seinen Mittelpunkt festsetzen		52
	D	Dynamisches Festsetzen eines Fensters		52
	G	Zeigen innerhalb der Zeichnungsgrenzen		49
	L	Fenster über seine linke untere Ecke festsetzen		52
	V	Vorherigen Bildschirm zeigen		50
	F	Fenster durch die Eingabe von zwei Punkten festlegen		50
	Wert	Zoom-Faktor in bezug auf die Gesamtgröße der Zeichnung eingeben		47
	WertX	Zoom-Faktor in bezug auf aktuellen Bildausschnitt eingeben		47
ZUG oder ZUGMODUS		Sichtbares Nachziehen von Polylinien, Kreisen, Bögen und Symbolen in eine gewünschte Position		
	E	Einschalten		
	A	Ausschalten		
	AUT	Automatisches Einschalten bei allen Befehlen, die dieses Nachziehen zulassen		
ZURUECK		Rückgängigmachen einer Folge von Befehlen		
	Wert	Eingabe der Anzahl der rückgängigzumachenden Befehle		
	A	Menüoperationen werden automatisch zu einer Gruppe zusammengefaßt		
	R	Rückkehr an die zuletzt markierte Stelle		
	S	Steuerung der Möglichkeiten des Befehls ZURUECK		
	E	Markieren des Endes einer Gruppe		
	G	Markieren des Anfangs einer Gruppe und Zusammenfassen von rückgängigzumachenden Befehlen		
	M	Markieren einer Befehlsstelle zwecks Rückkehr an diese Stelle		
3DFLAECH		Erzeugen von 3D-Flächen aus Vier- und Dreiecken im dreidimensionalen Raum	+3	

Befehl	Optionen	Wirkung	ADE	Seite
3DLINIE		Erzeugen von 3D-Linien im dreidimen- sionalen Raum	+3	

D.2 Objektwahl

	Zeigen auf ein Objekt
M	Mehrfachobjekte
V	Alle Objekte aus vorherigem Auswahlsatz
F	Alle Objekte vollständig innerhalb eines Fensters
K	Alle Objekte innerhalb eines Fensters und dieses Fenster kreuzend
B	Automatische Wahl zwischen F und K
A	Umschalten zwischen den Optionen F und K
EI	Einzelauswahl eines Objektes
L	Letztes gezeichnetes Objekt
H	Auswahl und Hinzufügen von Objekten zu dem bisherigen Auswahlsatz
E	Entfernen von Objekten
Z	Entfernen des letzten Objektes im Auswahlsatz

D.3 Eingabe von Punkten

X,Y,Z	Absolute Koordinaten
@dX,dY,dZ	Relative Koordinaten
@dX < Winkel	Relative Polarkoordinaten
.X	Nur X-Wert
.Y	Nur Y-Wert
.Z	Nur Z-Wert
.XY	Nur X- und Y-Werte
.XZ	Nur X- und Z-Werte
.YZ	Nur Y- und Z-Werte

D.4 Sondertasten-Kombinationen

CTRL + C	Abbrechen eines AutoCAD-Befehls
CTRL + H	Löschen des vorausgegangenen Zeichens
CTRL + S	Unterbrechen einer Ausgabe
CTRL + X	Löschen aller Zeichen in einer Zeile

D.5 Funktionstasten

F1	Umschalten zwischen Grafik- und Textbildschirm
F6	Ändern des Formats der Koordinatenanzeige
F7	Ein- und Ausschalten des Rasters
F8	Ein- und Ausschalten des Ortho-Modus
F9	Ein- und Ausschalten des Fang-Modus
F10	Ein- und Ausschalten des Tablett-Modus

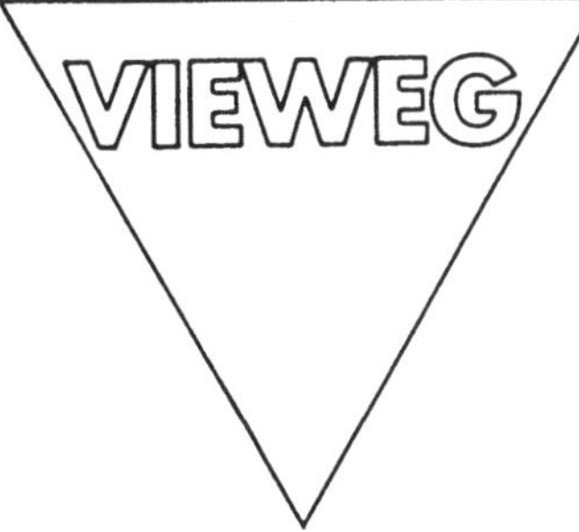

Ekkehard Kaier
Informationstechnische Grundbildung

– Turbo Pascal

1989. VIII, 150 Seiten mit vollständiger Referenzliste. 16,2 x 22,9 cm. (Viewegs Fachbücher der Technik.) Kartoniert.

Dieses Buch bietet einen ersten Einstieg in Turbo Pascal 4.0.
Die moderne informationstechnische Grundbildung an berufsbildenden Schulen schließt Grundkenntnisse in der Anwendung ausgewählter Software-Tools ein. Der Einsatz ist in allen Bereichen der berufsbildenden Schulen vorgesehen, in denen im Rahmen der informationstechnischen Grundbildung dBASE besprochen wird.

– dBASE IV

1989. Ca. 90 Seiten mit vollständiger Referenzliste. 16,2 x 22,9 cm. (Viewegs Fachbücher der Technik.) Kartoniert.

Dieses Buch bietet einen ersten Einstieg in den Umgang mit dBASE.

– Multiplan

1989. VIII, 76 Seiten mit vollständiger Referenzliste. 16,2 x 22,9 cm. (Viewegs Fachbücher der Technik.) Kartoniert.

Dieses Buch bietet einen ersten Einstieg in das Tabellen-Kalkulations-programm Multiplan, das zu den Standard-Software-Paketen gerechnet wird.

– MS-DOS 4.0

1989. VIII, 111 Seiten mit vollständiger Referenzliste. 16,2 x 22,9 cm. (Viewegs Fachbücher der Technik.) Kartoniert.

Dieses Buch bietet einen ersten Einstieg in den Umgang mit MS-DOS.

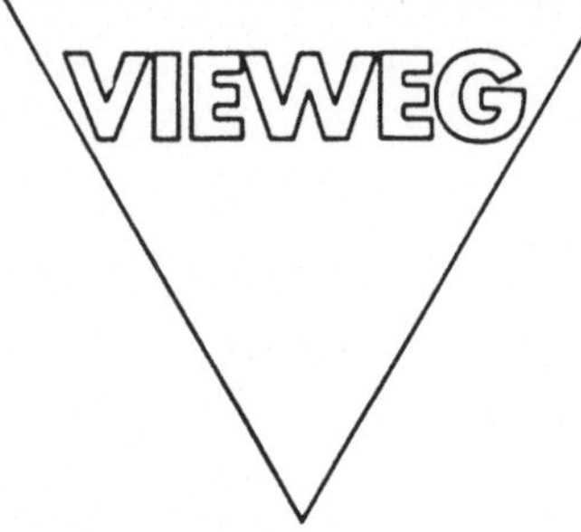

Lehrsystem Maschinenelemente

Wilhelm Matek, Dieter Muhs und Herbert Wittel
Roloff/Matek Maschinenelemente
Normung – Berechnung – Gestaltung.
11., durchgesehene Auflage 1987. XX, 746 Seiten + VI, 190 Seiten Tabellenbuch. Mit 593 Abbildungen, 22 Tabellen, 72 vollständig durchgerechneten Beispielen und einem Tabellenbuch. 17 x 24,5 cm. (Viewegs Fachbücher der Technik.) Gebunden.

Wilhelm Matek, Dieter Muhs und Herbert Wittel
Roloff/Matek Maschinenelemente – Aufgabensammlung
Aufgaben – Lösungshinweise – Ergebnisse.
8., verbesserte Auflage 1989. VI, 332 Seiten mit 435 Aufgaben und 396 Abbildungen. 17 x 24,5 cm. (Viewegs Fachbücher der Technik.) Kartoniert.

Wilhelm Matek, Dieter Muhs und Herbert Wittel
Roloff/Matek Maschinenelemente – Formelsammlung
2., durchgesehene Auflage 1989. 87 Seiten. 17 x 24,5 cm. (Viewegs Fachbücher der Technik.) Kartoniert.

Wilhelm Matek, Dieter Muhs und Herbert Wittel unter Mitarbeit von Gerhard Werstein
Roloff/Matek Maschinenelemente – Arbeitstransparente
50 Arbeitstransparente zweifarbig (schwarz/rot).
2. Auflage 1984. 26 x 31,5 cm. (Viewegs Fachbücher der Technik.) Ringbuch.

Alfred Böge unter Mitarbeit von Wolfgang Böge, Gert Böge und Karl-Heinz Degering
Studienprogramme Maschinenelemente
Schraubenverbindungen, Federn, Achsen und Wellen, Nabenverbindungen, Gleitlager, Stirnradgetriebe. Für IBM PC/XT/AT oder kompatible Geräte unter MS-DOS.
1989. VIII, 215 Seiten mit 335 Bildschirmausdrucken und 5 Flußdiagrammen, 189 Seiten Tabellenbuch. 17,5 x 24,8 cm. (Viewegs Fachbücher der Technik.) 4 Disketten. Softwarebox und Tabellenbuch im Schuber.